Votre jeunesse et votre sincérité.
C'est peu pour s'en aller dans
les méandres du monde.

Marie Lefranc

Direction de l'édition
Louise Roy

Direction de la production
Danielle Latendresse

Charge de projet
Monique Labrosse
Éric Fourlanty

Révision scientifique
Chapitre 1 : Denys Delâge, Université Laval, Québec.
Chapitres 2 et 3 : Paul-André Linteau, Université du Québec à Montréal.

Révision linguistique
Suzanne Delisle

Correction d'épreuves
Jacinthe Caron

Recherche
(Iconographie et droits des textes)
Carole Régimbald

Conception et réalisation graphique LE GROUPE flexidée
COMMUNICATEUR GRAPHIQUE

Cartographie
Philippe Audette
Éric Mottet

Pour leurs judicieux conseils, nous remercions les enseignants et enseignantes qui suivent:

Madeleine André, École secondaire Cavelier-de-LaSalle, C.S. Marguerite-Bourgeoys

Kathleen Bédard, Externat Saint-Jean-Eudes, Québec

Isabelle Bergeron, Collège Bourget, Rigaud

Mathieu Blais, École Pointe-aux-Trembles, C.S. de la Pointe-de-l'Île

Alain Boucher, École La Rochebelle, C.S. Les Découvreurs

Hélène Boucher, École secondaire l'Ancienne-Lorette, C.S. Les Découvreurs

Line Caron, École secondaire l'Assomption, C.S. Chemin-du-Roy

Louise Décarie, Collège Régina-Assumpta, Montréal

Josée Desbiens, Collège Marcellin-Champagnat, Iberville

Kathy Lang, Académie De Roberval, C.S. de Montréal

Jean Lanouette, École secondaire Les Etchemins, C.S. des Navigateurs

Vincent Ouellette, École polyvalente Henri-Bourassa, C.S. de la Pointe-de-l'Île

Rémi Portugais, École secondaire Louise-Trichet, C.S. de Montréal

Marie-Claude Pouliot, École secondaire Louis-Philippe-Paré, C.S. des Grandes-Seigneuries

Gilbert Salmon, Polyvalente Thetford-Mines, C.S. des Appalaches

Rénald Turcotte, Polyvalente Black-Lake, C.S. des Appalaches

Dans cet ouvrage, la féminisation des titres de fonctions et des textes est conforme aux règles d'écriture proposées par l'Office de la langue française dans le guide *Au féminin*, produit par Les Publications du Québec, 1991.

Gouvernement du Québec – Programme de crédit d'impôt pour l'édition de livres Gestion SODEC

Les Éditions CEC inc. remercient le gouvernement du Québec de l'aide financière accordée à l'édition de cet ouvrage par l'entremise du Programme de crédit d'impôt pour l'édition de livres, administré par la SODEC.

Présences, volume 1, manuel de l'élève
© 2007, Les Éditions CEC inc.
8101, boul. Métropolitain Est
Anjou (Québec) H1J 1J9

Dépôt légal : 2007
Bibliothèque et Archives nationales du Québec
Bibliothèque et Archives Canada

ISBN 978-2-7617-2485-2
Imprimé au Canada
1 2 3 4 5   11 10 09 08 07

HISTOIRE ET ÉDUCATION À LA CITOYENNETÉ

présences

manuel de l'élève

1re année du 2e cycle du secondaire

Volume 1

Collection dirigée par
Alain Dalongeville

Charles-Antoine Bachand

Stéphanie Demers

Gaëtan Jean

Patrick Poirier

LES ÉDITIONS
CEC
QUEBECOR MEDIA

8101, boul. Métropolitain Est, Anjou (Québec) Canada H1J 1J9
Téléphone : 514-361-6010 • Télécopieur : 514-351-3534

Table des matières

> **Volume 1**

POUR BIEN COMPRENDRE VOTRE MANUEL ⸱⸱⸱⸱⸱⸱⸱⸱⸱⸱⸱⸱⸱⸱⸱⸱⸱⸱⸱⸱⸱ VI

TECHNIQUES ⸱⸱⸱⸱⸱⸱⸱⸱⸱⸱⸱⸱⸱⸱⸱⸱⸱⸱⸱⸱⸱⸱⸱⸱⸱⸱⸱⸱⸱⸱ 1

Technique 1 – La ligne du temps
Interpréter une ligne du temps ⸱⸱⸱⸱⸱⸱⸱⸱⸱⸱⸱⸱⸱⸱⸱⸱⸱⸱⸱⸱⸱⸱ 2
Construire une ligne du temps ⸱⸱⸱⸱⸱⸱⸱⸱⸱⸱⸱⸱⸱⸱⸱⸱⸱⸱⸱⸱⸱⸱ 4
Technique 2 – La carte historique
Interpréter une carte historique ⸱⸱⸱⸱⸱⸱⸱⸱⸱⸱⸱⸱⸱⸱⸱⸱⸱⸱⸱ 6
Réaliser une carte historique ⸱⸱⸱⸱⸱⸱⸱⸱⸱⸱⸱⸱⸱⸱⸱⸱⸱⸱⸱⸱⸱⸱ 8
Technique 3 – Le document écrit
Interpréter un document écrit ⸱⸱⸱⸱⸱⸱⸱⸱⸱⸱⸱⸱⸱⸱⸱⸱⸱⸱⸱⸱⸱ 10
Technique 4 – Le texte en histoire
Écrire un texte en histoire ⸱⸱⸱⸱⸱⸱⸱⸱⸱⸱⸱⸱⸱⸱⸱⸱⸱⸱⸱⸱⸱⸱⸱ 12
Technique 5 – Le texte comparatif
Lire un texte comparatif ⸱⸱⸱⸱⸱⸱⸱⸱⸱⸱⸱⸱⸱⸱⸱⸱⸱⸱⸱⸱⸱⸱⸱⸱⸱ 14
Écrire un texte comparatif ⸱⸱⸱⸱⸱⸱⸱⸱⸱⸱⸱⸱⸱⸱⸱⸱⸱⸱⸱⸱⸱⸱ 16
Technique 6 – Le document iconographique
Interpréter un document iconographique ⸱⸱⸱⸱⸱⸱ 18
Technique 7 – Le tableau à entrées multiples
Interpréter un tableau à entrées multiples ⸱⸱⸱ 20
Construire un tableau à entrées multiples ⸱⸱⸱ 22
Technique 8 – Le diagramme
Interpréter un diagramme ⸱⸱⸱⸱⸱⸱⸱⸱⸱⸱⸱⸱⸱⸱⸱⸱⸱⸱⸱⸱⸱⸱⸱ 24
Construire un diagramme ⸱⸱⸱⸱⸱⸱⸱⸱⸱⸱⸱⸱⸱⸱⸱⸱⸱⸱⸱⸱⸱⸱⸱ 26

CHAPITRE 1 ⸱⸱⸱⸱⸱⸱⸱⸱⸱⸱⸱⸱⸱⸱⸱⸱⸱⸱⸱⸱⸱⸱⸱ 28

LES PREMIERS OCCUPANTS

Repères ⸱⸱ 30
Présent
La présence autochtone au Québec ⸱⸱⸱⸱⸱⸱⸱⸱⸱⸱⸱⸱⸱ 32
Passé
Points de vue sur la conception du monde ⸱⸱⸱ 34
Savoirs
Les mouvements migratoires en Amérique ⸱⸱⸱ 36
Les premières sociétés américaines ⸱⸱⸱⸱⸱⸱⸱⸱⸱⸱⸱ 38
Des centaines de nations différentes ⸱⸱⸱⸱⸱⸱⸱⸱⸱ 40
La création du monde et la tradition orale
en Amérique du Nord ⸱⸱⸱⸱⸱⸱⸱⸱⸱⸱⸱⸱⸱⸱⸱⸱⸱⸱⸱⸱⸱⸱⸱⸱⸱⸱ 42
Les sociétés du Grand Cercle ⸱⸱⸱⸱⸱⸱⸱⸱⸱⸱⸱⸱⸱⸱⸱⸱ 44
L'organisation sociale dans les sociétés
du Grand Cercle ⸱⸱⸱⸱⸱⸱⸱⸱⸱⸱⸱⸱⸱⸱⸱⸱⸱⸱⸱⸱⸱⸱⸱⸱⸱⸱⸱⸱⸱ 46
Les Iroquoiens (ou Nadoueks) ⸱⸱⸱⸱⸱⸱⸱⸱⸱⸱⸱⸱⸱⸱⸱ 48
Les Algonquiens (ou Algiques) ⸱⸱⸱⸱⸱⸱⸱⸱⸱⸱⸱⸱⸱⸱⸱ 50
Les grandes explorations ⸱⸱⸱⸱⸱⸱⸱⸱⸱⸱⸱⸱⸱⸱⸱⸱⸱⸱⸱⸱⸱ 52
Synthèse
Résumé ⸱⸱⸱⸱⸱⸱⸱⸱⸱⸱⸱⸱⸱⸱⸱⸱⸱⸱⸱⸱⸱⸱⸱⸱⸱⸱⸱⸱⸱⸱⸱⸱⸱⸱⸱⸱⸱⸱⸱ 54
Des acteurs importants ⸱⸱⸱⸱⸱⸱⸱⸱⸱⸱⸱⸱⸱⸱⸱⸱⸱⸱⸱⸱⸱⸱⸱ 55
Chronologie ⸱⸱⸱⸱⸱⸱⸱⸱⸱⸱⸱⸱⸱⸱⸱⸱⸱⸱⸱⸱⸱⸱⸱⸱⸱⸱⸱⸱⸱⸱⸱⸱⸱ 56
Retour sur l'angle d'entrée ⸱⸱⸱⸱⸱⸱⸱⸱⸱⸱⸱⸱⸱⸱⸱⸱⸱⸱⸱ 57

Les coulisses de l'histoire ⸱⸱⸱⸱⸱⸱⸱⸱⸱⸱⸱⸱⸱⸱⸱⸱⸱⸱⸱⸱⸱⸱ 58
Ailleurs ⸱⸱⸱⸱⸱⸱⸱⸱⸱⸱⸱⸱⸱⸱⸱⸱⸱⸱⸱⸱⸱⸱⸱⸱⸱⸱⸱⸱⸱⸱⸱⸱⸱⸱⸱⸱⸱⸱⸱ 60
Aztèques du Mexique ⸱⸱⸱⸱⸱⸱⸱⸱⸱⸱⸱⸱⸱⸱⸱⸱⸱⸱⸱⸱⸱⸱⸱⸱ 62
Haïdas du Canada ⸱⸱⸱⸱⸱⸱⸱⸱⸱⸱⸱⸱⸱⸱⸱⸱⸱⸱⸱⸱⸱⸱⸱⸱⸱⸱ 66
Maoris de Nouvelle-Zélande ⸱⸱⸱⸱⸱⸱⸱⸱⸱⸱⸱⸱⸱⸱⸱⸱ 70
Synthèse et comparaison ⸱⸱⸱⸱⸱⸱⸱⸱⸱⸱⸱⸱⸱⸱⸱⸱⸱⸱⸱⸱⸱⸱ 74
Retour au présent
La place des Premières Nations au Canada ⸱⸱⸱ 76
Consolider l'exercice de sa citoyenneté
Les revendications des Premières Nations
et la reconnaissance de leurs droits ⸱⸱⸱⸱⸱⸱⸱⸱⸱ 78
Activités complémentaires ⸱⸱⸱⸱⸱⸱⸱⸱⸱⸱⸱⸱⸱⸱⸱⸱⸱⸱⸱⸱ 80

CHAPITRE 2 ⸱⸱⸱⸱⸱⸱⸱⸱⸱⸱⸱⸱⸱⸱⸱⸱⸱⸱⸱⸱⸱⸱⸱ 82

L'ÉMERGENCE D'UNE SOCIÉTÉ
EN NOUVELLE-FRANCE

Repères ⸱⸱ 84
Présent ⸱⸱ 86
Le fait français au Québec
Passé ⸱⸱ 88
Points de vue sur l'émergence d'une société
en Nouvelle-France
Savoirs
Premières explorations et tentative
de colonisation ⸱⸱⸱⸱⸱⸱⸱⸱⸱⸱⸱⸱⸱⸱⸱⸱⸱⸱⸱⸱⸱⸱⸱⸱⸱⸱⸱⸱⸱ 90
Des compagnies établissent les premiers comptoirs
en Nouvelle-France ⸱⸱⸱⸱⸱⸱⸱⸱⸱⸱⸱⸱⸱⸱⸱⸱⸱⸱⸱⸱⸱⸱⸱⸱⸱ 92
La France explore l'Amérique ⸱⸱⸱⸱⸱⸱⸱⸱⸱⸱⸱⸱⸱⸱⸱⸱ 94
Une colonisation missionnaire ⸱⸱⸱⸱⸱⸱⸱⸱⸱⸱⸱⸱⸱⸱⸱ 96
La guerre aux portes de la colonie française ! ⸱⸱⸱ 98
L'État instaure un gouvernement royal ⸱⸱⸱⸱⸱⸱ 100
Des initiatives pour encourager le peuplement ⸱⸱⸱ 102
L'économie de la Nouvelle-France ⸱⸱⸱⸱⸱⸱⸱⸱⸱⸱⸱ 104
Une société canadienne originale ⸱⸱⸱⸱⸱⸱⸱⸱⸱⸱⸱ 106
La guerre de la Conquête ⸱⸱⸱⸱⸱⸱⸱⸱⸱⸱⸱⸱⸱⸱⸱⸱⸱⸱⸱ 108
Synthèse
Résumé ⸱⸱⸱⸱⸱⸱⸱⸱⸱⸱⸱⸱⸱⸱⸱⸱⸱⸱⸱⸱⸱⸱⸱⸱⸱⸱⸱⸱⸱⸱⸱⸱⸱⸱⸱⸱⸱ 110
Des acteurs importants ⸱⸱⸱⸱⸱⸱⸱⸱⸱⸱⸱⸱⸱⸱⸱⸱⸱⸱⸱⸱⸱ 111
Chronologie ⸱⸱⸱⸱⸱⸱⸱⸱⸱⸱⸱⸱⸱⸱⸱⸱⸱⸱⸱⸱⸱⸱⸱⸱⸱⸱⸱⸱⸱⸱⸱ 112
Retour sur l'angle d'entrée ⸱⸱⸱⸱⸱⸱⸱⸱⸱⸱⸱⸱⸱⸱⸱⸱⸱ 113
Les coulisses de l'histoire ⸱⸱⸱⸱⸱⸱⸱⸱⸱⸱⸱⸱⸱⸱⸱⸱⸱⸱⸱ 114
Ailleurs ⸱⸱⸱⸱⸱⸱⸱⸱⸱⸱⸱⸱⸱⸱⸱⸱⸱⸱⸱⸱⸱⸱⸱⸱⸱⸱⸱⸱⸱⸱⸱⸱⸱⸱⸱⸱⸱ 116
Brésil ⸱⸱⸱⸱⸱⸱⸱⸱⸱⸱⸱⸱⸱⸱⸱⸱⸱⸱⸱⸱⸱⸱⸱⸱⸱⸱⸱⸱⸱⸱⸱⸱⸱⸱⸱⸱⸱ 118
Indes françaises ⸱⸱⸱⸱⸱⸱⸱⸱⸱⸱⸱⸱⸱⸱⸱⸱⸱⸱⸱⸱⸱⸱⸱⸱⸱⸱ 124
Moluques ⸱⸱⸱⸱⸱⸱⸱⸱⸱⸱⸱⸱⸱⸱⸱⸱⸱⸱⸱⸱⸱⸱⸱⸱⸱⸱⸱⸱⸱⸱⸱⸱ 130
Virginie ⸱⸱⸱⸱⸱⸱⸱⸱⸱⸱⸱⸱⸱⸱⸱⸱⸱⸱⸱⸱⸱⸱⸱⸱⸱⸱⸱⸱⸱⸱⸱⸱⸱⸱ 136
Synthèse et comparaison ⸱⸱⸱⸱⸱⸱⸱⸱⸱⸱⸱⸱⸱⸱⸱⸱⸱⸱⸱ 142
Retour au présent
Les défis du Québec en Amérique du Nord ⸱⸱⸱ 144
Consolider l'exercice de sa citoyenneté
La recherche d'autonomie et les rapports
de dépendance ⸱⸱⸱⸱⸱⸱⸱⸱⸱⸱⸱⸱⸱⸱⸱⸱⸱⸱⸱⸱⸱⸱⸱⸱⸱⸱⸱⸱ 146
Activités complémentaires ⸱⸱⸱⸱⸱⸱⸱⸱⸱⸱⸱⸱⸱⸱⸱⸱⸱⸱ 148

CHAPITRE 3 ⸺ 150

LE CHANGEMENT D'EMPIRE

Repères ⸺ 152
Présent
La dualité des institutions publiques au Québec ⸺ 154
Passé
Points de vue sur le changement d'empire ⸺ 156
Savoirs
La période de transition vers la colonie britannique ⸺ 158
L'instauration d'un nouveau régime politique ⸺ 160
Les enjeux politiques dans la colonie ⸺ 162
La révolution américaine ⸺ 164
Une nouvelle constitution pour la colonie ⸺ 166
Les conséquences de la révolution américaine ⸺ 168
Les répercussions de la Conquête ⸺ 170
Synthèse
Résumé ⸺ 172
Des acteurs importants ⸺ 173
Chronologie ⸺ 174
Retour sur l'angle d'entrée ⸺ 175
Les coulisses de l'histoire ⸺ 176
Ailleurs ⸺ 178
La Dominique ⸺ 180
Inde ⸺ 186
Louisiane ⸺ 192
Synthèse et comparaison ⸺ 198
Retour au présent
La diversité linguistique du Québec ⸺ 200
Consolider l'exercice de sa citoyenneté
Différences, intérêts et coexistence ⸺ 202
Activités complémentaires ⸺ 204

MINI-ATLAS ⸺ 207

VOLET HISTORIQUE

Le monde vers 1492 ⸺ 208
Le monde vers 1648 ⸺ 209
Le monde vers 1789 ⸺ 210
Le monde vers 1830 ⸺ 211
Le monde vers 1914 ⸺ 212
Le monde vers 1945 ⸺ 213
De la Nouvelle-France au Québec (1655-1927) ⸺ 214
L'évolution du territoire canadien
de 1867 à 1999 ⸺ 216

VOLET GÉOGRAPHIQUE

Le monde politique en 2007 ⸺ 218
Le relief et les principaux réseaux
hydrographiques du monde ⸺ 220
La répartition de la population et
les grandes métropoles en 2005 ⸺ 222

Le relief et les principaux réseaux
hydrographiques du Canada ⸺ 224
Le Canada politique en 2007 ⸺ 225
Les régions administratives du Québec en 2007 ⸺ 226

OUVRAGES DE RÉFÉRENCE ⸺ 227

CHRONOLOGIE ⸺ 228

GLOSSAIRE ⸺ 230

INDEX DES REPÈRES CULTURELS ⸺ 233

SOURCES ICONOGRAPHIQUES ⸺ 234

❯ Volume 2

POUR BIEN COMPRENDRE VOTRE MANUEL

RAPPEL DES TECHNIQUES

CHAPITRE 4
REVENDICATIONS ET LUTTES DANS LA COLONIE BRITANNIQUE

CHAPITRE 5
LA FORMATION DE LA FÉDÉRATION CANADIENNE

CHAPITRE 6
LA MODERNISATION DE LA SOCIÉTÉ QUÉBÉCOISE

CHAPITRE 7
LES ENJEUX DE LA SOCIÉTÉ QUÉBÉCOISE DEPUIS 1980

MINI-ATLAS

OUVRAGES DE RÉFÉRENCE

CHRONOLOGIE

GLOSSAIRE

INDEX DES REPÈRES CULTURELS

SOURCES ICONOGRAPHIQUES

POUR BIEN COMPRENDRE VOTRE MANUEL

1› Ouverture du chapitre

Les pages d'ouverture du chapitre présentent des textes et des images qui vous permettent de visualiser l'époque à l'étude, ainsi qu'un sommaire du contenu du chapitre.

2› Pages d'introduction

Les pages aux bordures rouges et noires présentées au début de chaque chapitre contiennent des documents qui vous permettent de vous situer dans le temps et dans l'espace, et des activités qui visent le développement de la compétence 1, *Interroger les réalités sociales dans une perspective historique.*

Localisation spatio-temporelle

Développement de la compétence 1
Interroger le présent.

Développement de la compétence 1
Interroger le passé.

3› Construction des savoirs et développement des compétences

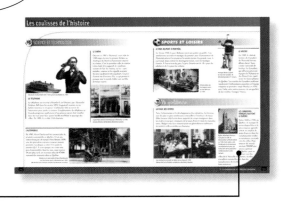

○ SAVOIRS

Textes explicatifs, documents (textes, cartes, documents iconographiques) et activités permettant la construction des savoirs liés à l'histoire du Canada et du Québec. Cette section vise le développement de la compétence 2, *Interpréter les réalités sociales à l'aide de la méthode historique*, et de la compétence 3, *Consolider l'exercice de sa citoyenneté à l'aide de l'histoire*.

○ SYNTHÈSE

Synthèse des savoirs en quatre points.

1. Résumé

2. Des acteurs importants

3. Chronologie

4. Retour sur l'angle d'entrée

Ces documents vous permettent d'élaborer votre propre synthèse.

4› Les coulisses de l'histoire

Textes et images qui vous permettent de découvrir certains aspects du mode de vie des personnes qui vivaient à l'époque de la réalité sociale décrite dans le chapitre.

5› Comparaison avec une autre réalité sociale

○ AILLEURS

Textes explicatifs et documents portant sur toutes les réalités sociales de comparaison suggérées dans le *Programme de formation*. Des activités vous permettent de comparer la réalité sociale choisie avec la réalité sociale liée à l'histoire du Canada et du Québec.

6› Synthèse et comparaison

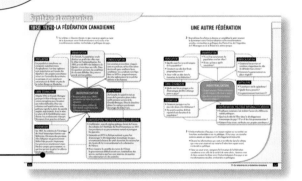

○ Cette double page vous permet de faire le point sur les concepts clés liés à la réalité sociale étudiée dans le chapitre et sur la comparaison avec une autre réalité sociale.

7› Pages de conclusion

Documents et activités qui vous permettent de développer la compétence 1 en vous interrogeant à nouveau sur le présent, ainsi que la compétence 3.

○ Développement de la compétence 1
Interroger le présent.

○ Développement de la compétence 3
Consolider l'exercice de sa citoyenneté.

POUR VOUS AIDER DANS VOTRE ÉTUDE

Dans les sections suivantes, vous trouverez des outils qui vous aideront dans vos travaux, ainsi que des pistes d'activités complémentaires.

TECHNIQUES

Techniques liées à la méthode historique qui vous permettent de bien interpréter les documents qui vous seront proposés et d'en réaliser d'autres pour rendre compte de vos apprentissages.

TOUCHE-À-TOUT

Pistes d'activités permettant:

de faire une étude d'édifices patrimoniaux en lien avec la réalité sociale du chapitre (*Patrimoine architectural*);

de mettre en œuvre des activités interdisciplinaires;

de faire une courte recherche sur Internet en lien avec la réalité sociale du chapitre (*Les tic tac de l'histoire*).

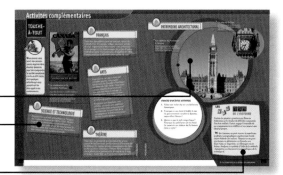

MINI-ATLAS

Cartes historiques du monde politique à différentes époques étudiées et cartes géographiques actuelles qui vous permettent de mieux situer les réalités sociales aujourd'hui.

	Image qui symbolise le concept central du chapitre. Votre enseignant ou enseignante vous aidera à en trouver la signification.
T1	Renvoi à une des techniques présentées au début de votre manuel lorsque celle-ci peut vous aider à réaliser une activité.
RC	Lieu, personnnage, œuvre littéraire, artéfact ou phénomène qui a été déclaré *repère culturel* par le *Programme de formation*.
G	Renvoi au glossaire présenté à la fin de votre manuel.
CONCEPTS	Liste des concepts privilégiés par le *Programme de formation* pour la réalité sociale à l'étude qui sont traités dans la double page.
Mots en caractères *bleus*	Concepts privilégiés par le *Programme de formation* pour la réalité sociale à l'étude. Si le mot est suivi d'un astérisque (*), le concept est traité dans la double page sans que ce mot y soit utilisé.
Mots en caractères *bleus* **et en italique**	Mots qui font référence à des concepts historiques.
Mots en caractères **rouges**	Mots définis dans la rubrique **LEXIQUE** de la double page et dans le glossaire à la fin du manuel.

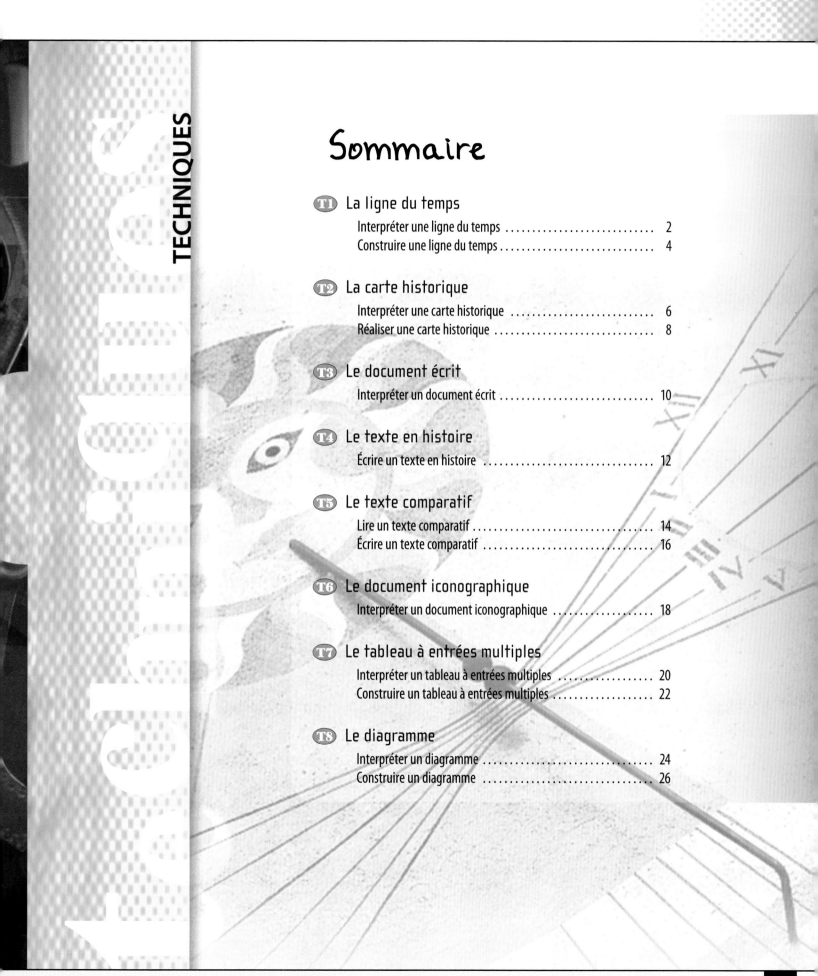

Sommaire

T1 La ligne du temps

Interpréter une ligne du temps 2

Construire une ligne du temps 4

T2 La carte historique

Interpréter une carte historique 6

Réaliser une carte historique 8

T3 Le document écrit

Interpréter un document écrit 10

T4 Le texte en histoire

Écrire un texte en histoire 12

T5 Le texte comparatif

Lire un texte comparatif 14

Écrire un texte comparatif 16

T6 Le document iconographique

Interpréter un document iconographique 18

T7 Le tableau à entrées multiples

Interpréter un tableau à entrées multiples 20

Construire un tableau à entrées multiples 22

T8 Le diagramme

Interpréter un diagramme 24

Construire un diagramme 26

1 La ligne du temps

QU'EST-CE QU'UNE LIGNE DU TEMPS?

La ligne du temps, aussi appelée « frise chronologique », est une représentation graphique de phénomènes historiques dans la durée.

À QUOI SERVENT LES LIGNES DU TEMPS?

Les lignes du temps permettent de situer dans le temps des faits, des événements et des réalités sociales, et d'en constater la succession ou la simultanéité.

Elles permettent aussi de dégager des éléments de continuité et de changement pour une même réalité sociale, ainsi que des similitudes et des différences entre deux ou plusieurs réalités sociales.

DE QUOI LES LIGNES DU TEMPS SONT-ELLES CONSTITUÉES?

Les lignes du temps sont constituées d'un axe, le plus souvent horizontal, et de segments établis selon une échelle chronologique (ex.: 1 cm = 10 ans) qui représentent la durée entre deux éléments d'information. Habituellement, les lignes du temps ont un titre qui en révèle le contenu (nature de l'information) et les intentions. On trouve les mêmes éléments si l'axe est vertical.

EXEMPLE

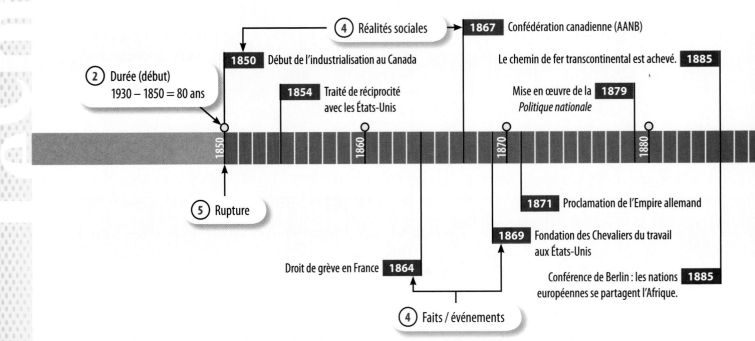

LA FORMATION DE LA FÉDÉRATION CANADIENNE

1 Thème

4 Réalités sociales

2 Durée (début) 1930 − 1850 = 80 ans

1850 Début de l'industrialisation au Canada

1867 Confédération canadienne (AANB)

Le chemin de fer transcontinental est achevé. 1885

1854 Traité de réciprocité avec les États-Unis

Mise en œuvre de la 1879 Politique nationale

5 Rupture

1871 Proclamation de l'Empire allemand

1869 Fondation des Chevaliers du travail aux États-Unis

Droit de grève en France 1864

Conférence de Berlin: les nations 1885 européennes se partagent l'Afrique.

4 Faits / événements

Interpréter UNE LIGNE DU TEMPS

MÉTHODE

Lire le titre pour savoir avec quelle intention la ligne du temps a été élaborée.

Déterminer la durée représentée par la ligne du temps à l'aide de la première et de la dernière date. La date la plus récente moins la date la plus ancienne égale la durée de la ligne du temps.

Déterminer la durée représentée par un segment en divisant la durée totale par le nombre de segments.

Déterminer si les éléments d'information représentent des faits, des événements ou des réalités sociales.

S'il y a lieu, **déterminer** des moments de continuité ou de rupture, ainsi que des similitudes et des différences entre les phénomènes historiques (faits, événements, réalités sociales) représentés.

EXERCICES

À l'aide de la ligne du temps que vous présentera votre enseignant ou enseignante, répondez aux questions suivantes.

(1) Que révèle le titre de la ligne du temps sur son intention ?

(2) Quelle est la durée représentée par la ligne du temps ?

(3) Quelle est la durée représentée par chaque segment ? Par chaque sous-segment ?

(4) Pour chaque élément d'information représenté sur la ligne du temps, **déterminez** s'il s'agit d'un fait, d'un événement ou d'une réalité sociale.

(5) S'il y a lieu, **trouvez** des éléments de continuité ou de rupture, des similitudes et des différences entre les faits, les événements ou les réalités sociales représentés.

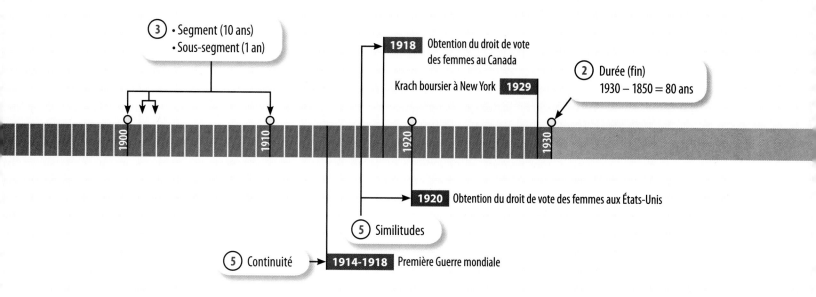

(3) • Segment (10 ans)
• Sous-segment (1 an)

1918 Obtention du droit de vote des femmes au Canada

Krach boursier à New York **1929**

(2) Durée (fin)
1930 − 1850 = 80 ans

1900   1910   1920   1930

1920 Obtention du droit de vote des femmes aux États-Unis

(5) Similitudes

(5) Continuité → **1914-1918** Première Guerre mondiale

Construire UNE LIGNE DU TEMPS

MÉTHODE

ÉTAPE 1

Recueillir l'information

① **Préciser** l'intention avec laquelle on veut élaborer une ligne du temps et **formuler** un titre provisoire.

> **Intention :** situer dans le temps deux constitutions canadiennes au XVIIIe siècle.
>
> **Titre provisoire :** Des constitutions canadiennes

② À partir d'une source d'information (texte, document ou chronologie), **déterminer** avec précision les faits, les événements ou les réalités sociales qu'on veut représenter.

③ **Repérer** les dates et les **associer** aux faits, aux événements ou aux réalités sociales.

> **1774 :** Acte de Québec
> **1791 :** Acte constitutionnel

ÉTAPE 2

Construire la ligne du temps

④ **Tracer** un axe horizontal à l'aide d'un crayon ou d'un logiciel de dessin.

⑤ **Concevoir** l'échelle chronologique en déterminant combien de temps l'axe doit couvrir. Appliquer la formule suivante : **date la plus récente − date la plus ancienne = durée.**

> 1800 − 1770 = 30 ans
>
> | | |
> |---|---|
> | 1770 | 1800 |

⑥ **Diviser** l'axe en segments égaux à l'aide de points ou de traits verticaux.

> Axe de 3 cm divisé en 3 segments égaux de 1 cm
>
>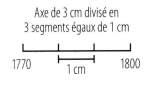
>
> 1770   1 cm   1800

⑦ **Déterminer** une unité de durée pour chaque segment.

> 30 ans ÷ 3 segments = 10 ans
> 1 cm = 10 ans
>
>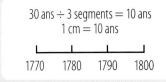
>
> 1770   1780   1790   1800

ÉTAPE 3

Analyser et reporter l'information

⑧ **Choisir** les dates qui correspondent aux faits, aux événements ou aux réalités sociales qu'on veut représenter sur la ligne du temps et **reporter** les dates et l'information sur la ligne du temps.

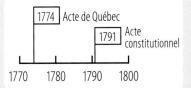

> 1774 Acte de Québec
> 1791 Acte constitutionnel
> 1770   1780   1790   1800

⑨ **Vérifier** le titre de la ligne du temps et, s'il y a lieu, le modifier. Le titre doit révéler le sujet principal de la ligne du temps, son contenu et son intention.

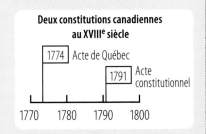

> **Deux constitutions canadiennes au XVIIIe siècle**
>
> 1774 Acte de Québec
> 1791 Acte constitutionnel
> 1770   1780   1790   1800

EXERCICES

À l'aide de la chronologie présentée ci-dessous, construisez une ligne du temps avec l'intention de présenter quelques grands voyages d'exploration de l'époque de la Renaissance.

ÉTAPE 1

Recueillir l'information

① **Précisez** avec quelle intention vous voulez élaborer une ligne du temps et **formulez** un titre provisoire.

② **Précisez** les faits, les événements ou les réalités sociales que vous voulez représenter sur la ligne du temps.

③ **Déterminez** à quelles dates ces faits, ces événements ou ces réalités sociales sont associés.

ÉTAPE 2

Construire la ligne du temps

④ Quelle sera l'échelle chronologique de la ligne du temps ? **Précisez** combien de temps l'axe doit couvrir.

⑤ Quelle valeur pouvez-vous donner aux segments de la ligne du temps pour couvrir la durée et occuper l'espace dont vous disposez ?

⑥ Quelle sera la longueur totale de l'axe horizontal ?

⑦ **Tracez** l'axe et **indiquez** les segments par des points ou de petits traits verticaux.

ÉTAPE 3

Analyser et reporter l'information

⑧ **Reportez** aux bons endroits sur la ligne du temps les éléments d'information sélectionnés à l'étape 1.

⑨ **Formulez** un titre définitif pour la ligne du temps.

▶ CHRONOLOGIE

1492 Christophe Colomb « découvre » l'Amérique.

1497 Vasco de Gama atteint l'Inde par le cap de Bonne Espérance.

1497 Jean Cabot explore Terre-Neuve et le Labrador.

1519 Hernán Cortés explore le Mexique.

1534 Jacques Cartier se rend dans le golfe du Saint-Laurent.

2 La carte historique

QU'EST-CE QU'UNE CARTE HISTORIQUE ?

Une carte historique est une représentation plane d'un événement, d'un phénomène ou d'une réalité historiques dans le temps ou la durée, à l'échelle de la Terre, d'une partie de la Terre, d'un pays ou d'une région.

À QUOI SERVENT LES CARTES HISTORIQUES ?

Les cartes historiques permettent de visualiser un événement, un phénomène ou une réalité historiques et son évolution dans le temps en communiquant des éléments d'information :

- statistiques (ex.: l'évolution d'une population) ;
- sociaux (ex.: la répartition d'une population) ;
- économiques (ex.: l'évolution d'une économie régionale) ;
- culturels (ex.: la répartition linguistique d'une population) ;
- politiques (ex.: l'évolution de la formation d'un État).

Les données peuvent être statiques (comme si l'on photographiait un fait, un événement, etc.) ou dynamiques (mouvements, phénomènes en progression dans le temps ou dans l'espace).

QUE TROUVE-T-ON SUR UNE CARTE HISTORIQUE ?

Une carte historique contient d'abord une représentation géographique de la Terre, d'une partie de la Terre, d'un pays ou d'une région sur laquelle on superpose des éléments d'information statistiques, sociaux, économiques, culturels ou politiques.

La carte comprend aussi un titre qui révèle les intentions pour lesquelles elle a été dressée, une légende qui permet de décoder les symboles utilisés, une échelle qui indique les distances et le lien entre les dimensions réelles d'un territoire et celles qu'on lui a données sur la carte, ainsi qu'une rose des vents qui marque le nord.

EXEMPLE

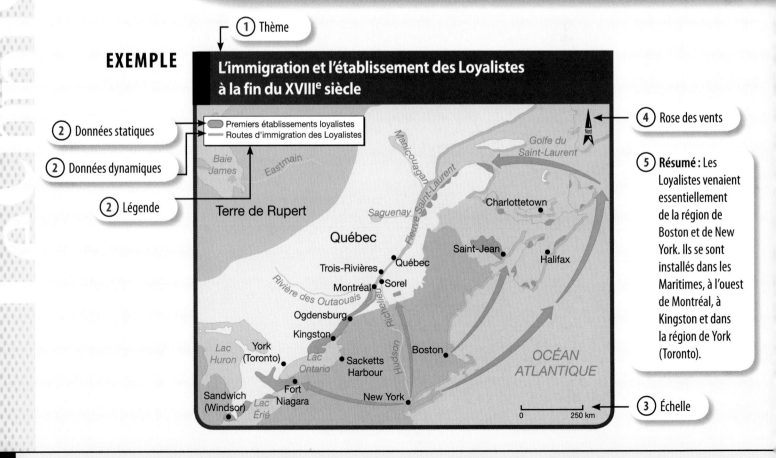

Interpréter UNE CARTE HISTORIQUE

MÉTHODE

Lire le titre et faire des hypothèses sur la nature de l'information (thème de la carte).

Lire la légende afin de déterminer si l'on y trouve :
a) des données dynamiques ou statiques ;
b) des éléments d'information statistiques, sociaux, économiques, culturels ou politiques.

Repérer l'échelle et, s'il y a lieu, **déterminer** les dimensions du territoire couvert sur la carte.

Repérer le nord sur la carte.

Relever et **résumer** l'information présentée sur la carte.

EXERCICES

À l'aide de la carte historique ci-dessous, répondez aux questions suivantes.

1 Que nous révèle le titre de la carte ?

2 **Observez** la légende.
a) Les données sont-elles dynamiques ou statiques ? Justifiez votre réponse.
b) Quels sont les éléments d'information ? Ces éléments sont-ils statistiques, sociaux, économiques, culturels ou politiques ?

3 Quelles sont les dimensions du territoire couvert sur la carte ?

4 Où est située la rose des vents sur la carte ?

5 **Relevez** et **résumez** l'information présentée sur la carte.

Le réseau ferroviaire québécois à la fin du XIXᵉ siècle

Légende :
— Grand Tronc intercolonial
— Canadien Pacifique
— Voies de chemin de fer secondaires

Golfe du Saint-Laurent
Manicouagan
Rimouski
Saguenay
Rivière-du-Loup
Roberval
Chicoutimi
Témiscouata
Nouveau-Brunswick
Saint-Maurice
Fleuve Saint-Laurent
Québec
Québec
Lévis
Trois-Rivières
Saint-Georges
États-Unis
Richmond
Saint-Jérôme
Sherbrooke
Hull
Montréal
Rivière des Outaouais
OCÉAN ATLANTIQUE
0   100 km

MÉTHODE

ÉTAPE 1

Recueillir l'information

① **Préciser** l'intention de la carte historique et **formuler** un titre provisoire.

> **Intention :** présenter les principales villes de la vallée du Saint-Laurent en 1745.
>
> **Titre provisoire :** La vallée du Saint-Laurent en 1745

② À l'aide d'une source d'information (encyclopédie, atlas, document historique, etc.), **déterminer** quel phénomène historique (fait, événement ou réalité sociale) l'on veut illustrer. S'il y a lieu, déterminer son évolution dans le temps et dans l'espace.

> Sur une carte de la vallée du Saint-Laurent, situer Ville-Marie (Montréal), Trois-Rivières, Québec et le fleuve Saint-Laurent.

ÉTAPE 2

Réaliser la carte historique

③ **Tracer** un fond de carte à la main ou à l'aide d'un logiciel de dessin, ou **utiliser** un fond de carte déjà existant.

④ **Établir** l'échelle.
   a) Pour établir l'échelle, **prendre** deux points de référence, par exemple deux villes dont on connaît la distance qui les sépare. Ex. : Montréal – Québec : 250 km.

   b) **Situer** ces points sur la carte et **mesurer** la distance en centimètres.
   Ex. : 250 km = 0,5 cm

   c) S'il y a lieu, **tracer** les frontières et les repères géographiques comme les rivières, les montagnes et les villes. **Ajouter** une rose des vents pour indiquer le nord.

De Montréal à Québec : 250 km.
250 km = 0,5 cm.
Échelle : 1 cm = 500 km.

N

Fleuve Saint-Laurent

0   500 km

⑤ **Créer** une légende.
   a) **Utiliser** des couleurs différentes et des symboles pour représenter les divers éléments de la carte.

   b) **Indiquer** les éléments d'information dans la légende, leur couleur respective et, s'il y a lieu, les symboles et ce qu'ils représentent.

> • Villes principales

ÉTAPE 3

Analyser et reporter l'information

⑥ **Reporter** sur la carte l'information retenue à l'étape 1.

N

Fleuve Saint-Laurent

Québec
Montréal Trois-Rivières

• Villes principales   0   500 km

⑦ **Vérifier** le titre de la carte historique et, s'il y a lieu, le modifier. Le titre doit révéler le sujet principal de la carte et son intention.

Les villes principales de la vallée du Saint-Laurent en 1745

N

Fleuve Saint-Laurent

Québec
Montréal Trois-Rivières

• Villes principales   0   500 km

EXERCICES

Réalisez une carte historique à l'aide du document ci-dessous.
Utilisez les outils qui vous seront fournis par votre enseignant ou enseignante.

ÉTAPE 1

Recueillir l'information

① **Consultez** le document et **précisez** quelle est l'intention de la carte. **Donnez** un titre provisoire à la carte.

② **Déterminez** quels événements, faits ou réalités sociales vous voulez illustrer ; s'il y a lieu, déterminez leur évolution dans le temps ou dans l'espace.

ÉTAPE 2

Réaliser la carte historique

③ **Tracez** un fond de carte à la main ou à l'aide d'un logiciel de dessin, ou **utilisez** un fond de carte que votre enseignant ou enseignante vous a fourni.

④ **Établissez** l'échelle.
   a) **Prenez** deux points de référence, par exemple deux villes dont vous connaissez la distance qui les sépare.

   b) **Situez** ces points sur la carte et **mesurez**-en la distance en centimètres.

   c) S'il y a lieu, **tracez** les frontières et les repères géographiques comme les rivières, les montagnes et les villes. **Ajoutez** une rose des vents pour indiquer le nord.

⑤ **Créez** une légende.
   a) **Utilisez** des couleurs différentes et des symboles pour représenter les divers éléments de votre carte.

   b) **Indiquez** les éléments d'information dans votre légende, leur couleur respective et, s'il y a lieu, les symboles et ce qu'ils représentent.

ÉTAPE 3

Analyser et reporter l'information

⑥ **Reportez** sur votre carte l'information retenue à l'étape 1.

⑦ **Vérifiez** le titre de votre carte historique et, s'il y a lieu, modifiez-le. Le titre doit révéler le sujet principal de votre carte, son contenu et son intention.

■ LE PARCOURS DE JACQUES CARTIER À TERRE-NEUVE ET AU LABRADOR EN 1534

« En moins de trois semaines, les vaisseaux [de Jacques Cartier] atteignent la côte est de Terre-Neuve, au cap Bonavista. Cartier commence aussitôt à longer cette côte en se dirigeant vers le nord. Il se trouve bientôt dans le détroit de la baie des Châteaux [...]. Il longe pendant quelques jours la côte du Labrador [...]. Il redescend ensuite vers le sud, en longeant la côte ouest de Terre-Neuve. Cartier cherche le passage vers l'Asie. Au début de juillet, il croit l'avoir trouvé lorsqu'il aperçoit l'entrée de la baie des Chaleurs. Il baptise le cap de la pointe du sud du nom de cap d'Espérance. »

Jacques Lacoursière, Jean Provencher et Denis Vaugeois, *Canada-Québec, Synthèse historique, 1534-2000*, Septentrion, 2001.

Le document écrit

3

TECHNIQUE

QU'EST-CE QU'UN DOCUMENT ÉCRIT ?

Les documents écrits sont les principaux outils des historiens et historiennes. Il existe plusieurs types de documents écrits, dont les articles de journaux, les lettres, les traités, les textes juridiques, les romans, les archives et les ouvrages scientifiques.

On classe les documents écrits en deux groupes :

- les documents de source première, ou « de première main », écrits par des témoins de l'événement dont il est question, ou par des acteurs ou actrices qui y ont participé, ou des documents officiels comme des textes de loi ;

- les textes de source seconde, ou « de seconde main », écrits par des historiens ou historiennes, des analystes, des scientifiques, ou des romanciers ou romancières.

À QUOI SERVENT LES DOCUMENTS ÉCRITS ?

Les documents écrits sont les traces du passé laissées par les sociétés. Ils fournissent donc de l'information sur ces sociétés et, souvent, sur les personnes qui ont écrit ces documents.

COMMENT ANALYSE-T-ON UN DOCUMENT ÉCRIT ?

Pour analyser un document écrit, il faut d'abord se pencher sur l'information fournie dans le texte, c'est-à-dire analyser le texte lui-même. Il faut ensuite se pencher sur la valeur historique du document, c'est-à-dire analyser la source et apprécier son objectivité relativement à l'événement.

EXEMPLE

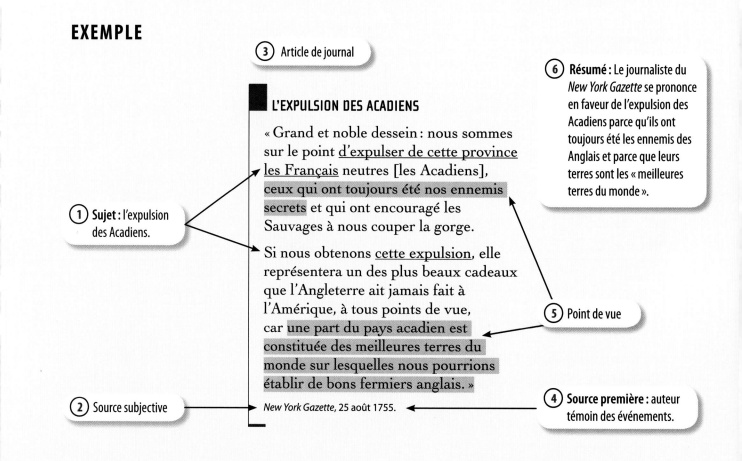

3 Article de journal

L'EXPULSION DES ACADIENS

« Grand et noble dessein : nous sommes sur le point d'expulser de cette province les Français neutres [les Acadiens], ceux qui ont toujours été nos ennemis secrets et qui ont encouragé les Sauvages à nous couper la gorge.

Si nous obtenons cette expulsion, elle représentera un des plus beaux cadeaux que l'Angleterre ait jamais fait à l'Amérique, à tous points de vue, car une part du pays acadien est constituée des meilleures terres du monde sur lesquelles nous pourrions établir de bons fermiers anglais. »

New York Gazette, 25 août 1755.

1 **Sujet :** l'expulsion des Acadiens.

2 Source subjective

6 **Résumé :** Le journaliste du *New York Gazette* se prononce en faveur de l'expulsion des Acadiens parce qu'ils ont toujours été les ennemis des Anglais et parce que leurs terres sont les « meilleures terres du monde ».

5 Point de vue

4 **Source première :** auteur témoin des événements.

techniques

Interpréter UN DOCUMENT ÉCRIT

MÉTHODE

Lire le texte et **souligner** les passages qui en révèlent le sujet.

Repérer la source du texte et faire des hypothèses sur l'objectivité de la personne qui l'a écrit.

Préciser la nature du document : article de journal, lettre, traité, texte juridique, roman, archive, ouvrage scientifique, etc.

À l'aide de la source ou de certains passages du texte, **préciser** le moment où le texte a été écrit. **Déterminer** si l'auteur ou l'auteure a été témoin des événements (source première) ou s'il s'agit d'un document de source seconde.

Relire le texte et **surligner** les passages qui révèlent le point de vue de l'auteur ou de l'auteure sur le sujet.

Résumer en quelques lignes le texte et l'intention de l'auteur ou de l'auteure.

S'il y a lieu, **mettre** en relation le texte écrit avec d'autres documents visuels ou écrits et **comparer** les informations.

EXERCICES

À l'aide du document écrit présenté ci-dessous, faites les exercices suivants. Annotez le texte fourni par votre enseignant ou enseignante comme dans l'exemple de la page 10.

1 **Lisez** le texte et **soulignez** les passages qui en révèlent le sujet.

2 **Repérez** la source du texte et faites des hypothèses sur l'objectivité de la personne qui l'a écrit.

3 **Précisez** la nature du document : article de journal, lettre, traité, texte juridique, roman, archive, ouvrage scientifique, etc.

4 **Repérez** la date ou des passages du texte qui révèlent le moment où le texte a été écrit et **précisez** si l'auteur ou l'auteure a participé à l'événement ou en a été témoin (source première), ou s'il s'agit d'un document de source seconde.

5 **Relisez** le texte et **surlignez** les passages qui révèlent le point de vue de l'auteur ou de l'auteure sur le sujet du texte.

6 **Résumez** en quelques lignes le texte et l'intention de l'auteur ou de l'auteure.

7 **Mettez** ce texte en relation avec celui qui a été publié dans le *New York Gazette* en 1755 (page 10) et **comparez** les informations. Faites ressortir les similitudes et les différences. Que constatez-vous ?

LA DÉPORTATION DES ACADIENS

« Conquise en 1710 par les Britanniques, l'Acadie avait néanmoins attiré peu de colons anglais, et les Acadiens avaient conservé leurs terres et leurs traditions. [...] En 1754, le gouverneur de la Nouvelle-Écosse, Charles Lawrence, leur ordonna de porter le serment d'allégeance à la couronne britannique.

Souhaitant ne pas abandonner une certaine neutralité, les Acadiens refusèrent de prononcer ce serment qui impliquait la prise des armes contre les Français. Lawrence ordonna leur déportation en alléguant l'aide qu'ils avaient prétendument apportée aux Micmacs dans leurs raids contre les colonies anglaises [...]. Or, des demandes de terres, faites par des colons de la Nouvelle-Angleterre, furent une considération tout aussi déterminante dans cette décision. »

John A. Dickinson et Brian Young, *Brève histoire socio-économique du Québec*, trad. H. Filion, Septentrion, 1992.

4 Le texte en histoire

POURQUOI ÉCRIRE UN TEXTE EN HISTOIRE ?

On peut avoir à écrire un texte en histoire pour répondre à une question à développement ou pour rendre compte d'un phénomène historique (un fait, un événement ou une réalité sociale).

QUELLES SONT LES INTENTIONS D'ÉCRITURE D'UN TEXTE EN HISTOIRE ?

On peut écrire un texte en histoire avec l'intention de décrire un phénomène historique (un fait, un événement, une réalité sociale) ; le texte répond alors à des questions telles que *Quelles sont les caractéristiques de… ? Qu'est-ce que… ?* etc.

On peut aussi écrire un texte en histoire avec l'intention d'expliquer un phénomène historique (un fait, un événement, une réalité sociale) ; le texte répond alors à des questions telles que *Pourquoi… ? Comment se fait-il que… ? Quelles sont les causes de… ? Pour quelles raisons… ? Pour quels motifs… ? Dans quel but… ? Que pensez-vous de… ?* etc.

Finalement, on peut écrire un texte en histoire avec l'intention de convaincre un destinataire de notre opinion. Le texte doit alors contenir des arguments fondés sur l'histoire.

Écrire UN TEXTE EN HISTOIRE

MÉTHODE

① **Lire** attentivement la consigne d'écriture du texte, **souligner** les mots qui révèlent le sujet et **surligner** ceux qui révèlent l'intention du texte à écrire.

> Intention　　　　　　Sujet
> On dit que la période de l'industrialisation au XIXe siècle a entraîné une révolution sociale au Canada. Dans un texte d'environ 200 mots, expliquez cette affirmation à l'aide de renseignements puisés dans les documents.

② **Selon** l'intention du texte (décrire, expliquer ou convaincre), **formuler** une question à laquelle le texte devra répondre.

> *Pourquoi* la période de l'industrialisation au XIXe siècle a-t-elle entraîné une révolution sociale au Canada ?
> **ou**
> *Pour quelles raisons* la période de l'industrialisation au XIXe siècle a-t-elle entraîné une révolution sociale au Canada ?

③ **Écrire** une phrase d'introduction dans laquelle on présente le sujet et l'intention du texte.

> Intention　　　　　　Sujet
> Dans le texte suivant, je tenterai d'expliquer pourquoi la période de l'industrialisation au XIXe siècle a entraîné une révolution sociale au Canada.

④ **Selon** l'intention du texte, **consulter** les documents proposés ou trouvés et **relever** les passages qui pourraient constituer des caractéristiques, des raisons, des causes, des faits, des arguments ou d'autres éléments d'information liés au phénomène historique (fait, événement, réalité sociale) qu'on doit décrire ou expliquer, ou au point de vue qu'on doit défendre.

Déterminer quels éléments seront retenus pour répondre à la question posée.

Formuler chaque élément de la manière suivante :

Une affirmation ⇨ *parce que (causes)*

ou

Un élément ⇨ *brève description*

ou

Une opinion ⇨ *un argument*

> La période de l'industrialisation au XIXᵉ siècle a entraîné une révolution sociale au Canada
> - parce que l'apparition des machines a révolutionné les méthodes de travail ;
> - parce que les paysans ont quitté les campagnes pour s'installer dans les villes (exode rural) ;
> - parce que les villes se sont développées (croissance urbaine) et sont devenues plus nombreuses ;
> - parce que la bourgeoisie est devenue de plus en plus puissante.

⑤ **Écrire** la suite de l'introduction en présentant le nombre d'éléments qui seront traités dans le texte.

> Dans le texte suivant, je tenterai d'expliquer pourquoi la période de l'industrialisation au XIXᵉ siècle a entraîné une révolution sociale au Canada. Voici quatre raisons qui expliquent ce phénomène historique.

⑥ **Écrire** la suite du texte en utilisant les éléments précisés au numéro 4.

Formuler des phrases complètes en utilisant, selon l'intention du texte, des marqueurs de relation propres à la description (*de plus, puis, aussi, d'abord-ensuite-enfin*, etc.), à l'explication (*du fait que, comme, puisque, parce que*, etc.) ou à l'argumentation (*parce que, étant donné que, la preuve étant que*, etc.).

> Dans le texte suivant, je tenterai d'expliquer pourquoi la période de l'industrialisation au XIXᵉ siècle a entraîné une révolution sociale au Canada. Voici quatre raisons qui expliquent ce phénomène historique. Premièrement, les paysans ont quitté leurs terres pour aller s'installer dans les villes et travailler dans les usines. À leurs yeux, c'était un gage de réussite.
> Deuxièmement,...

⑦ **Lire** les critères qui serviront à évaluer le texte et vérifier s'ils ont tous été respectés. Apporter les corrections nécessaires.

> - L'élève a respecté le sujet du texte.
> - L'élève a donné au moins trois raisons qui expliquent le phénomène.
> - Les raisons invoquées sont fondées historiquement.
> Etc.

EXERCICES

Écrivez un texte en histoire à l'aide de la consigne d'écriture que vous remettra votre enseignant ou enseignante.

> **Note** Pour cette technique, on peut considérer que 150 à 200 mots constituent un texte.

① Dans la consigne d'écriture :

   a) **repérez** et **soulignez** les mots ou les groupes de mots qui révèlent le sujet du texte à écrire ;

   b) **repérez** et **surlignez** les mots ou les groupes de mots qui révèlent l'intention du texte à écrire.

② **Formulez** une question à laquelle vous répondrez dans votre texte.

③ **Écrivez** une phrase d'introduction dans laquelle vous présenterez le sujet et l'intention de votre texte.

④ **Consultez** les documents qu'on vous a proposés et **relevez** les passages qui pourraient constituer des caractéristiques, des raisons, des causes, des faits, des arguments ou d'autres éléments d'information liés au phénomène historique (fait, événement, réalité sociale) que vous devez décrire ou expliquer, ou au point de vue que vous devez défendre.

Précisez les éléments que vous retiendrez pour répondre à la question posée.

Formulez chaque élément de la manière suivante :

Une affirmation ⇨ *parce que (causes)*

ou

Un élément ⇨ *brève description*

ou

Une opinion ⇨ *un argument*

⑤ **Écrivez** la suite de l'introduction en présentant le nombre d'éléments qui seront traités dans votre texte.

⑥ **Écrivez** la suite du texte en utilisant les éléments précisés au numéro 4.

Formulez des phrases complètes en utilisant, selon l'intention du texte, des marqueurs de relation propres à la description (*de plus, puis, aussi, d'abord-ensuite-enfin*, etc.), à l'explication (*du fait que, comme, puisque, parce que*, etc.) ou à l'argumentation (*parce que, étant donné que, la preuve étant que*, etc.).

⑦ **Lisez** les critères qui serviront à évaluer votre texte et vérifiez si vous les avez tous respectés. Faites les corrections nécessaires.

5 Le texte comparatif

QU'EST-CE QU'UN TEXTE COMPARATIF EN HISTOIRE ?

Un texte comparatif est un texte dans lequel la personne qui écrit fait ressortir des ressemblances ou des différences entre deux ou plusieurs phénomènes historiques, en comparant comment certains concepts s'appliquent à chaque phénomène.

Le sujet du texte correspond généralement au sujet de la comparaison.

COMMENT RECONNAÎT-ON UN TEXTE COMPARATIF ?

Un texte est comparatif :

- lorsqu'il traite d'un même sujet dans des contextes différents ;

- lorsqu'il traite des ressemblances ou des différences entre deux ou plusieurs sujets distincts.

On peut aussi reconnaître un texte comparatif à l'aide des termes comparatifs qui y sont utilisés. Il existe une foule de termes comparatifs, par exemple, *comme*, *pareil à*, *semblable à*, *d'une part*, *d'autre part*, *tel que*, *plus que*, *autant que*, *moins que*, *différent de*, etc.

EXEMPLE

① Sujet de la comparaison

② Termes comparatifs

LA SOCIÉTÉ CANADIENNE AU XVIIᵉ SIÈCLE

« Au fil des ans, la population s'organise en Nouvelle-France.

De petites agglomérations, ponctuées de clochers, s'échelonnent le long du Saint-Laurent : c'est la vie tranquille de campagne des paysans s'harmonisant au rythme des saisons.

Ailleurs, toujours au bord du fleuve, des maisons regroupées et accolées les unes aux autres forment des villes. Québec et Montréal, et dans une moindre mesure Trois-Rivières, sont centrées sur le commerce et la politique. Elles vivent au rythme plus trépidant de la société urbaine. Tous les métiers s'y côtoient. »

Cécile Pesant Caron, *Pages d'histoire*, CEC, 1999.

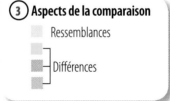

③ Aspects de la comparaison

- Ressemblances
- Différences

④ Résumé : Au XVIIᵉ siècle, la société de la Nouvelle-France se divisait en deux parties : les habitants des campagnes qui vivaient de l'agriculture au rythme des saisons et ceux des villes qui vivaient de commerce et de politique au rythme trépidant de la ville. Villes et campagnes s'échelonnaient le long du fleuve Saint-Laurent.

Lire   UN TEXTE COMPARATIF

MÉTHODE

(1) **Lire** le texte et **souligner** le ou les passages qui révèlent le sujet de comparaison.

(2) **Souligner** d'un double trait les termes comparatifs.

(3) **Surligner** de couleurs différentes les mots ou les groupes de mots qui indiquent les aspects de la comparaison (concepts, personnages, lieux, événements, etc.) et préciser s'il s'agit de ressemblances ou de différences.

(4) **Résumer** le texte en faisant ressortir les ressemblances et les différences.

EXERCICES

À l'aide du document écrit présenté ci-dessous, faites les exercices suivants. Annotez le texte fourni par votre enseignant ou enseignante comme dans l'exemple de la page 14.

(1) **Lisez** le texte et **soulignez** le ou les passages qui révèlent le sujet de comparaison.

(2) **Soulignez** d'un double trait les termes comparatifs.

(3) **Surlignez** de couleurs différentes les mots ou les groupes de mots qui indiquent les aspects de la comparaison (concepts, personnages, lieux, événements, etc.) et précisez s'il s'agit de ressemblances ou de différences.

(4) **Résumez** le texte en faisant ressortir les ressemblances et les différences.

L'INDUSTRIALISATION CANADIENNE

Pendant le XIXe siècle et au début du XXe, le Canada vit deux phases d'industrialisation pendant lesquelles sont développées diverses industries financées en grande partie par d'autres pays.

À partir de 1850, les manufactures se multiplient au Québec et en Ontario. On appelle ce phénomène « première phase d'industrialisation ». Plusieurs facteurs contribuent à ce développement rapide, dont l'invention de la machine à vapeur et la mécanisation des outils. Pour développer les industries, les patrons doivent compter sur du financement britannique.

À l'aube du XXe siècle, le Québec entre dans une deuxième phase d'industrialisation. Comparativement à la première phase d'industrialisation, l'exploitation des mines, la production d'électricité et la transformation du bois en pâtes et papiers sont les fers de lance de cette deuxième phase. Alors que la première phase d'industrialisation attirait surtout les capitaux britanniques, la deuxième attire les investissements des États-Uniens, qui sont en voie de devenir la première puissance mondiale. Toutes les régions du Québec susceptibles de leur fournir des matières premières se développent rapidement.

Dans les deux cas, l'exploitation des travailleurs et des travailleuses est une conséquence néfaste de l'industrialisation.

D'après Cécile Pesant Caron, *Pages d'histoire*, CEC, 1999.

Écrire UN TEXTE COMPARATIF

① **Lire** attentivement la consigne d'écriture du texte, **souligner** les mots qui révèlent le sujet de comparaison et l'intention du texte à écrire.

> Intention   Sujet de comparaison
> <u>Comparez</u> deux aspects <u>des modes de vie des Amérindiens sédentaires et des Amérindiens nomades</u> avant les années 1500.

② **Préciser** les aspects sur lesquels portera la comparaison.

- Les habitations
- Les activités de survie

③ **Écrire** une phrase d'introduction dans laquelle on présente :

- le sujet et l'intention du texte ;
- les éléments qui seront comparés ;
- les aspects de la comparaison.

> Intention   Sujet de comparaison
> Il est intéressant de <u>comparer</u> les <u>modes de vie des Amérindiens nomades et des Amérindiens sédentaires</u> avant l'arrivée des Européens en décrivant leurs habitations et leurs activités de survie.

④ **Consulter** la documentation proposée et **relever** les passages qui donnent de l'information sur les différents aspects de la comparaison retenus.

Déterminer quels renseignements seront retenus pour comparer.

Regrouper les renseignements dans un tableau permettant d'établir les différences et les ressemblances selon les aspects de la comparaison.

Aspects de la comparaison	Ressemblances	Différences
Habitations		<u>Nomades</u> : tentes. <u>Sédentaires</u> : villages et maisons longues.
Activités de survie	<u>Nomades et sédentaires</u> : chasse et pêche.	<u>Nomades</u> : cueillette. <u>Sédentaires</u> : agriculture.

⑤ **Écrire** la suite du texte en utilisant les éléments précisés au numéro 4. **Utiliser** des termes comparatifs.

Il est intéressant de comparer les modes de vie des Amérindiens nomades et des Amérindiens sédentaires avant l'arrivée des Européens en décrivant leurs habitations et leurs activités de survie.

Les Amérindiens nomades vivaient dans des habitations faciles à transporter appelées « wigwams » <u>alors que</u> les sédentaires construisaient des villages constitués de maisons longues permettant à plusieurs familles de vivre ensemble.

Pour survivre, les groupes nomades et sédentaires pratiquaient <u>tous deux</u> la chasse et la pêche. <u>Par contre</u>, si les sédentaires avaient déjà développé une forme d'agriculture, les nomades, <u>eux</u>, vivaient de la cueillette d'aliments dans la nature.

⑥ **Lire** les critères qui serviront à évaluer le texte et vérifier s'ils ont tous été respectés. **Apporter** les corrections nécessaires.

EXERCICES

Écrivez un texte comparatif à l'aide de la consigne d'écriture que vous fournira votre enseignant ou enseignante.

① Dans la consigne d'écriture :

   a) repérez et **soulignez** les mots ou les groupes de mots qui révèlent le sujet de comparaison ;

   b) repérez et **soulignez** l'intention du texte à écrire.

② **Lisez** la documentation fournie ou que vous aurez trouvée et **précisez** les aspects sur lesquels portera la comparaison.

③ **Écrivez** une phrase d'introduction dans laquelle vous présenterez le sujet de comparaison, l'intention du texte et les aspects de la comparaison.

④ **Consultez** la documentation proposée ou trouvée et **relevez** les passages qui donnent de l'information sur les différents aspects de la comparaison retenus.

   Déterminez quels renseignements seront retenus pour comparer.

   Regroupez les renseignements dans un tableau permettant d'établir les ressemblances et les différences selon les aspects de la comparaison.

⑤ **Écrivez** la suite du texte en utilisant les éléments précisés au numéro 4. **Utilisez** des termes comparatifs.

⑥ **Lisez** les critères qui serviront à évaluer le texte et vérifiez s'ils ont tous été respectés. **Apportez** les corrections nécessaires.

6 Le document iconographique

QU'EST-CE QU'UN DOCUMENT ICONOGRAPHIQUE ?

Les documents iconographiques sont des images qui peuvent prendre diverses formes :

- un dessin ;
- une peinture ou une gravure ;
- une photographie d'une sculpture ;
- une photographie ;

etc.

QUE PEUVENT NOUS APPRENDRE LES DOCUMENTS ICONOGRAPHIQUES ?

Les documents iconographiques sont très utiles pour les historiens et historiennes. Les photographies, par exemple, représentent une réalité et fournissent de l'information. Les peintures et les gravures, même si elles peuvent être des reconstitutions sorties de l'imagination de l'artiste, fournissent de l'information sur la société dans laquelle elles ont été produites, sur le contexte de l'époque et sur l'artiste.

COMMENT INTERPRÉTER LES DOCUMENTS ICONOGRAPHIQUES ?

Pour interpréter un document iconographique, il faut analyser l'image, comme dans l'exemple ci-dessous, pour en tirer de l'information concrète sur la société qui l'a produit. Parfois, il faut aussi interpréter la portée symbolique du document, c'est-à-dire dégager l'information transmise au-delà de l'image.

EXEMPLE

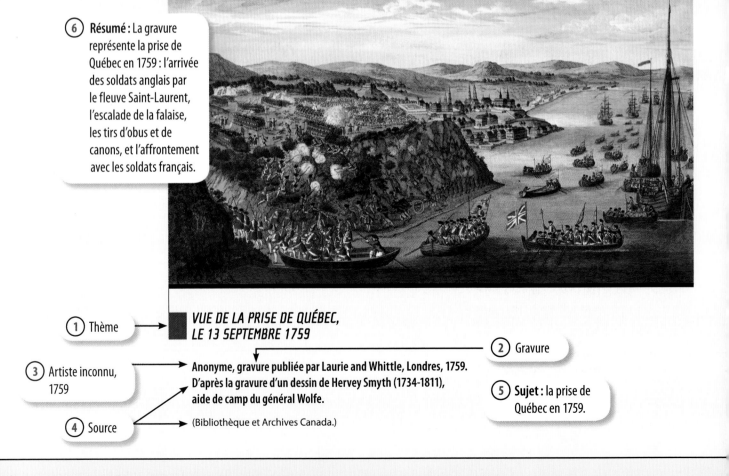

6 **Résumé :** La gravure représente la prise de Québec en 1759 : l'arrivée des soldats anglais par le fleuve Saint-Laurent, l'escalade de la falaise, les tirs d'obus et de canons, et l'affrontement avec les soldats français.

1 Thème

VUE DE LA PRISE DE QUÉBEC, LE 13 SEPTEMBRE 1759

2 Gravure

3 Artiste inconnu, 1759

Anonyme, gravure publiée par Laurie and Whittle, Londres, 1759. D'après la gravure d'un dessin de Hervey Smyth (1734-1811), aide de camp du général Wolfe.

5 **Sujet :** la prise de Québec en 1759.

4 Source

(Bibliothèque et Archives Canada.)

Interpréter UN DOCUMENT ICONOGRAPHIQUE

MÉTHODE

Lire le titre du document pour **trouver** le thème du document iconographique.

Déterminer la nature du document, c'est-à-dire le type d'image et le procédé utilisé.

Repérer le nom de l'auteur ou de l'auteure du document et sa fonction. **Repérer** la date de la création du document ou s'il n'y a pas de date, d'autres indices visuels qui permettent de préciser l'époque représentée.

Repérer la source du document et **préciser** s'il s'agit d'une image de la réalité ou d'une reconstitution.

Déterminer le sujet principal du document, les lieux, les personnages et l'événement ou le phénomène historique représenté.

Établir des liens entre les éléments du document, les personnages, les lieux, les événements, les circonstances et l'époque, et **résumer** l'information contenue dans le document.

Trouver d'autres documents écrits ou iconographiques afin de compléter l'information ou de la comparer.

EXERCICES

À l'aide de l'image ci-dessous, répondez aux questions suivantes.

1 Quel est le titre du document iconographique et quelle information peut-on en tirer ?

2 De quel type de document s'agit-il ?

3 Qui a créé cette image ? Quelle est la date de sa création ?

4
a) Quelle est la provenance du document ? Est-ce une image originale, comme une photographie, ou une reconstitution ?
b) L'auteur représente-t-il la réalité ?
c) Était-il témoin des événements représentés ?

5 Quel est le sujet principal du document ?

6 **Résumez** l'information contenue dans le document.

7 S'il y a lieu, **trouvez** d'autres documents qui pourraient vous aider à interpréter cette image.

VUE ARRIÈRE DE L'ÉGLISE SAINT-EUSTACHE ET DISPERSION DES INSURGÉS

Charles Beauclerk (1813-1842), encre et aquarelle sur papier, lithographie publiée par A. Flint, Londres, 1840.

(Bibliothèque et Archives Canada.)

En 1837 et 1838, des Patriotes se rebellent contre l'autorité coloniale du Bas-Canada. Le 14 décembre 1837, les derniers Patriotes sont pourchassés par l'armée britannique. Soixante-dix d'entre eux seront tués à Saint-Eustache.

Le tableau à entrées multiples

QU'EST-CE QU'UN TABLEAU À ENTRÉES MULTIPLES ?

Le tableau à entrées multiples présente un ensemble de données ou de nombres disposés en colonnes ou en rangées. Il est conçu à partir de données statistiques classées par rubriques. Il peut être de nature descriptive ou comparative. En général, le tableau à entrées multiples permet de croiser deux types d'informations.

À QUOI SERVENT LES TABLEAUX À ENTRÉES MULTIPLES ?

Les tableaux à entrées multiples servent à croiser plusieurs types

d'informations sur une région, un pays ou une ville, une population ou un groupe de personnes, ou un phénomène. L'information peut être :

- sociale (ex. : le taux d'alpha-bétisation) ;
- économique (ex. : les exporta-tions) ;
- démographique (ex. : la crois-sance d'une population) ;
- géographique (ex. : l'évolu-tion d'un territoire urbain) ;

etc.

DE QUOI UN TABLEAU À ENTRÉES MULTIPLES EST-IL CONSTITUÉ ?

Le tableau à entrées multiples est constitué de deux axes,

d'un titre, d'une légende et d'une échelle. L'axe vertical présente des données qualita-tives et l'axe horizontal, des données quantitatives.

On distingue trois catégories de tableaux à entrées multiples :

- les tableaux de répartition qui distribuent une valeur totale entre ses différentes composantes (*doc.* **1**) ;
- les tableaux d'évolution qui indiquent la transformation et les fluctuations d'un phénomène dans le temps (*doc.* **2**) ;
- les tableaux de comparaison qui présentent des valeurs numériques associées à un phénomène à une date donnée (*doc.* **3**).

EXEMPLES

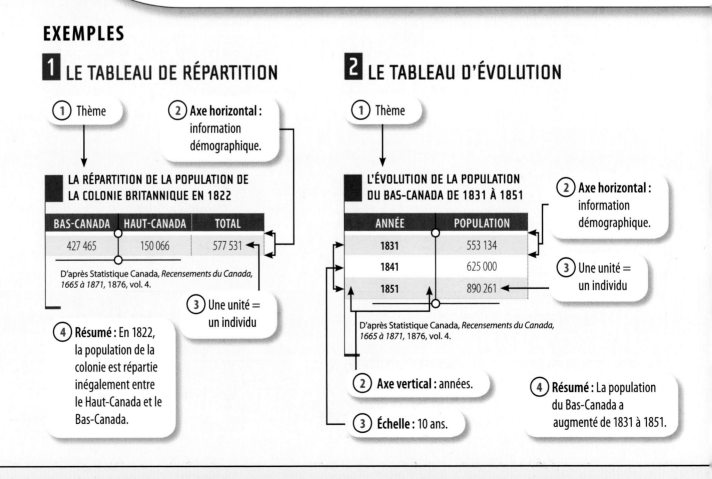

1 LE TABLEAU DE RÉPARTITION

① Thème

② **Axe horizontal :** information démographique.

LA RÉPARTITION DE LA POPULATION DE LA COLONIE BRITANNIQUE EN 1822

BAS-CANADA	HAUT-CANADA	TOTAL
427 465	150 066	577 531

D'après Statistique Canada, *Recensements du Canada, 1665 à 1871*, 1876, vol. 4.

③ Une unité = un individu

④ **Résumé :** En 1822, la population de la colonie est répartie inégalement entre le Haut-Canada et le Bas-Canada.

2 LE TABLEAU D'ÉVOLUTION

① Thème

L'ÉVOLUTION DE LA POPULATION DU BAS-CANADA DE 1831 À 1851

ANNÉE	POPULATION
1831	553 134
1841	625 000
1851	890 261

D'après Statistique Canada, *Recensements du Canada, 1665 à 1871*, 1876, vol. 4.

② **Axe horizontal :** information démographique.

③ Une unité = un individu

② **Axe vertical :** années.

③ **Échelle :** 10 ans.

④ **Résumé :** La population du Bas-Canada a augmenté de 1831 à 1851.

Interpréter UN TABLEAU À ENTRÉES MULTIPLES

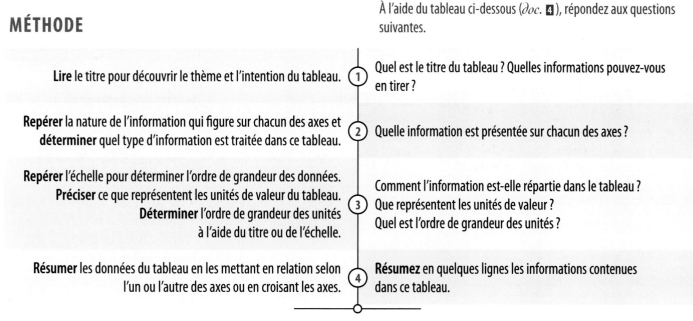

MÉTHODE

Lire le titre pour découvrir le thème et l'intention du tableau. ①

Repérer la nature de l'information qui figure sur chacun des axes et **déterminer** quel type d'information est traitée dans ce tableau. ②

Repérer l'échelle pour déterminer l'ordre de grandeur des données. **Préciser** ce que représentent les unités de valeur du tableau. **Déterminer** l'ordre de grandeur des unités à l'aide du titre ou de l'échelle. ③

Résumer les données du tableau en les mettant en relation selon l'un ou l'autre des axes ou en croisant les axes. ④

EXERCICES

À l'aide du tableau ci-dessous (*doc.* ▟), répondez aux questions suivantes.

① Quel est le titre du tableau ? Quelles informations pouvez-vous en tirer ?

② Quelle information est présentée sur chacun des axes ?

③ Comment l'information est-elle répartie dans le tableau ? Que représentent les unités de valeur ? Quel est l'ordre de grandeur des unités ?

④ **Résumez** en quelques lignes les informations contenues dans ce tableau.

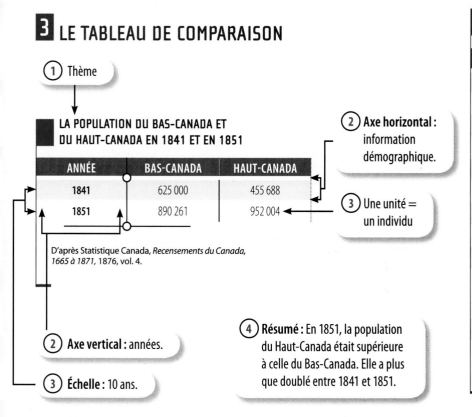

3 LE TABLEAU DE COMPARAISON

① Thème

LA POPULATION DU BAS-CANADA ET DU HAUT-CANADA EN 1841 ET EN 1851

ANNÉE	BAS-CANADA	HAUT-CANADA
1841	625 000	455 688
1851	890 261	952 004

D'après Statistique Canada, *Recensements du Canada, 1665 à 1871*, 1876, vol. 4.

② **Axe horizontal :** information démographique.

③ **Une unité =** un individu

② **Axe vertical :** années.

③ **Échelle :** 10 ans.

④ **Résumé :** En 1851, la population du Haut-Canada était supérieure à celle du Bas-Canada. Elle a plus que doublé entre 1841 et 1851.

4 LES ORIGINES ETHNIQUES DE LA POPULATION DU QUÉBEC EN 1901

ORIGINES ETHNIQUES	NOMBRE
Française	1 322 115
Britannique	290 169
Amérindienne et inuite	10 142
Juive	7 607
Allemande	6 923
Italienne	2 805
Hollandaise	1 554
Scandinave	1 350
Chinoise	1 037
Autres : belge, russe, autrichienne, grecque, hongroise, polonaise, roumaine, ukrainienne, japonaise, etc.	5 196
TOTAL	1 648 898

D'après Statistique Canada, *Annuaire du Canada, 1966-1967*, n° 11-402 F.

Construire UN TABLEAU À ENTRÉES MULTIPLES

MÉTHODE

ÉTAPE 1

Recueillir l'information

① **Préciser** l'intention dans laquelle on veut construire un tableau à entrées multiples et **formuler** un titre provisoire.

> **Intention :** montrer la représentation des femmes à l'Assemblée nationale du Québec de 1976 à 1985.
> **Titre provisoire :** Le nombre de femmes élues à l'Assemblée nationale du Québec

② **Préciser** la nature des informations qui seront présentées sur chacun des axes.

> **Axe vertical :** années des élections provinciales au Québec.
> **Axe horizontal :** nombre de députées élues.

③ À partir d'une source d'information (texte, document, diagramme ou données statistiques), **trouver** des données précises pour compléter le tableau. **S'assurer** que les unités de valeur sont les mêmes.

> Il y avait 5 députées de sexe féminin à l'Assemblée nationale en 1976, 8 en 1981 et 18 en 1985.

ÉTAPE 2

Construire le tableau à entrées multiples

④ • **Tracer** et **nommer** chacun des axes. Chaque axe doit représenter un même type de données. Ces données peuvent être qualitatives (mots ou codes) ou quantitatives (nombres).

• **Déterminer** le nombre de colonnes et de rangées nécessaires.

Deux colonnes et trois rangées

Année	Nombre de députées

Axe vertical / Axe horizontal

⑤ **Établir** l'échelle de représentation des données de l'axe horizontal.

> Les données sont présentées en unités.
> Chaque unité représente une députée.

⑥ **Établir** le rapport de proportion entre les données qui seront représentées sur l'axe vertical.

> Les années correspondent aux dates des élections provinciales au Québec.

ÉTAPE 3

Reporter et analyser l'information

⑦ **Inscrire** les segments et les données dans le tableau. **S'assurer** que le tableau est lisible.

⑧ **Donner** un titre définitif qui révèle le sujet principal du tableau. Le titre doit annoncer la nature des informations.

> **Le nombre de femmes élues à l'Assemblée nationale du Québec de 1976 à 1985**
>
> | Année | Nombre de députées |
> |-------|-------------------|
> | 1976 | 5 |
> | 1981 | 8 |
> | 1985 | 18 |

EXERCICES

À l'aide du document ci-dessous, construisez un tableau à entrées multiples.

ÉTAPE 1

Recueillir l'information

① **Précisez** dans quelle intention vous voulez élaborer un tableau à entrées multiples et **formulez** un titre provisoire.

② **Précisez** la nature des informations qui seront représentées sur chaque axe.

③ Dans le document ci-dessous, **trouvez** des données précises pour compléter le tableau. **Assurez-vous** que les unités de valeur sont les mêmes.

ÉTAPE 2

Construire le tableau à entrées multiples

④ **Tracez** et **nommez** chacun des axes. Combien de colonnes et de lignes le tableau comportera-t-il ?

⑤ Quelle sera l'échelle de représentation des données de l'axe horizontal ?

⑥ Quel sera le rapport de proportion entre les données représentées sur l'axe vertical ?

ÉTAPE 3

Reporter et analyser l'information

⑦ **Reportez** les informations dans le tableau.

⑧ **Donnez** un titre définitif au tableau.

LA POPULATION ANIMALE EN NOUVELLE-FRANCE

La population animale des fermes de la Nouvelle-France était très diversifiée aux XVIIe et XVIIIe siècles.

- En 1695, la Nouvelle-France comptait 12 786 habitants qui possédaient 580 chevaux, 9 181 bovins, 918 moutons et 5 333 porcs.
- En 1734, 37 716 habitants possédaient 5 056 chevaux, 33 179 bovins, 19 815 moutons et 23 646 porcs.

D'après Statistique Canada, *Recensements du Canada, 1665 à 1871*, 1876, vol. 4, dans John A. Dickinson et Brian Young, *Brève histoire socio-économique du Québec*, trad. H. Filion, Septentrion, 1992.

8 Le diagramme

QU'EST-CE QU'UN DIAGRAMME?

Un diagramme est une représentation graphique de données statistiques. Il existe plusieurs types de diagrammes.

Les plus courants sont :
- le diagramme à bandes qui présente une description des données (*doc.* ❶) ;
- le diagramme à ligne brisée qui présente l'évolution des données (*doc.* ❷) ;
  - le diagramme circulaire qui présente le rapport de proportion entre des données (*doc.* ❸).

À QUOI SERVENT LES DIAGRAMMES?

Les diagrammes permettent d'analyser et d'interpréter des données statistiques, et de les représenter de manière claire et concise.

QUE TROUVE-T-ON DANS LES DIFFÉRENTS TYPES DE DIAGRAMMES?

Un diagramme présente une quantité variable d'informations sur la description des données, sur leur évolution ou sur leurs proportions respectives. Les diagrammes à bandes et à ligne brisée comportent un titre qui révèle le contenu, un axe vertical et un axe horizontal clairement identifiés, une légende et une source qui indique la provenance des données. Un diagramme circulaire comporte un titre, une légende, une source qui indique la provenance des données et un cercle subdivisé dont les secteurs représentent des proportions.

EXEMPLES

❶ LE DIAGRAMME À BANDES (description)

❷ LE DIAGRAMME À LIGNE BRISÉE (évolution)

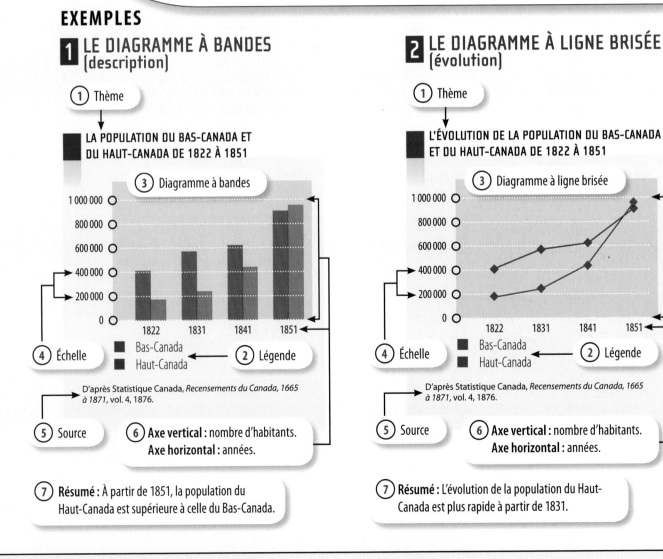

① Thème

LA POPULATION DU BAS-CANADA ET DU HAUT-CANADA DE 1822 À 1851

③ Diagramme à bandes

④ Échelle

Bas-Canada
Haut-Canada

② Légende

D'après Statistique Canada, *Recensements du Canada, 1665 à 1871*, vol. 4, 1876.

⑤ Source

⑥ Axe vertical : nombre d'habitants.
Axe horizontal : années.

⑦ Résumé : À partir de 1851, la population du Haut-Canada est supérieure à celle du Bas-Canada.

① Thème

L'ÉVOLUTION DE LA POPULATION DU BAS-CANADA ET DU HAUT-CANADA DE 1822 À 1851

③ Diagramme à ligne brisée

④ Échelle

Bas-Canada
Haut-Canada

② Légende

D'après Statistique Canada, *Recensements du Canada, 1665 à 1871*, vol. 4, 1876.

⑤ Source

⑥ Axe vertical : nombre d'habitants.
Axe horizontal : années.

⑦ Résumé : L'évolution de la population du Haut-Canada est plus rapide à partir de 1831.

Interpréter UN DIAGRAMME

MÉTHODE

EXERCICES

À l'aide du diagramme ci-dessous (*doc.* **4**), répondez aux questions suivantes.

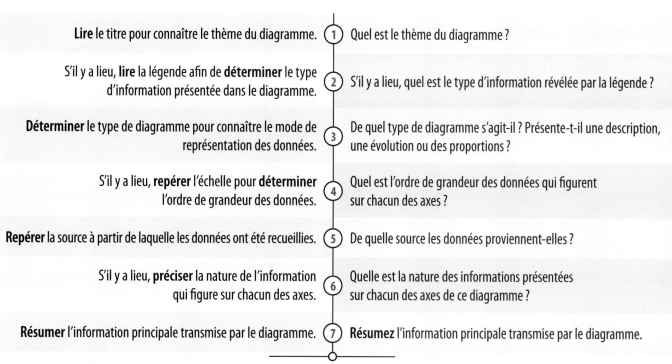

Méthode	Exercices
Lire le titre pour connaître le thème du diagramme.	(1) Quel est le thème du diagramme ?
S'il y a lieu, **lire** la légende afin de **déterminer** le type d'information présentée dans le diagramme.	(2) S'il y a lieu, quel est le type d'information révélée par la légende ?
Déterminer le type de diagramme pour connaître le mode de représentation des données.	(3) De quel type de diagramme s'agit-il ? Présente-t-il une description, une évolution ou des proportions ?
S'il y a lieu, **repérer** l'échelle pour **déterminer** l'ordre de grandeur des données.	(4) Quel est l'ordre de grandeur des données qui figurent sur chacun des axes ?
Repérer la source à partir de laquelle les données ont été recueillies.	(5) De quelle source les données proviennent-elles ?
S'il y a lieu, **préciser** la nature de l'information qui figure sur chacun des axes.	(6) Quelle est la nature des informations présentées sur chacun des axes de ce diagramme ?
Résumer l'information principale transmise par le diagramme.	(7) **Résumez** l'information principale transmise par le diagramme.

3 LE DIAGRAMME CIRCULAIRE (proportions)

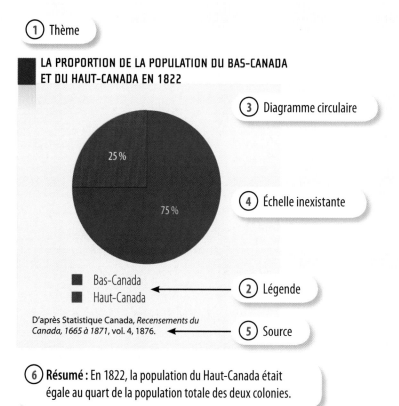

(1) Thème

LA PROPORTION DE LA POPULATION DU BAS-CANADA ET DU HAUT-CANADA EN 1822

(3) Diagramme circulaire

25 %

(4) Échelle inexistante

75 %

Bas-Canada
Haut-Canada

(2) Légende

D'après Statistique Canada, *Recensements du Canada, 1665 à 1871*, vol. 4, 1876.

(5) Source

(6) **Résumé :** En 1822, la population du Haut-Canada était égale au quart de la population totale des deux colonies.

4 L'ÉVOLUTION DU NOMBRE D'EXPLOITATIONS AGRICOLES AU QUÉBEC, 1911-1981

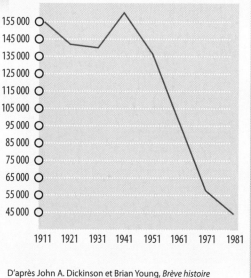

D'après John A. Dickinson et Brian Young, *Brève histoire socio-économique du Québec*, trad. H. Filion, Septentrion, 1992.

Construire UN DIAGRAMME

MÉTHODE

ÉTAPE 1

Recueillir l'information

① **Préciser** le thème du diagramme et son intention. **Formuler** un titre provisoire.

> **Thème :** les femmes élues à l'Assemblée nationale du Québec.
>
> **Intention :** décrire **ou** présenter l'évolution **ou** la proportion du nombre de femmes élues au Québec.
>
> **Titre provisoire :** Le nombre de femmes élues à l'Assemblée nationale du Québec

② À partir d'une source d'information (texte, document, tableau, statistiques, sondage, etc.), **choisir** les données nécessaires pour construire un diagramme.

> Sur un total de 122 députés, 8 femmes ont été élues à l'Assemblée nationale en 1981, et 18 en 1985.

③ **Construire** un tableau à entrées multiples pour organiser les données.

Année	Nombre de députées
1981	8
1985	18

ÉTAPE 2

Reporter l'information et construire le diagramme

④ **Choisir** le type de diagramme (à bandes, à ligne brisée ou circulaire) qui correspond à l'intention poursuivie.

Pour décrire le nombre de femmes élues à l'Assemblée nationale, **choisir** un diagramme à bandes ; pour en présenter l'évolution,

un diagramme à ligne brisée ; pour en présenter les proportions, un diagramme circulaire.

⑤ À partir du tableau à entrées multiples, **tracer** le diagramme à la main en utilisant une feuille quadrillée ou à l'aide d'un logiciel tableur.

> *Diagramme à bandes et diagramme à ligne brisée*

a) Tracer un axe vertical et un axe horizontal et **préciser** leur unité.

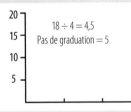

b) Déterminer un pas de graduation pour les données de l'axe vertical à l'aide de l'opération suivante : **le plus grand effectif divisé par le nombre de graduations désirées = le pas de graduation.** On peut arrondir le nombre final.

$18 \div 4 = 4,5$
Pas de graduation = 5

c) Établir l'échelle de répartition des données sur l'axe horizontal.

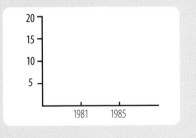

d) *Diagramme à bandes*

Selon les données de l'axe horizontal, **déterminer** le nombre de bandes, leur largeur (échelle) et leur hauteur (axe vertical) et **tracer** les bandes.

Donner un titre définitif au diagramme qui en révèle le thème et l'intention. S'il y a lieu, **créer** une légende.

Le nombre de femmes élues à l'Assemblée nationale en 1981 et en 1985

■ Nombre de femmes élues

OU

d) *Diagramme à ligne brisée*

Relier par des lignes les intersections correspondant aux données de l'axe vertical et de l'axe horizontal.

Donner un titre définitif au diagramme qui en révèle le thème et l'intention. Si le diagramme contient plusieurs lignes, **créer** une légende.

L'évolution du nombre de femmes élues à l'Assemblée nationale de 1981 à 1985

(suite)

Diagramme circulaire

a) Tracer un cercle correspondant à 100 % de la valeur des données.

100 % = 122 députés et députées

b) Calculer la valeur des données en pourcentage.

1981 : 8 ÷ 122 x 100 = 6,6 %
1985 : 18 ÷ 122 x 100 = 14,8 %

c) Tracer des secteurs correspondants selon la valeur de chaque donnée. **Indiquer** les années.

Donner un titre définitif au diagramme. **Créer** une légende.

Le pourcentage de femmes élues à l'Assemblée nationale en 1981 et en 1985

1981 (6,6 %)   **1985** (14,8 %)

■ Nombre d'hommes élus
■ Nombre de femmes élues

ÉTAPE 3

Analyser l'information

⑥ **Revoir** le diagramme pour s'assurer de sa lisibilité et de l'exactitude des données.

EXERCICES

À l'aide du document ci-dessous, construisez un diagramme.

ÉTAPE 1

Recueillir l'information

① **Précisez** le thème du diagramme et son intention. **Formulez** un titre provisoire.

② Dans les documents trouvés, **relevez** les informations précises pour construire le diagramme.

③ **Construisez** un tableau à entrées multiples pour organiser ces données.

ÉTAPE 2

Reporter l'information et construire le diagramme

④ **Choisissez** le type de diagramme qui correspond à l'intention poursuivie.

⑤ À partir du tableau à entrées multiples, **tracez** le diagramme.

Diagramme à bandes et diagramme à ligne brisée

a) Tracez un axe vertical et un axe horizontal et **précisez** leur unité.

b) Déterminez un pas de graduation pour les données de l'axe vertical : **le plus grand effectif divisé par le nombre de graduations désirées = le pas de graduation.** Arrondissez le nombre final.

c) Établissez l'échelle de répartition des données sur l'axe horizontal.

---

d) *Diagramme à bandes*

Déterminez le nombre de bandes, leur largeur (échelle) et leur hauteur (axe vertical) et **tracez** les bandes.

Formulez un titre définitif. S'il y a lieu, **créez** une légende.

OU

d) *Diagramme à ligne brisée*

Reliez par des lignes les intersections correspondant aux données de l'axe vertical et de l'axe horizontal.

Formulez un titre définitif. Si le diagramme contient plusieurs lignes, **créez** une légende.

Diagramme circulaire

a) Tracez un cercle correspondant à 100 % de la valeur des données.

b) Calculez la valeur des données en pourcentage.

c) Tracez des secteurs correspondants selon la valeur de chaque donnée. **Créez** une légende. **Indiquez** les années. **Formulez** un titre définitif.

ÉTAPE 3

Analyser l'information

⑥ **Revoyez** le diagramme pour vous assurer de sa lisibilité et de l'exactitude des données.

■ L'ASSEMBLÉE LÉGISLATIVE EN 1792

Dans leur livre intitulé *Canada-Québec, 1534-2000*, les historiens Jacques Lacoursière, Jean Provencher et Denis Vaugeois affirment qu'aux élections de 1792 au Bas-Canada 35 députés de langue française et 15 députés de langue anglaise ont été élus pour combler 50 sièges à l'Assemblée législative.

CHAPITRE 1

LES PREMIERS OCCUPANTS

1. Ce faux visage iroquois pouvait être utilisé lors de rituels et de célébrations.

2. Les mocassins étaient conçus pour protéger et soutenir les pieds. Ils pouvaient aussi être des articles de mode élaborés, comme ces mocassins micmacs.

3. Les Premiers occupants nous ont légué plusieurs de leurs grandes œuvres. Ces peintures rupestres se trouvent le long des berges du lac Supérieur.

4. Ces paniers inuits témoignent des techniques de tissage de panier fort élaborées qu'avaient développées plusieurs Premières Nations.

5. Les tomahawks étaient utilisés par les Premières Nations comme outils et comme armes. (Musée McCord d'histoire canadienne, Montréal, Canada.)

6. Dans cette illustration, l'artiste présente une reconstitution d'un village iroquoien vers 1500.

ANGLE D'ENTRÉE ⚜

Les liens entre conception du monde et organisation de la société.

SOMMAIRE

Repères 30

Présent 32
La présence autochtone au Québec

Passé 34
Points de vue sur la conception du monde

Savoirs
Les mouvements migratoires en Amérique 36
Les premières sociétés américaines 38
Des centaines de nations différentes 40
La création du monde et la tradition orale
en Amérique du Nord 42
Les sociétés du Grand Cercle 44
L'organisation sociale dans les sociétés
du Grand Cercle 46
Les Iroquoiens (ou Nadoueks) 48
Les Algonquiens (ou Algiques) 50
Les grandes explorations 52

Synthèse 54

Les coulisses de l'histoire 58

Ailleurs 60
La conception du monde selon d'autres nations autochtones
Aztèques du Mexique 62
Haïdas du Canada 66
Maoris de Nouvelle-Zélande 70

Synthèse et comparaison 74

Retour au présent 76
La place des Premières Nations au Canada

Consolider l'exercice de sa citoyenneté 78
Les revendications des Premières Nations
et la reconnaissance de leurs droits

Activités complémentaires 80

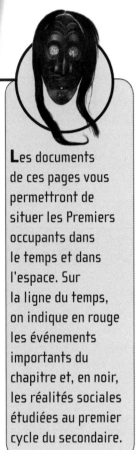

Les documents de ces pages vous permettront de situer les Premiers occupants dans le temps et dans l'espace. Sur la ligne du temps, on indique en rouge les événements importants du chapitre et, en noir, les réalités sociales étudiées au premier cycle du secondaire.

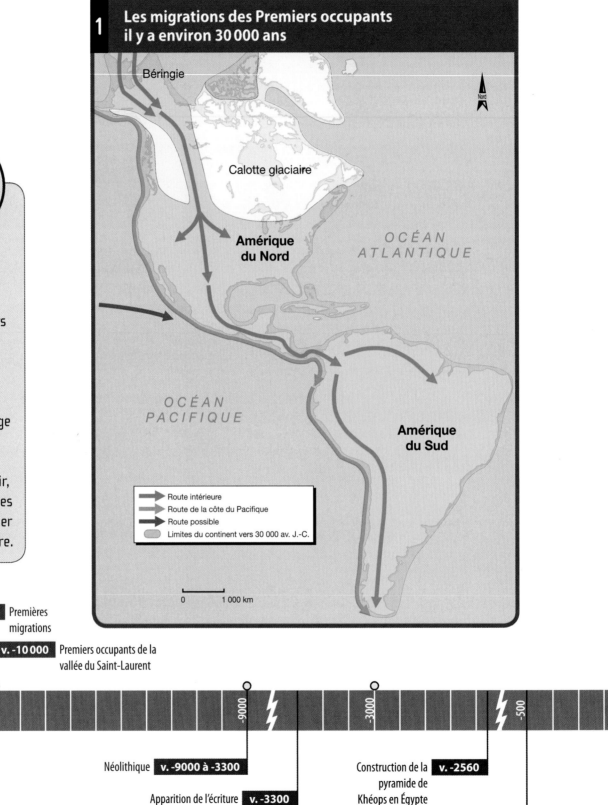

1 | **Les migrations des Premiers occupants il y a environ 30 000 ans**

Béringie

Nord

Calotte glaciaire

Amérique du Nord

OCÉAN ATLANTIQUE

OCÉAN PACIFIQUE

Amérique du Sud

Route intérieure
Route de la côte du Pacifique
Route possible
Limites du continent vers 30 000 av. J.-C.

0   1 000 km

v. -30 000 | Premières migrations

v. -10 000 | Premiers occupants de la vallée du Saint-Laurent

-30000   -10000   -9000   -3000   -500

Néolithique | v. -9000 à -3300

Apparition de l'écriture | v. -3300
en Mésopotamie

Construction de la | v. -2560
pyramide de
Khéops en Égypte

Démocratie athénienne | -507 à -404

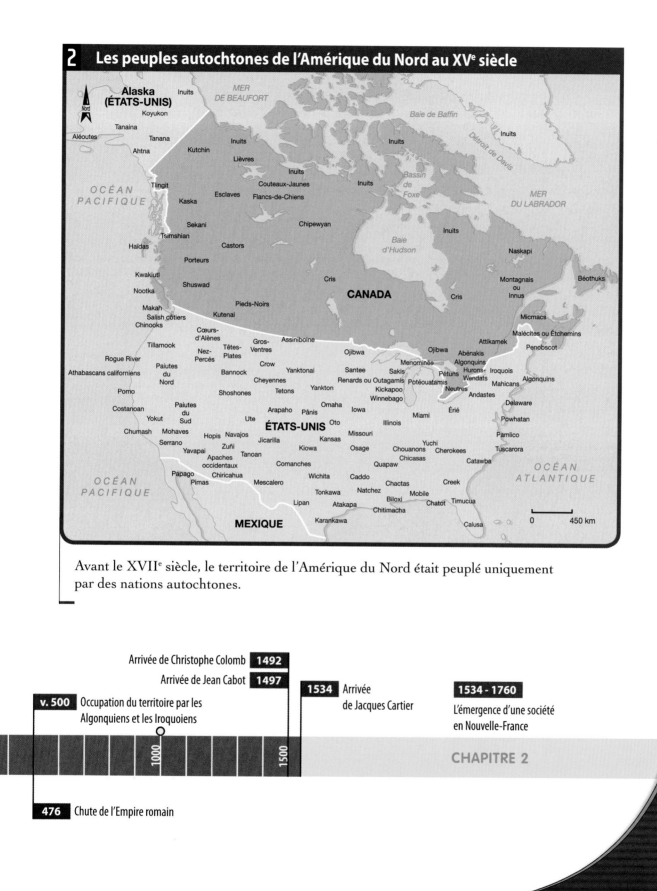

2 Les peuples autochtones de l'Amérique du Nord au XVe siècle

Avant le XVIIe siècle, le territoire de l'Amérique du Nord était peuplé uniquement par des nations autochtones.

Arrivée de Christophe Colomb `1492`

Arrivée de Jean Cabot `1497`

`1534` **Arrivée de Jacques Cartier**

`1534 - 1760` **L'émergence d'une société en Nouvelle-France**

`v. 500` **Occupation du territoire par les Algonquiens et les Iroquoiens**

1000   1500

CHAPITRE 2

`476` **Chute de l'Empire romain**

LA PRÉSENCE AUTOCHTONE AU QUÉBEC

Depuis environ 10 000 ans, le territoire du Québec actuel est occupé par diverses nations qui ont chacune leurs traditions et leur façon de concevoir le monde.

1 La présence autochtone au Québec

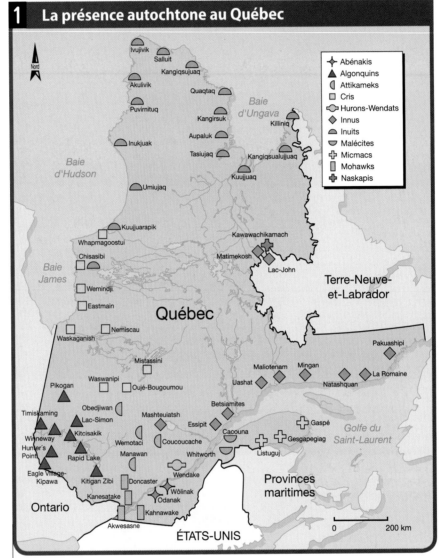

En 2005, le Québec comptait environ 75 000 Amérindiennes et Amérindiens inscrits, soit reconnus légalement comme étant membres des Premières Nations.

Les activités de cette double page vous permettront de vous interroger sur la présence des peuples autochtones au Canada et au Québec, aujourd'hui.

LEXIQUE

Nation – Traditionnellement, le terme « nation » fait référence à la notion d'« ethnie » ou de « peuple ». Ce n'est que récemment que ce terme représente aussi un pays.

Manne – Abondance inattendue.

2 DES NATIONS À PART ENTIÈRE

« De façon générale, les **nations** autochtones veulent être reconnues comme telles et négocier de nation à nation [...]. Quand on se réclame du statut de nation, il est évident qu'on veut avoir l'autonomie de se gouverner pour jouir de ses traditions, de sa culture, de sa langue, de ses priorités et de son développement économique. »

Daniel Salée, professeur de sciences politiques, cité dans *Le Devoir*, 2 octobre 2004.

➔ En vous appuyant sur une définition du mot « nation », vous semble-t-il possible d'affirmer que les Amérindiens forment réellement des nations ?

3 L'ÉDUCATION : UN LONG CHEMIN À PARCOURIR

Pour les Premières Nations, l'éducation est un processus d'apprentissage qui commence au berceau et se poursuit jusqu'à la vieillesse. Les femmes et les aînés jouent un rôle crucial dans la transmission de la culture.

« [...] L'éducation des Premières Nations doit prendre racine dans les langues et les valeurs culturelles, et être financée de façon à ce que les résultats soient comparables ou supérieurs à ceux obtenus par l'ensemble de la population canadienne. L'Assemblée des Premières Nations (APN) prône depuis longtemps le contrôle des Premières Nations sur leur éducation. »

Assemblée des Premières Nations, *Plan d'action des Premières Nations sur l'éducation*, mai 2005.

4 LA LUTTE DE POUVOIR DANS LE GRAND NORD

Les Cris appellent l'électricité *nimischüuskataau*, « le feu qui fait trembler la terre ». La première phase du projet de la baie James, le complexe La Grande, aménagé en 1971, a provoqué l'inondation d'une superficie d'environ 9 650 km² par le détournement du cours de six rivières. Les dirigeants et dirigeantes politiques du Québec voient l'hydroélectricité comme une **manne** financière. Les Amérindiens considèrent plutôt ce projet comme une menace à leur survie.

D'après John G. Mitchell, « James Bay : Where Two Worlds Collide », *National Geographic, Special Edition*, vol. 184, n° 5A, novembre 1993.

➜ **T5** Comparez les intérêts des principaux acteurs dans ce conflit : les Cris et les dirigeants et dirigeantes politiques du Québec.

5 MATTHEW COON COME, CHEF NATIONAL DE L'ASSEMBLÉE DES PREMIÈRES NATIONS DE 2000 À 2003

Matthew Coon Come s'adressant à l'Assemblée plénière, à la Conférence mondiale contre le racisme en 2001.

Matthew Coon Come est connu sur le plan international pour sa défense des droits fondamentaux des peuples autochtones et pour sa lutte contre le développement hydroélectrique sur le territoire des Cris, dans le Nord québécois.

➜ *(doc. 4 et 5)* D'après vous, pourquoi Matthew Coon Come s'oppose-t-il au projet hydroélectrique de la baie James ?

6 UNE JUSTICE AMÉRINDIENNE

« Au Manitoba, il y a des avocats et des policiers des Premières Nations qui comprennent la façon de faire les choses dans nos collectivités. [...] L'accusé dispose à terme de cinq jours pour décider s'il se présente devant le tribunal ou s'il emprunte la voie de la guérison communautaire. La plupart des délinquants sont heureux d'être découverts parce que cela leur permet d'assumer leurs responsabilités. Ils obtiennent de l'aide d'autres délinquants qui sont passés par le processus. »

Ministère de la Justice du Canada, *Créer un cadre de sagesse communautaire*, 2003.

➜ *(doc. 1, 2 et 3)* Relevez quelques-unes des différences qui existent entre les Premières Nations et les autres habitants du Canada.

COMPÉTENCE 1
Interroger le présent.

1 › **T3** Aujourd'hui, les nations autochtones qui peuplent le territoire québécois revendiquent la reconnaissance de leurs différences et une plus grande autonomie. À l'aide des documents, déterminez les raisons pour lesquelles les Premières Nations font ces revendications.

2 › D'après vous, les Premières Nations ont-elles la même conception du monde que les autres habitants du Canada ?

POINTS DE VUE
SUR LA CONCEPTION DU MONDE

Au XVIᵉ siècle, un monde nouveau s'ouvre aux nations européennes. L'Amérique que les explorateurs viennent de « découvrir » semble offrir un potentiel énorme à ces nations toujours en quête de nouvelles richesses et de routes commerciales plus rentables. Cependant, le territoire est loin d'être inoccupé. Il est peuplé depuis des millénaires. Dans ces conditions, est-il juste de conquérir ce territoire et d'en exploiter les richesses ?

Dans cette double page, vous comparerez les points de vue d'un Européen et d'un Autochtone sur la manière dont chacun perçoit l'autre.

CONCEPT CENTRAL

Conception du monde

La conception du monde est une série de représentations propres à un groupe qui explique la place de l'être humain dans l'Univers, établit l'interrelation entre tous les êtres et présente les valeurs de base de la société dont elle découle.

SUR LES PREMIERS OCCUPANTS

1 DE LA FAÇON DE VIVRE DU PEUPLE DE CETTE TERRE

Sujet : qui est ce peuple ?

Différences

« Ledit peuple n'a aucune croyance de Dieu qui vaille, car ils croient dans un dieu qu'ils appellent Cuduagny. Il disent qu'il leur parle souvent et leur dit le temps qu'il fera […]. Ils croient aussi que lorsqu'ils meurent, ils vont dans les étoiles, puis viennent baissant l'horizon comme les étoiles ; puis se rendent dans de beaux champs verts pleins de beaux arbres et de fruits somptueux. Après qu'ils nous eurent donné ces choses à entendre, nous leur avons montré leur erreur, et qu'il n'y avait qu'un dieu, qui est au Ciel, lequel nous donne tout, et est Créateur de toutes choses, et qu'il ne faut croire qu'en Lui ; et qu'il faut être baptisé ou aller en Enfer. […] Ledit peuple vit quasi en communauté de biens assez de la sorte des Brésiliens, et sont tous vêtus de peaux de bêtes sauvages, et assez pauvrement. […] Pendant l'hiver, ils prennent une grande quantité de bêtes sauvages, comme des daims, cerfs, ours, lièvres, martres et autres, desquels nous apportaient, mais bien peu, parce qu'ils sont vilains de leurs vivres. »

Point de vue défavorable

Qui ? Ses intérêts ?

Adapté de Jacques Cartier (1491-1557), *Voyages de découverte au Canada, entre les années 1534 et 1542*, W. Cowan et fils, 1843.

POINT DE VUE 2
SUR LES EUROPÉENS

2 UN OJIBWÉ PRÉSENTE SA VISION DES EUROPÉENS.

Sujet : qui est « vous » ?

« Détrompez-vous. Je suis né libre et indépendant. Je méprise les signes de l'esclavage. Je ne suis pas un esclave et ne porterais pas vos vêtements. Mes anciens vêtements me satisfont ; et s'ils sont usés, je sais comment m'en procurer de nouveaux. Vous avez tous peur de moi, et avec vos mots doux et vos sottises, vous pensez m'acheter et acheter une paix que vous êtes trop lâches pour gagner et trop bas pour mériter. Vous vous plaignez des dangers – qui vous a demandé de venir ici ? Si nous voulons quelque chose, nous irons le chercher... Si vous persistez à faire du commerce ici, faites-le en honnêtes hommes, et ne pensez pas que nous sommes trop saouls pour réaliser que vous nous volez et que vous insultez nos femmes... Voilà pourquoi nous vous traitons mal ; nous ne vous tuons pas car cela salirait nos couteaux. »

Point de vue défavorable

Qui ? Ses intérêts ?

« Un Ojibwé répond aux plaintes d'un commerçant », d'après une citation dans George Nelson, *Journals*, 1802-1804.

♦ COMPÉTENCE 1
Interroger le passé.

De toute évidence, les Européens et les membres des premiers peuples avaient une vision bien différente de leur place dans le monde. En quoi les paroles de Jacques Cartier et de l'Ojibwé traduisent-elles leur conception du monde ?

Qui ? Leurs intérêts ?

Qui ? Leurs intérêts ?

3 DEUX CONCEPTIONS DU MONDE BIEN DIFFÉRENTES

Le missionnaire français Jean de Brébeuf (1593-1649) tente d'évangéliser un groupe d'Amérindiens.
(XIXe siècle, collection particulière.)

-30 000 ▸ 1534 ▸ LES PREMIERS OCCUPANTS

v. – 30 000 Les mouvements migratoires en Amérique

Dans cette section, vous découvrirez des textes explicatifs et des documents qui vous aideront à mieux comprendre les liens entre la conception du monde des Premiers occupants et l'organisation de leurs sociétés.

CONCEPTS
- Culture
- Environnement*
- Société
- Territoire

LEXIQUE
Isthme – Langue de terre bordée d'eau qui relie deux territoires.

LES MOUVEMENTS MIGRATOIRES

Le peuplement de l'Amérique s'inscrit dans les mouvements migratoires qui marquent les débuts de l'évolution de l'*Homo sapiens sapiens*. Partout sur la planète, depuis leur apparition, les **sociétés** nomades suivaient le mouvement du gibier, se déplaçant en quête de terres plus riches en nourriture et en ressources. L'*Homo sapiens sapiens*, la dernière espèce humaine à apparaître il y a quelque 150 000 ans, est sans doute le plus grand migrateur de toutes les espèces humaines. Parti d'Afrique il y a environ 90 000 ans, il peuple d'abord le Moyen-Orient, puis l'Asie, et plus tard, l'Australie. Vers 50 000 avant Jésus-Christ, les premiers groupes d'*Homo sapiens sapiens* s'installent en Europe et 20 000 ans plus tard, ils peuplent l'immense continent américain.

DES TERRES RECOUVERTES DE GLACE

Les terres américaines sont si fertiles et regorgent de tant de ressources qu'on peut se demander pourquoi elles n'ont pas été peuplées plus tôt. Poser une telle question, c'est oublier qu'à cette lointaine époque, l'humanité devait affronter les périls de la dernière ère glaciaire (*doc.* **1**). En effet, entre les XVIIIe et XIe millénaires avant Jésus-Christ, l'Amérique du Nord est recouverte d'un immense glacier. À certains endroits, la glace atteint 2 000 m d'épaisseur. Il faut attendre que la glace se retire suffisamment pour laisser passer le gibier avant que l'*Homo sapiens sapiens* puisse peupler le nord de l'Amérique (*doc.* **2**).

UNE OCCUPATION VIEILLE D'ENVIRON 150 SIÈCLES

Lorsqu'ils entreprennent l'exploration des terres d'Amérique, les Européens se rendent rapidement compte que ces terres sont peuplées. En fait, l'Amérique est peuplée depuis plus de 150 siècles lorsque les premiers Européens y mettent le pied pour la première fois. Les explorateurs européens du XVe siècle ne découvrent donc pas un grand **territoire** vide, mais bien d'immenses terres vivant au rythme de nations présentant une **culture** riche et diversifiée.

---

* L'astérisque indique que le concept est traité dans la double page sans que le mot y soit utilisé.

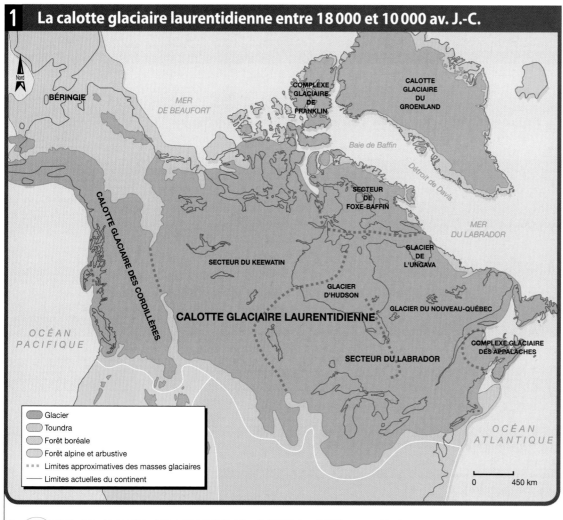

1 La calotte glaciaire laurentidienne entre 18 000 et 10 000 av. J.-C.

Nord

BÉRINGIE

MER DE BEAUFORT

COMPLEXE GLACIAIRE DE FRANKLIN

CALOTTE GLACIAIRE DU GROENLAND

Baie de Baffin

Détroit de Davis

CALOTTE GLACIAIRE DES CORDILLÈRES

SECTEUR DE FOXE-BAFFIN

MER DU LABRADOR

SECTEUR DU KEEWATIN

GLACIER DE L'UNGAVA

GLACIER D'HUDSON

CALOTTE GLACIAIRE LAURENTIDIENNE

GLACIER DU NOUVEAU-QUÉBEC

OCÉAN PACIFIQUE

SECTEUR DU LABRADOR

COMPLEXE GLACIAIRE DES APPALACHES

OCÉAN ATLANTIQUE

- Glacier
- Toundra
- Forêt boréale
- Forêt alpine et arbustive
- ••• Limites approximatives des masses glaciaires
- — Limites actuelles du continent

0   450 km

→ **T2** Quel obstacle empêche la migration de l'espèce humaine vers l'Amérique du Nord ?

⚜ **COMPÉTENCE 2**
Interpréter le passé.

1 › Dans quelles périodes l'histoire des peuples de l'Amérique du Nord s'inscrit-elle ?

2 › Quelles sont les conditions nécessaires au peuplement de l'Amérique ?

3 › Qu'est-ce qui explique les mouvements migratoires de l'espèce humaine en général ?

⚜ **COMPÉTENCE 3**
Exercer sa citoyenneté.

4 › Pourquoi les Premiers occupants de l'Amérique du Nord migraient-ils ? Aujourd'hui, pourquoi les gens changent-ils de milieu de vie ? Quels éléments ces mouvements migratoires ont-ils en commun ?

---

2 LA VIE EN BÉRINGIE IL Y A ENVIRON 15 000 ANS

Selon l'hypothèse la plus répandue, les premières populations du continent américain auraient traversé le Pacifique Nord par l'**isthme** de la Béringie vers 30 000 avant Jésus-Christ. Toutefois, certains historiens et historiennes affirment qu'il est possible que les premiers peuples d'Amérique aient traversé le Pacifique par bateau, beaucoup plus au sud du continent.

(François Girard, XXᵉ siècle. Musée canadien des civilisations, Gatineau, Canada.)

Les premières sociétés américaines

L'occupation du territoire américain se fait sur plusieurs millénaires. Au fil des migrations, les divers groupes humains développent leur propre culture.

LA DIVERSITÉ CULTURELLE ET L'OCCUPATION DU TERRITOIRE

Bien entendu, l'occupation du territoire américain et le développement de la grande diversité culturelle des centaines de nations autochtones que nous connaissons aujourd'hui ne se sont pas réalisés du jour au lendemain. Il faut des millénaires pour peupler le continent américain et pour que les Premiers occupants s'organisent en une multitude de sociétés.

LA CULTURE DES POINTES CANNELÉES (9000 av. J.-C.)

Entre 10 000 et 7000 avant Jésus-Christ, les descendants des premiers arrivants se dirigent vers le centre du continent où les énormes glaciers ne recouvrent pas les terres (*doc.* ❶) et où ils peuvent chasser le gros gibier (mammouth, **mastodonte** et autres grands mammifères) (*doc.* ❷). C'est donc au centre des États-Unis que les Premiers occupants développent ce que les archéologues appellent la « culture des pointes **cannelées** », en raison des outils utilisés par les membres de cette culture.

LES PLANOENS ET LES ARCHAÏQUES ANCIENS (entre 8000 et 1000 av. J.-C.)

Les recherches les plus récentes révèlent que la culture des pointes cannelées est à l'origine du développement de plusieurs peuples. Par exemple, entre 8000 et 6000 avant Jésus-Christ, la culture des pointes cannelées semble donner naissance à deux cultures importantes : la culture planoenne (des plaines) et la culture archaïque ancienne (des forêts de l'Est). Les Planoens chassent le gros gibier comme leurs ancêtres, mais leurs outils sont beaucoup plus raffinés (*doc.* ❸). Ils taillent la pierre avec précision et parviennent à créer un large éventail de pointes de projectiles. Ils développent aussi la hache en pierre polie. Selon toute vraisemblance, les Planoens seraient les premiers à occuper les territoires du centre et du nord du Canada au fur et à mesure que ces terres se libèrent des glaces.

Les Archaïques anciens, aussi issus des « Pointes cannelées », se retrouvent surtout dans le sud-est du Canada de même qu'à l'est des États-Unis. Leur principale innovation réside dans une taille latérale de la pierre, ce qui leur permettait d'attacher un manche à leurs outils. Ils seraient aussi les inventeurs du propulseur, un morceau de bois sculpté servant à lancer un javelot avec beaucoup de force. Les Archaïques anciens sont les premiers occupants des territoires de ce qui est aujourd'hui l'Ontario et le sud du Québec.

CONCEPTS
- Culture
- Environnement*
- Société
- Territoire

LEXIQUE

Autochtone – Qui est originaire du lieu où il ou elle habite.

Cannelé – Qui a des cannelures (des stries, des rainures). Les « pointes cannelées » sont des pointes de lance en pierre taillée munies d'une rainure à l'aide de laquelle il est possible de fixer un manche.

Mastodonte – Mammifère voisin de l'éléphant, parfois muni de deux paires de défenses.

1 Le territoire de la culture des pointes cannelées entre 10 000 et 9000 av. J.-C.

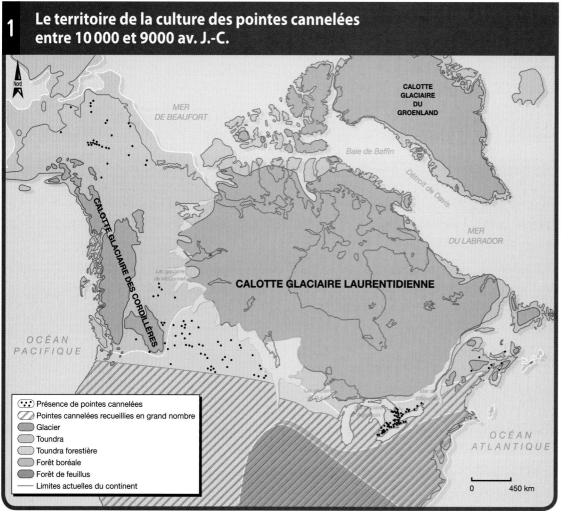

Nord

MER DE BEAUFORT

CALOTTE GLACIAIRE DU GROENLAND

Baie de Baffin

Détroit de Davis

CALOTTE GLACIAIRE DES CORDILLÈRES

MER DU LABRADOR

Lac glaciaire de McConnell

CALOTTE GLACIAIRE LAURENTIDIENNE

OCÉAN PACIFIQUE

OCÉAN ATLANTIQUE

Légende:
- Présence de pointes cannelées
- Pointes cannelées recueillies en grand nombre
- Glacier
- Toundra
- Toundra forestière
- Forêt boréale
- Forêt de feuillus
- Limites actuelles du continent

0   450 km

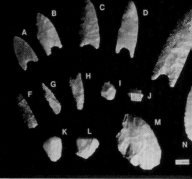

⚜ COMPÉTENCE 2
Interpréter le passé.

1 > Pourquoi la culture des pointes cannelées s'est-elle répandue ?

2 > Formulez une hypothèse sur les différences entre les innovations technologiques des Planoens et celles des Archaïques anciens.

3 > Quelles caractéristiques doivent posséder les outils destinés à la chasse au mastodonte ?

3 DES OUTILS UTILISÉS PAR LES POINTES CANNELÉES ET LEURS DESCENDANTS

Outils paléoindiens découverts sur le site Debert, en Nouvelle-Écosse au Canada.
(Musée canadien des civilisations, Gatineau, Canada.)

Les « pointes cannelées » (A à E) sont des pointes de lance en pierre taillée munies d'une rainure dans laquelle on peut insérer un manche. Les Premiers occupants façonnent aussi divers outils de pierre, dont des forets (F-G), des burins qui servent à graver l'os, les bois de cervidé et le bois, des racloirs (K-L) et des lames de couteaux (H et M-N).

➜ Quel est le principal avantage des outils de pierre ?

2 LA CHASSE AU MASTODONTE (vers 9000 av. J.-C.)

(François Girard, XXᵉ siècle, Musée canadien des civilisations, Gatineau, Canada.)

Les Pointes cannelées doivent coexister avec des ours, des castors et même des bisons géants, complètement disparus aujourd'hui. Pour cette culture, le chien, qui participe à la chasse et fait le guet, est un compagnon indispensable.

Des centaines de nations différentes

En quelques milliers d'années, les descendants des Premiers occupants s'installent sur l'ensemble du territoire américain. L'occupation complète d'un si vaste continent en si peu de temps est un véritable exploit.

LEXIQUE

Silex – Pierre dure constituée de silice et servant à cette époque à la fabrication de la majorité des armes et des outils.

D'UNE CULTURE HOMOGÈNE À UNE GRANDE DIVERSITÉ

Après s'être rapidement répandue sur tout le territoire américain, la culture homogène des pointes cannelées s'adapte tout aussi rapidement à l'**environnement** où chacun des groupes s'installe. Chaque groupe adapte sa **culture** à son environnement (*doc.* ❸). En très peu de temps, des centaines de nations peuplent l'Amérique.

Des forêts de l'Est aux plaines méridionales, des montagnes du sud du continent américain aux côtes du Pacifique, les nations adaptent leur mode de vie à leurs besoins et au milieu où elles vivent, formant ainsi des **sociétés** distinctes (*doc.* ❶).

DIFFUSION ET ADAPTATION

L'histoire des Premiers occupants est marquée par la diffusion des technologies et des croyances. Dès 1000 avant Jésus-Christ, il existe des réseaux d'échanges très développés reliant les **territoires** des peuples d'Amérique du Nord. Ainsi, il est possible d'échanger facilement du cuivre, des outils de **silex** et de l'argent sur tout le continent.

Ces relations entre les groupes permettent des échanges de croyances et de rites, mais aussi de technologies. L'une des plus importantes avancées technologiques de la préhistoire américaine est l'arc et la flèche. Cette technologie, vraisemblablement importée du nord-est du continent, se propage rapidement d'une nation à l'autre jusqu'à ce qu'on la retrouve dans toute l'Amérique. Il en va de même pour l'agriculture, qui prend naissance au Mexique et qui se diffuse ensuite rapidement sur l'ensemble du territoire américain.

Il n'en est cependant pas ainsi pour toutes les nouveautés. Par exemple, la poterie (*doc.* ❷), qui semble avoir pris son origine au sud du continent, n'est adoptée que par quelques nations. Les nations du Bouclier canadien, entre autres, n'adopteront jamais réellement cette pratique.

DES CENTAINES DE NATIONS TRÈS DIVERSES

Le partage des connaissances et des croyances, adaptées par chaque groupe en fonction de son environnement, alimente beaucoup la diversité culturelle en Amérique du Nord. Néanmoins, les nations présentent de grandes similitudes sur le plan culturel.

1 La distribution des populations autochtones entre 4000 et 1000 av. J.-C.

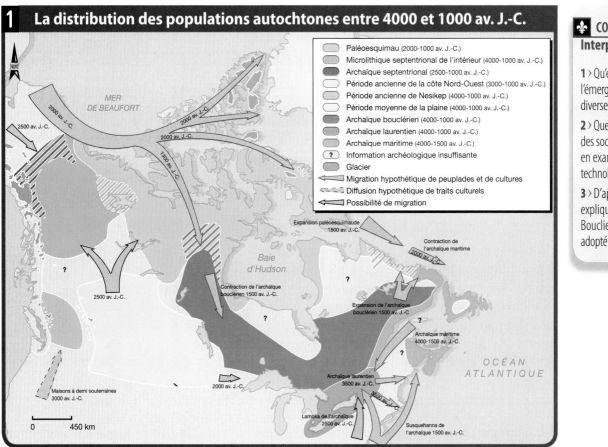

Paléoesquimau (2000-1000 av. J.-C.)
Microlithique septentrional de l'intérieur (4000-1000 av. J.-C.)
Archaïque septentrional (2500-1000 av. J.-C.)
Période ancienne de la côte Nord-Ouest (3000-1000 av. J.-C.)
Période ancienne de Nesikep (4000-1000 av. J.-C.)
Période moyenne de la plaine (4000-1000 av. J.-C.)
Archaïque bouclérien (4000-1000 av. J.-C.)
Archaïque laurentien (4000-1000 av. J.-C.)
Archaïque maritime (4000-1500 av. J.-C.)
? Information archéologique insuffisante
Glacier
Migration hypothétique de peuplades et de cultures
Diffusion hypothétique de traits culturels
Possibilité de migration

MER DE BEAUFORT

2000 av. J.-C.
2500 av. J.-C.
2000 av. J.-C.
1300 av. J.-C.

?
2500 av. J.-C.
?

Maisons à demi souterraines 3000 av. J.-C.

2000 av. J.-C.

Baie d'Hudson

?
?
?

Expansion paléoesquimaude 1800 av. J.-C.

Contraction de l'archaïque maritime 2000 av. J.-C.

Contraction de l'archaïque bouclérien 1500 av. J.-C.

Expansion de l'archaïque bouclérien 1500 av. J.-C.

Archaïque maritime 4000-1500 av. J.-C.
?
?

OCÉAN ATLANTIQUE

Archaïque laurentien 3500 av. J.-C.
3500 av. J.-C.

Lamoka de l'archaïque 2500 av. J.-C.

Susquehanna de l'archaïque 1500 av. J.-C.

0   450 km

⚜ COMPÉTENCE 2
Interpréter le passé.

1 › Qu'est-ce qui explique l'émergence de tant de sociétés diverses en Amérique du Nord ?

2 › Que peut-on déduire au sujet des sociétés d'Amérique du Nord en examinant la diffusion des technologies et des croyances ?

3 › D'après vous, qu'est-ce qui explique que les peuples du Bouclier canadien n'ont pas adopté la poterie et l'agriculture ?

2 LA POTERIE IROQUOIENNE

Vase en céramique des Iroquoiens du Saint-Laurent. (XIXᵉ siècle. Musée canadien des civilisations, Gatineau, Canada.)

Comme l'agriculture et l'invention de l'arc et des flèches, la poterie a été l'une des grandes innovations technologiques des nations amérindiennes avant l'arrivée des Européens. Ce récipient, parfois appelé « vase à semences » en raison de sa taille réduite, comporte une petite perforation pratiquée de l'intérieur qui laisse supposer qu'il aurait autrefois été utilisé pour transporter des braises. La perforation aurait servi à fournir l'oxygène pour entretenir les tisons.

3 UN CAMPEMENT AUTOMNAL DANS LES PLAINES

(François Girard, XXᵉ siècle. Musée canadien des civilisations, Gatineau, Canada.)

➔ **T6** En observant ce tableau, que pouvez-vous déduire au sujet du mode de vie et de la technologie des peuples des plaines ?

La création du monde et la tradition orale en Amérique du Nord

Tous les peuples ont une spiritualité et des croyances qui cherchent à expliquer leur existence et leur place dans le monde. Vers 1500, bien que diverses, les nations d'Amérique du Nord partagent plusieurs croyances qui constituent leur conception du monde.

L'ANIMISME

L'animisme est sans contredit la caractéristique qui unit tous les peuples d'Amérique du Nord. Cette croyance, selon laquelle tout ce qui existe dans l'Univers a un esprit, y compris les animaux, les objets inanimés, les plantes, les astres et même le tonnerre et le vent, est en effet partagée par l'ensemble des nations qui occupent le territoire américain vers 1500. Les êtres humains partagent un même esprit avec les animaux et les autres êtres de l'Univers. La seule différence réside dans leur écorce extérieure. Il est donc possible, dans la spiritualité des Premiers occupants, de communiquer avec les esprits par le rêve ou les rituels. Chez ces peuples, l'opposition entre la nature et la culture n'existe pas, les êtres humains font partie de la nature. Tous les êtres, animés et inanimés, sont réunis au sein d'un grand Cercle de vie.

LA TRADITION ORALE

Les innombrables histoires des différentes nations et les **mythes** de la création (*doc.* **1**, **2** *et* **3**) sont transmis oralement de génération en génération. Pour les peuples d'Amérique du Nord, tout ce qui est connu et tout ce qui permet de survivre doit être raconté. Les histoires permettent aux sociétés autochtones de transmettre les connaissances acquises et les leçons tirées des expériences vécues. La tradition orale offre un immense avantage : en préservant l'essentiel d'une histoire, elle permet d'en transmettre le message profond, la leçon qui doit en être retenue, qu'il s'agisse de l'histoire d'une nation, des règles de la vie en société ou de comment survivre dans un environnement.

LES AÎNÉS

Les Premiers occupants n'ont pas de système d'écriture. Puisque tout se transmet par tradition orale, les *Aînés*, détenteurs du savoir et de l'histoire de la nation, jouent un rôle de premier plan au sein de leur **clan**. Leur grande expérience et les connaissances qu'ils ont acquises leur permettent de mieux comprendre leur monde et les conséquences des décisions prises par le groupe. Traditionnellement, les Premières Nations vouent un grand respect aux Aînés de leur nation et de leur clan.

CONCEPTS

- Conception du monde
- *Aînés*
- Cercle de vie
- Culture
- Environnement
- Société
- Spiritualité
- Tradition orale

LEXIQUE

Clan – Famille ou groupe de familles.

Mythe – Histoire inventée pour répondre aux questions que se pose l'être humain sur ses origines et sur celles du monde. Le mythe fait intervenir des êtres divins et constitue une croyance pour une communauté, un peuple.

1 LE CORBEAU 🔲

(Détail de la *Sculpture du Nord* de Sonny MacDonald, John Sabourin, Eli Nasogaluak et Armand Vaillancourt, 1999.)

Plusieurs nations considèrent le corbeau comme un animal très puissant. En effet, selon plusieurs mythes de la création, le corbeau est allé chercher la Lumière.

➡ **Quelle vision du monde animal les mythes de la création présentent-ils ?**

⚜ COMPÉTENCE 2
Interpréter le passé.

1 › Quels sont les éléments communs aux croyances des divers peuples amérindiens ?

2 › Qu'est-ce qui explique cette vision commune ?

3 › Quelle est la fonction de la tradition orale ? Pourquoi s'est-elle développée ainsi ?

2 LA FEMME DU CIEL

Représentation du mythe iroquoien de la création. (Ernest Smith, 1936.)

Pour un grand nombre de nations de l'Amérique du Nord, la tortue est un animal très important. Selon leurs mythes, le monde aurait été créé sur le dos d'une immense tortue. 🔲

3 LE MYTHE DES ANISH-NAH-BÉ *

D'après la légende contée par Alonzo Commanda de Kitigan-Zibi-Anishnabeg, près de Maniwaki au Québec, à Bernard Assiniwi, le 7 août 1973.

Pour les Anish-Nah-Bé, le monde tire son origine d'une vilaine querelle entre les animaux qui habitaient la terre avant le grand déluge. Selon la légende, pendant un festin madame Couleuvre avale accidentellement Souris-Grise, soulevant la colère des animaux qui se battent alors entre eux. Furieux, le Créateur de toutes choses, Kijé-Manito, annonce à Mista-Wabôs, Grand-Lièvre, qu'il détruira le monde pour en faire un nouveau. Kijé-Manito dit à Mista-Wabôs qu'il lui laisse une lune pour choisir les animaux qu'il veut sauver.

Mista-Wabôs réunit presque tous les animaux dans une grande barque faite d'écorce de bouleau. Une pluie torrentielle se met à tomber et le monde est inondé. Lorsque la pluie cesse, Rat-Musqué plonge au fond des eaux pour aller chercher un peu de terre qui servirait à faire pousser des plantes, des herbes et des arbres. Après être resté sous l'eau pendant trois soleils, Rat-Musqué remonte à la surface avec un seul grain de sable. Mista-Wabôs plante ce grain de sable au milieu de la barque. Un monde minuscule grandit jusqu'à devenir le monde dans lequel tous vivent. Mista-Wabôs récupère le corps des animaux noyés dans le déluge et demande à Oiseau-Tonnerre de les frapper d'une décharge. C'est ainsi que naît l'espèce humaine qui, malheureusement, retient de ses origines animales sa capacité d'être vengeresse et violente.

Adapté de Bernard Assiniwi, *Windigo et la naissance du monde*, Éditions Vents d'Ouest, coll. « Critiques », 1998.

* Algonquins.

➡ **Qu'enseigne ce mythe aux Anish-Nah-Bé ?**

Les sociétés du Grand Cercle

Les premiers peuples de l'Amérique du Nord sont souvent décrits comme les nations du Grand Cercle en raison de leur croyance commune au Cercle sacré de la vie.

LE CERCLE DE VIE

Plusieurs historiens et historiennes considèrent les peuples de l'Amérique du Nord comme les nations du Grand Cercle ou les nations de la pensée circulaire (*doc.* **3**). La puissance de ce cercle réside dans son essence spirituelle. Il est ancré dans l'idée que tout est d'essence spirituelle, que tout est relié. C'est le reflet du Cercle de vie qui serait à l'origine de la propagation des espèces dans le règne végétal et le règne animal dont font partie les êtres humains. Tout émane du monde de l'Esprit, y demeure lié et y retourne éventuellement. C'est pourquoi le cercle, fondé sur le principe de l'inclusion, de la consultation et du **consensus**, symbolise l'équilibre, l'harmonie et l'unité.

Hehaka Sapa (Élan Noir), un *Aîné* sioux, soutenait que « [toute] chose que fait le Pouvoir de l'Univers, il la fait en forme de cercle. Le ciel est circulaire, et j'ai entendu que la terre est ronde comme une boule, et les étoiles, elles aussi, sont rondes. Le vent, dans sa plus grande force, tourbillonne. Les oiseaux font leurs nids en forme de cercle, car ils ont la même religion que nous […][1]. »

DES LIENS SACRÉS

Comme tous les êtres du monde font partie du Grand Cercle et y occupent une place égale, les Amérindiens doivent accorder leur respect à tous et reconnaître le caractère sacré des liens qui les unissent. Tout ce qui existe a été voulu et représente un esprit ou une âme. Les humains ont une âme, comme les animaux, l'air, l'eau et les plantes (*doc.* **2**). Ces âmes ont besoin des autres pour être en paix et pour s'épanouir. Le Grand Cercle unit tous les êtres parce que tous font partie de l'Univers.

LES SAISONS, LA VIE ET LA MORT

Les saisons, comme toute chose, font partie du Grand Cercle. Elles sont cycliques, comme les âges, les directions ou les temps du jour.

La vie et la mort sont aussi cycliques. Selon les Amérindiens, les personnes qui meurent de vieillesse ou de maladie se dirigent vers le monde des âmes (*doc.* **1**). Cependant, celles qui meurent par accident ou dans la violence doivent se réincarner avant de pouvoir se rendre au pays des âmes. Cette croyance pousse certains peuples sédentaires à enterrer les enfants mort-nés sous leurs habitations pour qu'ils puissent se réincarner le plus rapidement possible.

CONCEPTS

- Conception du monde*
- *Aînés*
- Cercle de vie
- Culture*
- Environnement*
- Société*
- Spiritualité*
- Tradition orale*

LEXIQUE

Consensus – Décision sur laquelle tous et toutes s'entendent.

Entendement – Compréhension.

Immuable – Qui ne change pas.

Individualité – Originalité, particularités d'un être humain.

---

1. Hehaka Sapa (Élan Noir), *Les rites secrets des Indiens sioux*, textes recueillis et annotés par J. E. Brown, Payot, 1975.

COMPÉTENCE 2
Interpréter le passé.

1 > Quels sont les avantages du Grand Cercle ?

2 > Quel type d'organisation sociale et politique peut découler de cette conception du monde ?

COMPÉTENCE 3
Exercer sa citoyenneté.

3 > Quels parallèles peut-on établir entre la conception du monde des nations du Grand Cercle et le monde tel qu'on le conçoit aujourd'hui ?

1 LA CÉLÉBRATION DE LA MORT ⟨RC⟩

Représentation européenne d'une cérémonie funèbre amérindienne au XVIIIe siècle. (Bernard Pic, 1734. Bibliothèque et Archives Canada.)

Les premiers peuples de l'Amérique du Nord célèbrent généralement la mort parce qu'elle représente le voyage ultime du défunt ou de la défunte vers le pays des âmes.

2 UNE CHAÎNE INFINIE DE RELATIONS

« Vision d'un Grand Esprit, ou d'une Intelligence infinie, cette Terre était, comme tous les Êtres créés, un Être doué d'intelligence, de pensée, de vision. Toutes les créatures composant ce monde étaient vues comme pourvues elles aussi d'un sens, d'une âme, faites d'une même essence spirituelle et indispensable à l'ordre de l'ensemble. Ce monde était une chaîne infinie de relations organiquement solidaires et interdépendantes, fonctionnant selon des cycles **immuables**, le Tout se présentant à l'**entendement** humain comme un grand Cercle sacré de Relations, ou de la Vie. La loi fondamentale du Cercle est une double reconnaissance : celle de la parenté entre tous les êtres et celle de l'**individualité** insondable et inviolable de chaque être. »

Georges E. Sioui, *Les Wendats, une civilisation méconnue*, Les Presses de l'Université Laval, 1994.

→ **T3** Que révèle ce document sur les relations entre les gens d'une même société ?

3 LA ROUE MÉDICINALE

Que ce soit à l'occasion de danses, de rencontres ou de rituels de guérison, le cercle a toujours une place particulièrement importante chez les Premiers occupants. Cette roue médicinale (*medicine wheel*) de l'Arizona est au centre de divers rituels et cérémonies. On trouve des roues médicinales de ce type un peu partout en Amérique du Nord. Certaines datent de plus de 4 000 ans.

v. 1500 L'organisation sociale dans les sociétés du Grand Cercle

La pensée circulaire régit toutes les facettes de la vie des Amérindiens. L'organisation sociale et le mode de vie n'y échappent pas.

LE TISSU SOCIAL

Qu'il s'agisse d'une lignée paternelle ou d'une lignée maternelle, les groupes de parents, souvent constitués en clans[ⓖ], constituent la base de l'organisation sociale amérindienne. Les clans sont organisés en nations en fonction de leurs liens de parenté ou de leurs affinités culturelles. Ce mode d'organisation n'empêche pas une personne de l'extérieur de s'intégrer à un clan, à la condition d'être adoptée par celui-ci.

L'INDIVIDU

Pour les Amérindiens, rien n'est plus important que la liberté individuelle. Chaque individu est unique, il a sa **vision**, et doit avoir la possibilité de réaliser ses rêves. Comme la spiritualité des nations du Grand Cercle repose sur l'idée d'une famille élargie comprenant les êtres matériels et immatériels, le bien-être de chacun dépend de tous. C'est pourquoi, lorsqu'un délit est commis, la sanction imposée à la personne fautive ne vise pas à la punir, mais plutôt à lui faire prendre conscience du tort qu'elle cause au groupe.

LE POUVOIR

Dans les sociétés du Grand Cercle, chaque individu est perçu comme un égal, ce qui permet de fonctionner selon la loi du consensus[ⓖ] et non de la simple majorité. Tous les membres d'une société doivent s'entendre sur les décisions prises. En de rares occasions, s'il est impossible d'atteindre un consensus, les membres de la communauté peuvent simplement se diviser. Les chefs des nations et des clans du Grand Cercle ont le seul pouvoir de convaincre (∂oc. 4). Dans les rencontres avec les alliés ou les ennemis, les chefs ne sont que les porte-parole des groupes qu'ils représentent.

LES HOMMES ET LES FEMMES

Chez les peuples d'Amérique du XVIe siècle, les relations entre les hommes et les femmes sont bien différentes d'une nation à l'autre. Ainsi, dans les nations vivant de l'agriculture, les femmes, qui ont la responsabilité des champs, ont généralement une importance considérable dans la vie du groupe. Ces nations sont habituellement décrites comme « **matrilinéaires** » (∂oc. 3). Cependant, dans les nations vivant de la chasse et de la cueillette (∂oc. 1 et 2), bien qu'elles aient d'importantes tâches à accomplir, les femmes ont un pouvoir bien limité. Dans ces sociétés dites « **patrilinéaires** », les hommes ont une beaucoup plus grande autorité.

CONCEPTS

- Conception du monde*
- Cercle de vie (Grand Cercle)
- Culture
- Société
- Spiritualité

LEXIQUE

Humanisme – Philosophie européenne de la Renaissance (XVe et XVIe siècles) selon laquelle l'être humain doit être respecté sous toutes ses formes.

Matrilinéaire – Se dit d'une société qui reconnaît une filiation (un lien de descendance) maternelle, donc par la mère.

Patrilinéaire – Se dit d'une société qui reconnaît une filiation (un lien de descendance) paternelle, donc par le père.

Vision – Chez les Amérindiens, perception individuelle de la façon de réaliser ses rêves.

46

1 UNE FAMILLE MICMAQUE AU QUÉBEC

(Vers 1840, collection de Canadiana Peter Winkworth. Bibliothèque et Archives Canada.)

Les Micmacs sont une nation de la famille algonquienne. Nomades, ils vivaient de chasse, de pêche et de cueillette. On discerne bien, dans ce tableau, l'influence vestimentaire européenne du XIXᵉ siècle.

COMPÉTENCE 2
Interpréter le passé.

1 › Quelles sont les implications sociales des croyances des sociétés du Grand Cercle ?

2 › En quoi la conception de l'individu des sociétés du Grand Cercle ressemble-t-elle à la conception **humaniste** ?

3 › Quel est le rôle des femmes dans les sociétés du Grand Cercle ?

COMPÉTENCE 3
Exercer sa citoyenneté.

4 › Quels aspects de l'organisation sociale des sociétés du Grand Cercle constituent aujourd'hui la base de la reconnaissance des droits et libertés ?

2 HURON APPELANT L'ORIGNAL

(Cornelius Krieghoff, vers 1868. Musée McCord d'histoire canadienne, Montréal, Canada.)

➜ **T6** (*doc.* **1** *et* **2**) Qu'apprenez-vous sur la tenue vestimentaire des Amérindiens du XIXᵉ siècle en observant ces toiles ?

3 L'ENFANT

« L'enfant qui arrive dans la société wendate est accueilli comme un présent offert au peuple par la Vie. Une fille est encore plus cause de réjouissances qu'un garçon puisqu'elle apporte la promesse de renforcer le pays. »

Georges E. Sioui, *Les Wendats, une civilisation méconnue*, Les Presses de l'Université Laval, 1994.

➜ **Pourquoi une fille viendra-t-elle renforcer le pays ?**

4 LE CHEF

« Celui-ci [le chef] se faisait un point d'honneur d'être toujours le plus mal habillé et d'avoir soin que tous ses gens fussent mieux couverts que lui, ayant pour maxime, à ce qu'il me dit un jour, qu'un Souverain et un grand cœur comme le sien devait avoir plutôt soin des autres que de soi-même ; parce qu'étant bon chasseur comme il était, il aurait toujours facilement tout ce qui lui serait nécessaire pour son usage ; qu'au reste, s'il ne faisait pas bonne chère, il trouverait dans l'affection et dans le cœur de ses sujets, ce qu'il souhaiterait : comme s'il eût voulu dire que ses trésors et richesses étaient dans le cœur et l'amitié de son peuple. »

Christian Le Clercq (1691), cité dans Georges E. Sioui, *Les Wendats, une civilisation méconnue*, Les Presses de l'Université Laval, 1994.

➜ **Décrivez en quelques mots ce qu'est un chef, selon l'auteur de ce document.**

Les Iroquoiens (ou Nadoueks)

Vers 1500, deux grandes familles linguistiques, les Iroquoiens et les Algonquiens, peuplent les territoires de la vallée du Saint-Laurent. Les nations iroquoiennes occupent les régions où le sol est le plus fertile.

LE TERRITOIRE ET LES ORIGINES

Les Iroquoiens (ou Nadoueks) forment une famille composée de plusieurs nations : Neutres, Pétuns, Hurons, Iroquois, Ériés, Andastes et Iroquoiens du Saint-Laurent. À l'aube du XVIe siècle, ils peuplent la vallée du Saint-Laurent et les berges des Grands Lacs. La fertilité du sol permet aux nations iroquoiennes de bien vivre sur leur petit **territoire** de quelque 1400 km de long.

À cause de la grande diversité des Premières Nations, les archéologues et les historiens et historiennes n'arrivent pas à déterminer si les Iroquoiens sont des descendants des Planoens ou des Archaïques laurentiens (*voir le doc. 1, p. 41*). Selon toute vraisemblance, la **culture** iroquoienne est née au début du VIe siècle sur le territoire occupé par les nations iroquoiennes en 1500.

LE MODE DE VIE ET LA SUBSISTANCE

Les Iroquoiens ont un mode de vie semi-sédentaire. Ils se regroupent dans de petits villages comptant de 500 à 2 000 habitants chacun et pratiquent l'agriculture (*doc. 1 et 2*). On dit que les Iroquoiens sont « semi-sédentaires » parce qu'ils déplacent leurs villages après quelques années pour laisser les terres en **jachère**, afin de pouvoir les cultiver de nouveau. La pêche, la chasse, la cueillette et le commerce (*doc. 3*) sont aussi des activités très importantes pour les Iroquoiens. Les forêts qui couvrent leur territoire regorgent de ressources naturelles dont ils ont besoin pour vivre. Le saumon, la truite, l'ours noir, le wapiti, le cerf de Virginie, le castor et les oies blanches, sans oublier les framboises, les bleuets et les canneberges, ne sont que quelques exemples des ressources que les Iroquoiens trouvent dans leur **environnement**.

L'ORGANISATION SOCIALE

L'organisation **sociale** des nations iroquoiennes est conforme aux idées fondamentales des nations du **Grand Cercle**. Ainsi, même s'il y a des chefs et des **chamans**, tous les individus sont égaux et les décisions doivent être prises en groupe. Les femmes ont une grande influence dans la prise des décisions et dans la vie du groupe. Elles sont propriétaires des champs et des habitations. Elles ont aussi la responsabilité de choisir les chefs et de les démettre de leur fonction s'ils abusent de leurs pouvoirs. Les liens familiaux sont définis par les mères du groupe. Il s'agit donc d'une société matrilinéaire**⑥**.

CONCEPTS

- Conception du monde*
- Cercle de vie (Grand Cercle)
- Culture
- Environnement
- Société
- Territoire

LEXIQUE

Chaman – Prêtre-sorcier et guérisseur qui préside les cérémonies, interprète les signes des esprits et connaît les remèdes aux maladies.

Jachère – Terre cultivable qu'on laisse reposer.

Wampum – Ceinture brodée de petites billes faites de coquillages, d'os, de pierre ou d'aiguilles de porc-épic. Les Amérindiens utilisaient les wampums comme ornements et comme objets de cérémonie. Pour les Européens, ils servaient de monnaie d'échange.

COMPÉTENCE 2
Interpréter le passé.

1 › Qu'est-ce qui justifie le mode de vie des Iroquoiens ?

2 › Quelles croyances fondamentales chez les sociétés du Grand Cercle expliquent la position de la femme dans la société iroquoienne ?

3 › Quels éléments du mode de vie des Iroquoiens favorisent le commerce ?

1 UN VILLAGE IROQUOIEN

Quelques villages iroquoiens du XVᵉ siècle tels que le site Draper, près de Pickering (Ontario), abritaient plusieurs milliers de personnes.
(Reproduction artistique du village du site Draper. Ivan Kocsis, XXᵉ siècle. Musée d'archéologie de l'Ontario, London, Canada.)

Les territoires de chasse et de pêche, ainsi que les terres cultivables, sont rapidement convoités par tous. Les fortifications des villages iroquoiens démontrent bien l'omniprésence de la menace de guerre avec les nations voisines.

➡ Quels sont les avantages de ces habitations ? Que révèlent les fortifications de ce village ?

2 L'AGRICULTURE, UNE INNOVATION VENUE DU SUD

Dès l'an 1000 avant Jésus-Christ, des réseaux d'échanges permettent de répandre les technologies dans toute l'Amérique. L'agriculture, innovation probablement venue de l'Amérique centrale, est adoptée et adaptée par les groupes qui jouissent d'un environnement favorable. La culture du maïs, des courges et des haricots (les « trois sœurs »), par exemple, semble s'être développée au Mexique avant d'être pratiquée plus au nord.

➡ Quelle est l'importance de l'agriculture pour les nations iroquoiennes ?

3 LE COMMERCE ET LA DIPLOMATIE

Tee Yee Neen Ho Ga Row, chef Mohawk, délégué à Londres en 1710 afin d'y négocier des ententes avec la couronne britannique. Il tient à la main un wampum, une ceinture brodée traditionnellement échangée lors de la signature d'un traité entre deux nations.
(John Verelst, 1710. Bibliothèque et Archives Canada.)

Les Iroquoiens échangent des outils de silex⬤, des **wampums**, du cuivre, de l'argent et des vivres. En raison des importants réseaux d'échanges américains, il est possible de trouver des objets iroquoiens très loin de leur lieu d'origine. Les Iroquoiens, et plus particulièrement les Hurons (Wendats), sont également reconnus pour leurs talents de diplomates. Les tensions entre les nations mènent souvent à des guerres violentes. Pour pacifier les antagonistes, il faut mettre en place des traités de paix qui sont parfois respectés pendant des centaines d'années.

Les Algonquiens (ou Algiques)

v. 1500

Alors que les Iroquoiens adoptent un mode de vie semi-sédentaire, l'environnement des Algonquiens favorise un mode de vie plus nomade.

LE TERRITOIRE ET LES ORIGINES

Les Algonquiens (ou Algiques) forment une famille composée de plusieurs nations, dont les Algonquins, les Innus, les Cris et les Outaouais (*doc.* **1**). Au début du XVIe siècle, ils occupent un immense territoire qui s'étend de la pointe du Labrador jusqu'aux grandes prairies de l'Ouest et couvre aussi la côte atlantique jusqu'en Virginie actuelle. En raison de son étendue, ce territoire présente des caractéristiques très diverses. Des côtes de l'Atlantique aux forêts de feuillus du Bouclier canadien et aux grandes plaines de l'Ouest, les Algonquiens s'adaptent à leur environnement et savent profiter de tout ce qu'il leur procure pour se nourrir, se vêtir et s'abriter. Les nations algonquiennes disposent de suffisamment de ressources pour faire des échanges entre elles et avec les nations iroquoiennes voisines (*doc.* **2**). Elles font notamment le commerce des fourrures, des médicaments et du cuivre.

Comme c'est le cas pour les Iroquoiens, il est particulièrement difficile de savoir exactement d'où sont issus les Algonquiens, mais il est possible que leurs racines puisent aux sources des cultures des Archaïques bouclériens et maritimes (*voir le doc* **1**, *p. 41*).

LE MODE DE VIE ET LA SUBSISTANCE

Les Algonquiens ont un mode de vie nomade. Comme leur territoire est peu propice à l'agriculture, ils ne profitent pas de cette innovation venue de l'Amérique centrale. Les Algonquiens vivent plutôt de la chasse, de la pêche et de la cueillette. Pour survivre, ils se déplacent continuellement en petits groupes familiaux à la recherche de gibier (caribou, wapiti, ours noir) ou de poissons (truite, saumon), de fruits et de baies (framboises, fraises, mûres, bleuets). Ils sont en quête de nourriture à longueur d'année pour permettre à tout le groupe de bien vivre. Là où les terres le permettent, certaines nations algonquiennes pratiquent aussi l'agriculture.

L'ORGANISATION SOCIALE

La base de l'organisation sociale des nations algonquiennes est le clan**G**, mené par un chef. L'organisation sociale des sociétés algonquiennes est patrilinéaire**G** à cause de l'importance de la chasse pour leur survie. Les hommes sont responsables de la chasse, de la pêche, de la construction des canots et des abris, de la guerre et du commerce. Les liens familiaux sont définis de père en fils et les hommes ont généralement un rôle décisionnel plus important que les femmes.

CONCEPTS

- Conception du monde*
- Culture*
- Environnement
- Société
- Territoire

COMPÉTENCE 2
Interpréter le passé.

1 › En quoi l'environnement dans lequel évoluent les Algonquiens détermine-t-il leur mode de vie ?

2 › De quelle façon cet environnement définit-il leur organisation sociale ?

1 UN CAMPEMENT ALGONQUIEN VERS 1850

(Paul Kane, milieu du XIXe siècle. Galerie d'art de l'Ontario, Toronto, Canada.)

Nomades, les Algonquiens ont des campements temporaires qu'ils peuvent facilement déplacer.

2 LES ALGONQUINS DE L'ÎLE

L'île aux Allumettes est une petite île qui commande l'accès à la rivière des Outaouais. Située au confluent de la Mattawa et de la rivière des Outaouais, elle sépare les territoires hurons et algonquiens, à l'est, des territoires iroquoiens, à l'ouest. Au cours des siècles, dans l'espoir d'éviter des conflits, des traités de paix sont conclus entre les nations vivant en amont et celles vivant en aval. Ces traités stipulent qu'il est interdit d'aller au-delà de cette île, vers l'est ou vers l'ouest, sans en demander la permission. Les Algonquins de l'île, gardiens de cet emplacement stratégique, veillent à faire respecter ces pactes. En quelque sorte, les Algonquins de l'île constituent une nation de diplomates aguerris.

De plus, l'île aux Allumettes est située sur l'une des routes commerciales les plus importantes du nord du continent, la rivière des Outaouais. Ainsi, pour y faire du commerce, il faut nécessairement demander la permission de passer aux Algonquins de l'île. Les Algonquins, qui sont généralement nomades, adoptent donc un mode de vie sédentaire sur cette île. Ils assurent leur subsistance en cultivant le maïs et en imposant une taxe à ceux qui veulent faire du commerce.

→ Quelle est l'importance stratégique de l'île aux Allumettes ? Quelle est l'importance du rôle des Algonquins de l'île ?

Sieur Robert de Vaugondy, *Partie de l'Amérique qui comprend la Nouvelle-France ou le Canada, par le géographe ordinaire du Roy*, 1755. (Library of Congress, Washington, États-Unis.)

Les grandes explorations

Au XVe siècle, les nations d'Europe accélèrent leur développement. Les guerres d'Europe et le commerce suscitent les grandes explorations. L'Europe est en quête de nouvelles richesses. C'est ainsi que Christophe Colomb arrive en Amérique en 1492.

À LA RECHERCHE D'UN PASSAGE VERS L'ORIENT

En 1453, les armées de l'Empire ottoman s'emparent de la ville de Constantinople. Cet événement qui fait trembler le monde bouleverse le réseau européen des échanges commerciaux. Depuis des siècles, Constantinople est le pont reliant l'Asie à l'Europe, une ville stratégique où transite l'important commerce des épices, de la soie et des pierres précieuses. Les routes commerciales sont maintenant bloquées par les Ottomans. Pour continuer à s'enrichir du commerce, les nations européennes doivent trouver un autre moyen de se rendre en Inde et en Chine. Les **enjeux** sont énormes : le premier pays qui trouvera une nouvelle route vers l'Asie jouira d'un important avantage sur ses voisins. L'Espagne, l'Angleterre, la France et le Portugal se lancent donc dans une course effrénée pour découvrir un passage vers l'Orient.

LES AVANCÉES TECHNOLOGIQUES

L'année 1492 marque la fin du Moyen Âge. La Renaissance apporte de nouvelles idées comme l'humanisme❻ et offre des avancées technologiques avantageuses pour les nations européennes. Par exemple, les innovations en navigation facilitent la recherche d'une nouvelle route vers l'Asie. La caravelle, la boussole, le gouvernail d'étambot, l'astrolabe et le portulan (*doc.* **2**) permettent des explorations maritimes sans précédent.

LES EXPLORATIONS

C'est dans le contexte de cette course autour du monde que les nations d'Europe se lancent dans les grandes explorations à la fin du XVe siècle et au début du XVIe (*doc.* **1**). Les grands explorateurs à la solde des puissances européennes réussissent, en quelques années à peine, à parcourir le monde.

DEUX MONDES SE DÉCOUVRENT

L'Europe voit alors le monde comme son marché, et l'Autre, celui qui est différent, comme quelqu'un à coloniser et à convertir. De leur côté de l'Atlantique, sur un continent qui va bientôt s'appeler « l'Amérique », des centaines de nations guerroient, font le commerce et se côtoient dans un certain équilibre depuis plus de 60 siècles. Ces deux mondes aux différences marquées, l'Europe et l'Amérique, sont sur le point de se rencontrer. Le choc que représente cette rencontre change définitivement le cours de l'histoire. Les peuples de l'Amérique devront s'adapter à la présence des Européens, qui se disputeront pour les siècles à venir ces nouvelles terres d'une richesse insoupçonnée.

CONCEPTS

- Conception du monde*
- Enjeu
- Environnement*
- Territoire*

1 Les grandes explorations (1450-1550)

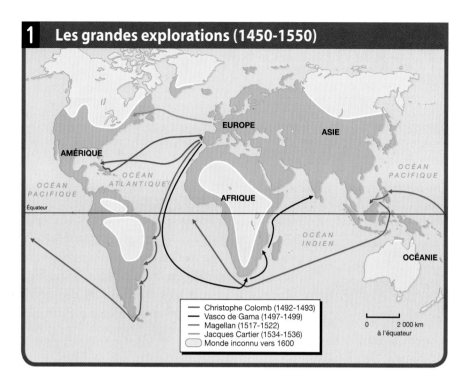

EUROPE

ASIE

AMÉRIQUE

OCÉAN ATLANTIQUE

OCÉAN PACIFIQUE

OCÉAN PACIFIQUE

AFRIQUE

Équateur

OCÉAN INDIEN

OCÉANIE

— Christophe Colomb (1492-1493)
— Vasco de Gama (1497-1499)
— Magellan (1517-1522)
— Jacques Cartier (1534-1536)
⬭ Monde inconnu vers 1600

0   2 000 km
à l'équateur

⬧ COMPÉTENCE 2
Interpréter le passé.

1 > Qu'est-ce qui pousse les nations d'Europe à se lancer dans les grandes explorations ?

2 > Pourquoi les grandes explorations sont-elles qualifiées de « course autour du monde » ?

3 > Qu'est-ce qui facilite les voyages des grands explorateurs ?

2 DE NOUVELLES INVENTIONS

La caravelle – Ce petit navire qui permet de profiter des vents les plus faibles est plus rapide que les gros navires de fort tonnage.

Le gouvernail d'étambot – Cette pièce de bois fixée à l'arrière du navire permet de mieux contrôler le navire.

La boussole – Cet instrument est muni d'un cadran et d'une aiguille qui indique le nord.

L'astrolabe – Cet instrument de métal sert à calculer l'emplacement précis d'un lieu géographique en déterminant sa latitude.

Le portulan – Cette carte marine indique les ports et les côtes où il est possible d'amarrer un navire et de se ravitailler.

La boussole

(Manoel Ferreira, compas de route, Lisbonne, 1744. Musée national de la Marine, Paris, France.)

La caravelle et le gouvernail d'étambot

Le *Santa Maria*, navire de Christophe Colomb, 1493.

L'astrolabe

L'astrolabe de Samuel de Champlain. (XVIIe siècle. Musée canadien des civilisations, Gatineau, Canada.)

1 RÉSUMÉ
-30 000 ▸ 1500

Dans les pages 54 à 57, vous trouverez des documents qui constituent une synthèse des savoirs de ce chapitre : un résumé, une galerie de personnages et de nations, une chronologie et des activités qui vous permettront de faire un retour sur l'angle d'entrée du chapitre.

LES MOUVEMENTS MIGRATOIRES

Les débuts de l'évolution de l'*Homo sapiens sapiens* sont marqués par d'importants **mouvements migratoires** qui ont permis à cette seule espèce humaine de se répandre sur toute la planète. Probablement parti d'Afrique, l'*Homo sapiens sapiens* occupe tout le globe après quelque **140 000 ans**. Selon l'état des connaissances actuelles, les Premiers occupants seraient arrivés en terre d'Amérique il y a environ 30 000 ans en traversant l'isthme de **Béringie** en quête de gibier.

En raison des immenses **glaciers** qui couvrent le nord de l'Amérique, les Premiers occupants s'installent d'abord plus au sud. La **culture des pointes cannelées**, qui se développe **vers 9000 avant Jésus-Christ**, se propage à l'échelle du continent nord-américain, au fur et à mesure que les glaciers reculent.

LE RAPPORT À L'UNIVERS ET L'EXPRESSION DU SACRÉ

L'occupation du territoire américain se caractérise par l'adaptation des nations à leur **environnement**. Même si les premiers peuples de l'Amérique du Nord semblent tous issus de la culture des pointes cannelées, des **centaines de cultures** différentes voient rapidement le jour.

Les nations d'Amérique croient au **Cercle de vie**. À leurs yeux, tout ce qui fait partie du monde est lié et doit être respecté. Les nations du Grand Cercle croient que les êtres et les choses ont une âme. L'Univers est ainsi peuplé d'esprits. L'**organisation sociale** de ces premiers peuples respecte cette **conception du monde**. Les Premiers occupants organisent leur société de façon à respecter l'âme de chacun et les liens qui unissent l'être humain à la nature.

LES RAPPORTS SOCIAUX

Comme plusieurs autres peuples du monde, les nations d'Amérique du Nord profitent de la sagesse des **Aînés** qui préservent la mémoire du groupe. La **tradition orale** permet aux premiers peuples de transmettre les **histoires**, les **mythes** et les **connaissances** de génération en génération.

Vers **1500**, deux grandes familles linguistiques, les **Iroquoiens** (Nadoueks) et les **Algonquiens** (Algiques) peuplent la vallée du Saint-Laurent. Ces deux familles ont des modes de vie très différents, mais leurs conceptions du monde comportent beaucoup de similitudes.

LES ACTIVITÉS ÉCONOMIQUES

Vers 1500, comme depuis des millénaires, les nations qui peuplent l'Amérique du Nord utilisent des réseaux d'échanges très développés pour le **commerce**. Ces échanges entre les nations et les clans permettent non seulement le partage des ressources naturelles à l'échelle du continent nord-américain, mais aussi la **diffusion** des **croyances** et des **innovations** techniques.

Les Iroquoiens vers 1500

Les Iroquoiens, qui vivent principalement sur les berges du Saint-Laurent, adoptent un mode de vie semi-sédentaire. La fertilité du sol et un climat favorable à l'agriculture leur permettent de cultiver le maïs, les courges et les haricots. Ils habitent des villages constitués de maisons longues pouvant abriter plusieurs familles et toutes leurs possessions. Chaque famille y entretient un feu pour faire cuire la nourriture de ses membres. Les nations iroquoiennes sont matrilinéaires**❻**.

L'intérieur d'une maison longue iroquoienne.
(Musée canadien des civilisations, Gatineau, Canada.)

L'intérieur d'un wigwam algonquien. (R. Hood, *Intérieur d'une tente crie, 25 mars 1820*. Bibliothèque et Archives Canada.)

Les Algonquiens vers 1500

Les nations algonquiennes qui habitent les forêts laurentiennes ont un mode de vie nomade. Elles se déplacent constamment à la recherche de gibier à chasser et de fruits à cueillir. Les tipis et les wigwams algonquiens sont particulièrement bien adaptés à leur mode de vie nomade. Chaque famille peut rapidement construire et démonter son habitation, ce qui facilite ses déplacements. Les sociétés algonquiennes sont pour la plupart patrilinéaires**❻**.

Christophe Colomb (v. 1450 - 1506)

Au XVe siècle, Christophe Colomb, explorateur génois, est engagé par la couronne espagnole pour trouver une route vers l'Asie en traversant l'océan Atlantique. Bien qu'il se croit en Inde, en 1492, il devient le premier Européen à revendiquer les territoires américains qu'il vient de découvrir. Plus tard, il entreprend la colonisation de l'île d'Hispaniola (Haïti). Cette colonisation coûte la vie à des milliers de membres de la nation des Arawaks (aujourd'hui disparue) qui occupaient l'île avant son arrivée.

(Sebastiano del Piombo, 1519. Library of Congress, Washington, États-Unis.)

Jean Cabot (v. 1450 - v. 1500)

Jean Cabot, explorateur vénitien, est engagé par la couronne britannique pour découvrir un passage vers l'Inde en traversant l'Atlantique Nord. Selon toute vraisemblance, Cabot aurait mis pied à terre sur l'île de Terre-Neuve lors de son voyage de 1497.

Jacques Cartier (v. 1491 - 1557)

Jacques Cartier, explorateur français à la recherche d'une route vers la Chine, prend possession du Canada au nom de la couronne française en 1534. Il fait trois voyages en Amérique du Nord et tente, sans succès, d'établir un fort à Cap Rouge près de la ville de Québec.

(Théophile Hamel, 1844. Collection de l'Institut canadien de Québec, Québec, Canada.)

AU MÊME MOMENT

Arrivée des Premiers occupants en Amérique du Nord. Selon une hypothèse généralement admise, ils auraient traversé l'isthme de Béringie pour atteindre les terres nord-américaines. **v. –30 000**

Développement de la culture des pointes cannelées au centre des États-Unis actuels. **v. –9000**

v. –9000 Premières traces de sédentarisation au Moyen-Orient.

entre –9000 et –3300 Période du Néolithique.

Les cultures des Planoens et des Archaïques maritimes se développent et s'adaptent à leur environnement. **entre –8000 et –1000**

entre –3000 et –1000 Développement et disparition des civilisations mésopotamienne et égyptienne.

Des centaines de nations se développent en Amérique du Nord. Chacune d'elles adapte son mode de vie à son environnement et adapte les innovations de ses voisins à ses propres besoins. Vers 1500, deux grandes familles linguistiques occupent la vallée du Saint-Laurent : les Algonquiens et les Iroquoiens. **entre –1000 et 1500**

entre –507 et –404 Première expérience de démocratie à Athènes.

-146 476 Empire romain.

476 1492 Période du Moyen Âge en Europe.

1453 Prise de Constantinople par l'Empire ottoman.

Arrivée de Christophe Colomb en Amérique. **1492**

1492 Prise de Grenade par l'armée espagnole.

Arrivée de Jean Cabot à Terre-Neuve. **1497**

Arrivée de Jacques Cartier en Gaspésie. **1534**

4 RETOUR SUR L'ANGLE D'ENTRÉE

ANGLE D'ENTRÉE ⚜

Les liens entre conception du monde et organisation de la société.

1 PÉTROGLYPHES CANADIENS ET CONCEPTION DU MONDE ◄RC

Près de Peterborough, en Ontario, on trouve le plus important site de pétroglyphes du Canada. Ces gravures dans la pierre auraient été réalisées il y a entre 600 et 1 200 ans. Elles permettent de juger de la tradition des premiers peuples et des racines de leur conception du monde. On y trouve des illustrations d'oiseaux, d'animaux et d'humains, tous réunis sur une même paroi. La conception du monde des Premières Nations d'Amérique du Nord est marquée par la croyance dans le Grand Cercle, ou le Cercle de vie, au sein duquel tous les êtres de l'Univers sont égaux.

2 L'ORGANISATION SOCIALE

Chez la grande majorité des premiers peuples d'Amérique du Nord, le chef n'a, en fait, aucun autre pouvoir que celui de convaincre. Il doit être le porte-parole du groupe. Chez les Iroquoiens, un chef peut aussi être démis de ses fonctions s'il ne respecte pas la volonté du groupe.

3 UN CHEF AMÉRINDIEN HURON

(Gravure attribuée à Janet Lange, vers 1870. Illustration tirée du *Dernier des Mohicans* de Fenimore Cooper, Hachette, 1888.)

⚜ COMPÉTENCE 2
Interpréter le passé.

À l'aide des documents présentés dans cette page et de ce que vous avez appris dans ce chapitre, faites les activités suivantes.

1 › Dressez une liste des points qui vous semblent importants dans la conception du monde des peuples autochtones de l'Amérique du Nord.

2 › Présentez les principales caractéristiques de l'organisation sociale des peuples autochtones de l'Amérique du Nord.

3 › Est-il possible d'établir des liens entre la conception du monde de ces peuples et leur organisation sociale ? Justifiez votre réponse.

⚜ COMPÉTENCE 3
Exercer sa citoyenneté.

4 › Selon vous, est-il possible de faire l'activité **3** ci-dessus en considérant la société québécoise d'aujourd'hui ?

Les coulisses de l'histoire

SCIENCE ET TECHNOLOGIE

Un campement amérindien.

LE WIGWAM

Le wigwam est une habitation parfaitement adaptée au mode de vie des Amérindiens nomades. Il est fait de perches de bois recouvertes de morceaux d'écorce et de peaux d'animaux. Lorsque des Amérindiens quittent un campement, ils apportent l'écorce et les peaux, mais laissent les perches de bois, qui sont encombrantes et faciles à remplacer. Arrivés au nouveau site, les hommes rassemblent de nouvelles perches et les femmes reconstruisent le wigwam, le tout en moins d'une heure. Le wigwam, rapide à assembler et léger, est une innovation technique essentielle à la survie des Amérindiens nomades, qui se déplacent continuellement.

LES MOYENS DE TRANSPORT

Les Amérindiens, autant nomades que sédentaires, utilisent des moyens de transport adaptés à leur mode de vie. Ils se déplacent généralement sur les cours d'eau lorsque ceux-ci ne sont pas gelés, et font des portages pour franchir les cours d'eau turbulents. Pour faciliter cette tâche, ils construisent des canots en écorce très légers mais assez solides pour transporter une famille complète et son matériel. L'hiver, pour se déplacer dans la neige profonde sans se fatiguer, ils utilisent des raquettes et des traîneaux.

Des Amérindiens font du portage en Ontario.
(William Armstrong, 1873. Bibliothèque et Archives Canada.)

Arts et culture

LE WAMPUM

Les wampums sont des ceintures ou des colliers brodés de petites billes faites de coquillages, d'os, de pierre ou d'aiguilles de porc-épic. Ce sont des objets très prestigieux chez les Amérindiens parce qu'ils sont très difficiles à fabriquer. Leurs différents motifs et couleurs portent des significations. Par exemple, un wampum de couleur blanche est un symbole de santé, de paix et de pureté. Les Amérindiens utilisent les wampums comme ornements et comme objets de cérémonie ; pour les Européens, ils servent de monnaie d'échange.

Ceinture wampum algonquienne, XVIIIe siècle.
(The British Museum, Londres, Angleterre.)

Des Amérindiens chassent le bison en raquettes.
(George Catlin, XIXe siècle. Bibliothèque et Archives Canada.)

LES VÊTEMENTS

Un couple inuit, « Happy Jack » et sa femme, vêtus de manteaux de fourrure, vers 1904.

Les vêtements que portent les Amérindiens doivent leur permettre d'affronter tous les types de climats. Ils sont faits de cuir et de fourrures d'animaux, et les pièces sont cousues ensemble à l'aide de tendons d'orignal ou de caribou. En été, l'habillement des Amérindiens est très léger; en hiver, par contre, ils portent de longs manteaux faits de plusieurs fourrures de castors et des mocassins d'hiver rembourrés avec de la fourrure.

LA CHASSE

La chasse est une activité vitale pour les Amérindiens nomades, particulièrement l'hiver, lorsqu'ils ne peuvent ni cueillir de fruits ni pêcher. Ils se déplacent alors, en petits groupes de 10 à 20 personnes, vers l'intérieur des terres à la recherche de gibier. Durant ces fréquents déplacements, les femmes transportent le matériel et les hommes sont à l'affût du gibier. S'ils croisent une proie, ils la prennent immédiatement en chasse car leur survie en dépend.

SPORTS ET LOISIRS

LES RASSEMBLEMENTS ESTIVAUX DES NOMADES

Durant la période estivale, les Amérindiens nomades établissent des camps près des rivières où ils peuvent pêcher et cueillir des fruits dans les bois environnants. Ces campements sont beaucoup plus gros que les campements d'hiver et peuvent rassembler de 100 à 300 personnes. Des familles qui ont été séparées durant tout l'hiver se retrouvent, font du commerce, célèbrent des mariages et participent à des festivités et à des jeux. Par exemple, elles organisent des soirées de chant et de danse, et jouent à des jeux de chance ou d'adresse comme le bilboquet et le *bagattaway* (la crosse). Ce sport consiste à faire passer une balle dans le but de l'équipe adverse à l'aide d'un bâton muni d'un filet. Pratiqué surtout par les hommes, ce jeu sert parfois à régler un différend entre deux tribus.

Une partie de crosse lors d'un rassemblement estival.
(D'après George Catlin, 1844. Bibliothèque et Archives Canada.)

Ailleurs

LA CONCEPTION DU MONDE SELON D'AUTRES NATIONS AUTOCHTONES

Les Haïdas du Canada
‹ p. 66 à 69 ›

RC UN MÂT TOTÉMIQUE HAÏDA

Les mâts totémiques sont l'un des symboles les plus reconnus de la culture haïda de la Colombie-Britannique.

Dans cette section, vous pourrez comparer la conception du monde des peuples autochtones de l'Amérique du Nord avec celle d'autres peuples autochtones dans le monde.

Les Aztèques du Mexique
‹ p. 62 à 65 ›

LE TEMPLO MAYOR

Artéfact trouvé sur le site du Templo Mayor, principal temple de Tenochtitlán (aujourd'hui Mexico), la capitale aztèque.

Les Aztèques du Mexique sont reconnus pour leurs œuvres artistiques. Les pyramides et les œuvres picturales témoignent de la richesse de cette civilisation aujourd'hui disparue.

AMÉRIQUE

OCÉAN ATLANTIQUE

OCÉAN PACIFIQUE

v. -30 000 | Premières migrations

v. -10 000 | Premiers occupants de la vallée du Saint-Laurent

-30 000   -10 000   -9000   -3000   -500

v. -3000 | Haïdas

EUROPE

ASIE

AFRIQUE

OCÉAN
PACIFIQUE

OCÉAN
INDIEN

OCÉANIE

Les Maoris de Nouvelle-Zélande
‹ p. 70 à 73 ›

UN GUERRIER MAORI

Les tatouages faciaux et les grimaces font partie de la culture millénaire des Maoris de la Nouvelle-Zélande. Les grimaces faites lors des danses cérémonielles maories (les *hakas*) servent à illustrer de façon exagérée les émotions du personnage représenté dans le *haka*.

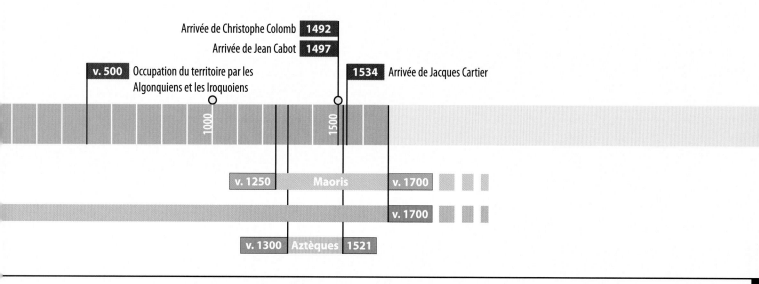

Arrivée de Christophe Colomb **1492**

Arrivée de Jean Cabot **1497**

v. 500 Occupation du territoire par les
Algonquiens et les Iroquoiens

1534 Arrivée de Jacques Cartier

1000

1500

v. 1250 Maoris **v. 1700**

v. 1700

v. 1300 Aztèques **1521**

1300>1521 LES AZTÈQUES DU MEXIQUE

1300>1500 Les origines et les mythes

Aujourd'hui disparus, les Aztèques impressionnent encore par leur culture, leur art et leur science, mais aussi par le puissant empire qu'ils ont créé. Pourtant, à l'origine, ils n'étaient qu'un petit groupe semi-nomade.

LES ORIGINES

De tous les peuples d'Amérique, c'est le peuple aztèque qui nous a laissé le plus de précisions sur son histoire. En effet, les Aztèques (ou les Mexicas, comme ils se nommaient eux-mêmes) ont légué d'importants **codex** (*doc.* ❶) qui relatent leur histoire. Selon ces codex, vers le XIIIᵉ siècle, après un long périple, les Aztèques, venus du nord-ouest de l'actuel Mexique, établissent leur territoire au centre du pays (*voir le doc.* ❶, *p. 65*). En 1325, ils fondent Tenochtitlán (*doc.* ❷), aujourd'hui Mexico, la capitale de ce qui va devenir leur empire.

LA CRÉATION

Chez les Aztèques, le mythe de la Création a pour origine Coatlicue, la femme à la jupe de serpents. Déesse de la Terre, Coatlicue a plusieurs enfants, ce qui est contraire à la tradition des dieux. Furieux, ses fils aînés cherchent à la tuer. Cependant, Huitzilopochtli prend la défense de sa mère. Selon la légende, il tue sa sœur et ses frères, et lance leurs restes dans le ciel, créant ainsi la Lune et les étoiles.

LES MYTHES ET LES TRADITIONS

Les croyances et la spiritualité des Aztèques sont empreintes de violence. Huitzilopochtli, dieu de la Guerre et du Soleil, incarne la puissance et lutte contre le Mal. Pour les Aztèques, le guerrier qui meurt au combat aide le Soleil à poursuivre sa course, alors que celui qui meurt dans sa maison disparaît dans les ténèbres. Les sacrifices humains (*doc.* ❸), la pratique religieuse la plus connue des Aztèques, découlent de cette croyance. Pour honorer Huitzilopochtli, les Aztèques croient qu'il faut lutter contre les ténèbres et aider le Soleil à poursuivre sa course en lui offrant le sang des prisonniers.

Pour lutter contre les ténèbres, les Aztèques vénèrent aussi Quetzalcóatl (*doc.* ❹), un dieu qui prend la forme d'un serpent à plumes. Selon la légende, celui-ci a enseigné la culture du maïs aux êtres humains.

Dans les pages 62 à 65, vous prendrez connaissance de textes explicatifs et de documents qui vous permettront de comparer la conception du monde des Aztèques avec celle des Premiers occupants de l'Amérique du Nord.

CONCEPTS

- Conception du monde*
- Culture
- Spiritualité
- Territoire

LEXIQUE

Codex – Livre ancien dans lequel des dessins décrivent l'histoire, les coutumes et la vie quotidienne d'un peuple.

⚜ **COMPÉTENCE 2**
Interpréter le passé.

1 › Pourquoi la violence est-elle si importante dans la conception du monde des Aztèques ?

2 › Pourquoi les Aztèques font-ils des sacrifices humains ?

3 › T5 Comparez l'histoire des Aztèques avec celle des Premiers occupants de l'Amérique du Nord. Relevez des similitudes et des différences.

1 LE CODEX BORBONICUS

(Fin du XVe siècle. Bibliothèque de l'Assemblée nationale, Paris, France.)

Les Aztèques écrivent plusieurs codex remplis de dessins décrivant leur histoire et leur vie quotidienne. Le codex Borbonicus est sans doute le plus ancien. Il aurait été écrit à la fin du XVe siècle. L'écriture latine qu'on y trouve aurait été ajoutée plus tard.

3 LES SACRIFICES HUMAINS

Prêtre aztèque offrant le cœur battant d'un homme en sacrifice au dieu de la Guerre Huitzilopochtli. (Codex Magliabecchi, vers 1529. Library of Congress, Washington, États-Unis.)

Chez les Aztèques, les personnes sacrifiées sont généralement des guerriers ennemis qui ont été capturés. Il est important de souligner qu'il y a très peu de sacrifices humains.

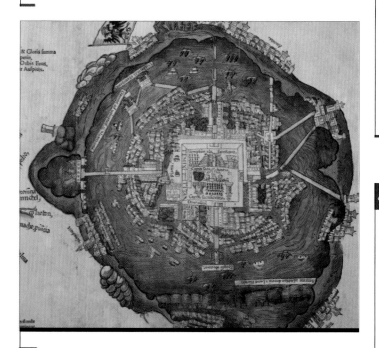

4 QUETZALCÓATL, RC LE DIEU CIVILISATEUR

Quetzalcóatl, dieu de la Vie et de la Mort. (Aztèque, XIVe- XVIe siècle. Musée national d'anthropologie et d'histoire, Mexico, Mexique.)

En nahuatl, la langue parlée par les Aztèques et encore très répandue au Mexique aujourd'hui, *quetzal* veut dire « oiseau » et *cóatl*, « serpent ». Ce dieu, qui représente avant tout l'intelligence, est vénéré par de nombreuses nations autochtones d'Amérique centrale.

2 UN PLAN DE TENOCHTITLÁN, 1524 RC

(Hernán Cortés, 1524. Newberry Library, Chicago, États-Unis.)

Ce plan réalisé par le conquérant espagnol Hernán Cortés, qui a détruit l'Empire aztèque, représente la ville de Tenochtitlán et ses fortifications. La ville est construite sur une île du lac Texcoco.

Mexique

L'organisation sociale

Au XVᵉ siècle, les Aztèques possèdent l'un des plus vastes empires du monde.
L'organisation sociale reflète leur culture guerrière et leur conception du monde,
ainsi que leurs difficultés à gérer un immense territoire.

DES RANGS SOCIAUX DISTINCTS

La **société** aztèque est très hiérarchisée (*doc.* ❸). Elle compte trois grands groupes sociaux qui ont chacun leurs privilèges, leurs pouvoirs et même leur tenue vestimentaire. Au sommet de la pyramide sociale siègent le *tlatoani* (l'empereur) et les *pillis*, les nobles qui héritent de ce titre à leur naissance. Les *pillis* possèdent des terres cultivées par des **serfs**.

Viennent ensuite les *macehualtins* qui forment le plus grand groupe de la société aztèque. Ce groupe est constitué des gens du peuple qui vivent généralement du commerce, de la guerre ou de l'artisanat. Cependant, comme la guerre et la force au combat sont particulièrement valorisées chez les Aztèques, un *macehualtin* peut gravir les échelons de la hiérarchie sociale grâce à ses prouesses militaires.

Au bas de la pyramide se situe le dernier groupe social, composé des *mayeques* (les serfs) et des *tlacotins* (les esclaves).

UNE VILLE BÉNIE DES DIEUX

Tenochtitlán, future capitale de l'Empire aztèque, est fondée vers 1325, au milieu des marécages du lac Texcoco (*voir le doc.* ❷, *p. 63*). Selon la légende, les Aztèques trouvent un aigle en train de tuer un serpent sur un cactus en fleur, ce qui est un signe des dieux. Il leur faut donc construire une ville à cet endroit. À la fin du XVᵉ siècle, à son apogée, Tenochtitlán compte environ 200 000 habitants.

UN EMPIRE IMPOSANT

En moins d'un siècle, à force de conquêtes militaires et de diplomatie, les Aztèques érigent l'un des empires les plus imposants d'Amérique. Dès 1375, ils se dotent d'un premier souverain, Acamapichtli. Ce roi, comme plusieurs autres après lui, prétend avoir un lien de parenté avec le dieu Quetzalcóatl. En 1428, les villes de Tenochtitlán, de Texcoco et de Tlacopán forment une alliance et étendent leur pouvoir en Amérique centrale (*doc.* ❶). Chaque **territoire** annexé à l'Empire doit payer un lourd tribut au roi. Les Aztèques peuvent ainsi consacrer de plus en plus de leur énergie à la guerre et non plus aux récoltes. Leur puissance militaire est telle qu'en 1520, le territoire de l'Empire aztèque s'étend jusqu'au Guatemala actuel. Toutefois, l'arrivée du conquérant espagnol Hernán Cortés et de son armée change radicalement la situation. Le 13 août 1521, Tenochtitlán tombe aux mains des Espagnols et l'Empire aztèque est détruit à tout jamais.

CONCEPTS

- Conception du monde
- Culture
- Société
- Spiritualité
- Territoire

LEXIQUE

Pictogramme – Dessin figuratif et stylisé exprimant un mot, une idée ou un concept.

Serf – Paysan attaché aux terres d'un noble.

1 L'Empire aztèque vers 1500

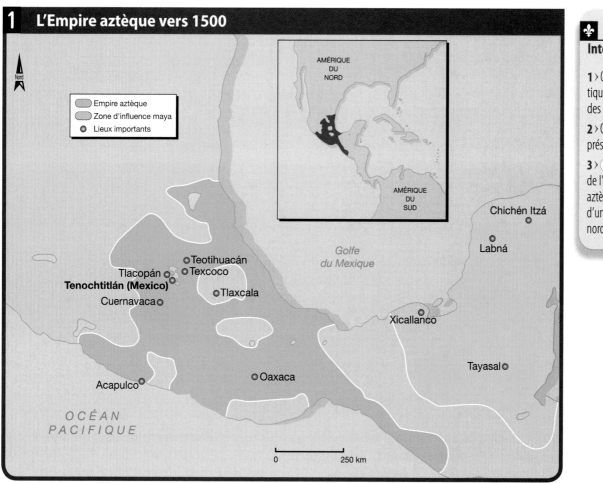

Nord

- ◼ Empire aztèque
- ◼ Zone d'influence maya
- ● Lieux importants

AMÉRIQUE DU NORD

AMÉRIQUE DU SUD

Chichén Itzá

Labná

Golfe du Mexique

● Teotihuacán
Tlacopán ● Texcoco
Tenochtitlán (Mexico)
Cuernavaca ● Tlaxcala

Xicallanco

Tayasal ●

● Oaxaca

Acapulco ●

OCÉAN PACIFIQUE

0   250 km

⚜ **COMPÉTENCE 2**

Interpréter le passé.

1 › Quelles sont les caractéristiques de l'organisation sociale des Aztèques ?

2 › Qu'est-ce qui explique la présence d'esclaves parmi eux ?

3 › **T5** Comparez le rôle de l'empereur dans la société aztèque avec celui du chef d'un peuple autochtone nord-américain.

2 LA PIEDRA DEL SOL (« LA PIERRE DU SOLEIL ») RC

(XVIᵉ siècle. Musée national d'anthropologie et d'histoire, Mexico, Mexique.)

La *Piedra del Sol* est une pierre de 24 tonnes qui fait 3,6 m de diamètre. En son centre on peut voir un soleil avec une langue en forme de couteau cérémoniel, avec de chaque côté une main tenant un cœur. La *Piedra del Sol* présente aussi des **pictogrammes** expliquant comment les Aztèques mesurent le temps. Ils sont reconnus pour leurs connaissances en astronomie et la précision de leur calendrier.

3 LA GESTION D'UN EMPIRE

La gestion de l'Empire aztèque exige une organisation et une structure hiérarchique hors du commun. Pour gouverner cet empire, les hauts dignitaires aztèques élisent d'abord un *tlatoani* (empereur) au sein de la famille royale. Le *tlatoani* exprime la parole des dieux. Il a donc un pouvoir religieux important. En plus d'être le chef spirituel du peuple, il est le chef militaire suprême. Il commande les armées, dirige les campagnes militaires, attribue les hauts grades et distribue le butin. Il possède de vastes terres et perçoit des impôts. Une armée de fonctionnaires veillent à ce que les décisions du *tlatoani* soient respectées. L'Empire aztèque compte aussi de nombreux autres corps de métier importants : des scribes, des percepteurs d'impôts, des inspecteurs, des juges et des prêtres qui travaillent pour l'empereur.

Mexique

-3000>1700 LES HAÏDAS DU CANADA

-3000>1700 Les origines et les mythes

Les Haïdas sont reconnus pour les magnifiques œuvres qu'ils ont créées dans le passé et pour celles qu'ils réalisent encore aujourd'hui. Leur spiritualité et leur culture millénaire nourrissent cet art.

Dans les pages 66 à 69, vous prendrez connaissance de textes explicatifs et de documents qui vous permettront de comparer la conception du monde des Haïdas de la Colombie-Britannique avec celle d'autres nations de Premiers occupants de l'Amérique du Nord.

LES ORIGINES

Il est difficile de déterminer exactement à quand remonte l'établissement des Haïdas sur les terres de Haida Gwaii (les îles de la Reine-Charlotte) (*doc.* **1**). En effet, les Haïdas sont établis tout près de l'une des plus grandes routes migratoires du nord-ouest du continent (*voir le doc.* **1**, *p. 30*). Toutefois, il est impossible de savoir s'ils sont les premiers occupants de l'archipel.

Les fouilles archéologiques laissent croire que les îles de Haida Gwaii ont été occupées pour la première fois il y a environ 10 000 ans. Cependant, des artéfacts découverts montrent que la culture haïda se serait developpée sur ces îles vers 3000 avant Jésus-Christ. Cette culture est-elle dérivée de celle des premiers arrivants ? Ou bien les Haïdas sont-ils la dernière nation autochtone à s'être installée à Haida Gwaii ?

LA CRÉATION

Chez les Haïdas, comme chez tous les premiers peuples d'Amérique, la Création compte sur l'intervention des **animaux de pouvoir**. Pour les Haïdas, l'un des animaux les plus importants est le Corbeau (*doc.* **2**). C'est lui qui a créé Haida Gwaii. C'est aussi le Corbeau qui a réussi à voler le Soleil, les étoiles et la Lune. De plus, il a libéré les êtres humains enfermés dans une coquille de palourde, et il leur a appris à mener une bonne vie.

LES MYTHES ET LES TRADITIONS

Outre le Corbeau, des dizaines d'autres animaux de pouvoir font partie des mythes et des légendes haïdas. L'Ours, le Castor, l'Aigle, l'Épaulard et le Loup sont au nombre des animaux qui viennent en aide aux êtres humains. Les Haïdas croient au pouvoir des deux esprits de la mort : Ta'xet (pour les morts violentes) et Tia (pour les morts douces). La forêt et le ciel sont aussi représentés par des esprits. La tradition orale et les mâts totémiques (*doc.* **3**) permettent aux Haïdas de transmettre leur conception du monde de génération en génération.

CONCEPTS

- Conception du monde
- Culture
- Spiritualité
- Territoire
- Tradition orale

LEXIQUE

Animal de pouvoir – Animal mythique qui possède des pouvoirs surnaturels.

1 Le territoire haïda

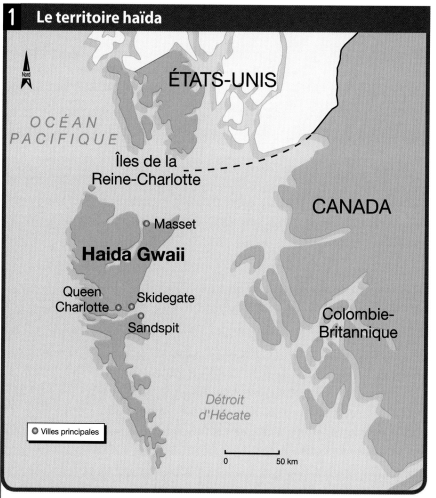

Nord

ÉTATS-UNIS

OCÉAN PACIFIQUE

Îles de la Reine-Charlotte

CANADA

Masset

Haida Gwaii

Queen Charlotte
Skidegate
Sandspit

Colombie-Britannique

Détroit d'Hécate

Villes principales

0   50 km

Le **territoire** traditionnel des Haïdas est situé sur les îles de la Reine-Charlotte, au large de la côte de la Colombie-Britannique. Les Haïdas appellent ce territoire « Haida Gwaii ».

COMPÉTENCE 2
Interpréter le passé.

1 › Quelle est la fonction des mâts totémiques ?

2 › Que révèle le mythe de la Création sur l'importance que les Haïdas accordent à la nature ?

3 › **T5** Comparez la place qu'a la nature dans la conception du monde haïda à celle des nations du nord-est du continent. Relevez des similitudes et des différences.

2 LE CORBEAU

(Bill Reid, XXᵉ siècle. Musée canadien des civilisations, Gatineau, Canada.)

Cette sculpture représente le Corbeau en train de libérer les humains d'une coquille de palourde.

3 LE MÂT TOTÉMIQUE HAÏDA ‹RC›

La tradition orale des Haïdas leur permet de partager leurs mythes de génération en génération. Les immenses mâts totémiques qu'ils sculptent illustrent ces mythes ou racontent l'histoire d'une famille. Au début du XXᵉ siècle, le gouvernement canadien interdit les totems haïdas dans l'espoir de faciliter l'assimilation de ce peuple. Heureusement cette interdiction n'existe plus.

Canada

L'organisation sociale

Pendant des millénaires, la culture des Haïdas leur permet de vivre en harmonie avec leur environnement. Leur conception du monde se traduit dans l'organisation sociale de leurs sociétés.

LES ENFANTS DE L'AIGLE ET DU CORBEAU

La nation haïda comprend deux grands groupes sociaux (ou « moitiés ») : le groupe de l'Aigle (*doc.* **2**) et le groupe du Corbeau. La moitié du Corbeau compte 22 familles alors que celle de l'Aigle en compte 23. Ces moitiés et ces familles vivent en harmonie. Les villages comptent des représentants de plusieurs familles. Dans la plupart de ces villages, on trouve des membres des deux moitiés.

Les mariages doivent unir des membres des deux moitiés. Toutefois, les enfants sont toujours associés à la moitié de leur mère.

UNE SOCIÉTÉ HIÉRARCHISÉE

Contrairement à la plupart des autres peuples du nord-est du continent américain, les Haïdas ont une société très hiérarchisée. Chaque famille a des droits et des pouvoirs qui lui sont propres. Par exemple, une famille peut avoir un territoire de pêche et de chasse qui lui revient de droit. Les possessions territoriales varient en fonction du statut de la famille.

Chaque famille a un chef à la fois politique et militaire (*doc.* **4**). Généralement, le chef du village est le chef de la famille la plus puissante ou encore l'homme qui inspire le plus grand respect. Habituellement, le titre de chef est hérité de la famille de la mère, bien que les femmes ne jouent qu'un rôle subordonné dans la prise des décisions.

LES MAISONS DE PLANCHES

Les Haïdas habitent de larges maisons de planches où peuvent vivre une trentaine d'individus d'une même famille (*doc.* **1**). Les maisons des chefs les plus importants sont beaucoup plus grandes que les autres. Elles peuvent abriter une centaine de personnes, y compris des esclaves. La construction de la maison familiale est l'un des événements les plus importants de la vie d'une famille. À cette occasion, le chef de la famille organise généralement un potlatch (*doc.* **3**).

LA SUBSISTANCE ET LE COMMERCE

Habitant les côtes du Pacifique, les Haïdas vivent essentiellement de la pêche en mer (*doc.* **1**). Ils se nourrissent aussi de fruits, de coquillages et des produits de la chasse. Des fouilles archéologiques révèlent que les Haïdas font le commerce de l'**obsidienne**, du cuivre, des coquillages et du fer avec les nations voisines. Leurs larges pirogues de mer sont utilisées tout autant pour les déplacements aux fins du commerce que pour la pêche de subsistance.

RC

♦ **COMPÉTENCE 2**
Interpréter le passé.

1 > Quelles sont les caractéristiques de l'organisation
sociale des Haïdas ?

2 > Quelle est la signification
culturelle du potlatch ?

3 > T5 En quoi l'organisation sociale des Haïdas est-elle
différente de celle des nations
du nord-est du continent
américain ?

1 NINSTINTS, UN VILLAGE HAÏDA, VERS 1850 ◀RC

(Gordon Miller, 1983, d'après des photographies de C. F. Newcombe en 1901.
Musée canadien des civilisations, Gatineau, Canada.)

La maison haïda est décorée aux couleurs de la famille qui l'habite.
La façade de chacune des maisons est ornée d'images liées aux
mythes de la famille afin que tous et toutes puissent savoir qui y
habite. Cette image représente aussi les traditionnelles pirogues
de mer haïdas. Ces pirogues, qui peuvent atteindre environ
17 m de longueur et transporter jusqu'à 5 tonnes de vivres
et d'équipement.

3 LE POTLATCH ◀RC

L'une des coutumes les plus importantes
de la culture haïda est le potlatch. Cette
cérémonie souligne les événements
marquants de la vie d'une famille ou d'un
village. L'attribution d'un nom, un mariage,
la construction d'une maison sont des
occasions de potlatch. À l'occasion de cette
célébration, les hôtes démontrent la richesse
et la puissance de la famille en offrant une
grande partie de leurs biens à leurs invités.

2 L'AIGLE À DEUX TÊTES

Cape cérémonielle appartenant à un chef haïda.

Brodée sur une couverture de la Compagnie
de la baie d'Hudson, l'image représente l'aigle
à deux têtes, un animal de pouvoir ❻.

4 DES CHEFS HAÏDAS VERS 1884

Chefs haïdas des îles de la Reine-Charlotte en habits traditionnels.
(Musée canadien des civilisations, Gatineau, Québec.)

Canada

1250>1700 • LES MAORIS DE NOUVELLE-ZÉLANDE

1250>1700 Les origines et les mythes

Selon toute vraisemblance, la Nouvelle-Zélande est le dernier grand territoire peuplé par les êtres humains. Les Maoris qui s'y installent sont reconnus dans le monde entier pour leurs danses guerrières et leurs tatouages faciaux.

Dans les pages 70 à 73, vous prendrez connaissance de textes explicatifs et de documents qui vous permettront de comparer la conception du monde des Maoris avec celle des Premiers occupants de l'Amérique du Nord.

CONCEPTS

- Conception du monde
- Culture
- Spiritualité
- Territoire
- Tradition orale

LEXIQUE

Tribu – Groupe formé de familles ou de clans qui partagent un mode de vie et des croyances.

LES ORIGINES

Les historiens et historiennes, ainsi que la tradition orale, s'accordent pour dire que les Maoris sont arrivés en Nouvelle-Zélande entre 1250 et 1300, après avoir sillonné l'océan Pacifique (*doc.* **1**) en canot marin (*waka*). En effet, les Maoris, qui occupent encore aujourd'hui le territoire néo-zélandais, affirment que ces équipages sont arrivés en Nouvelle-Zélande il y a environ 25 générations.

LA CRÉATION

Parmi les mythes racontant l'origine des Maoris et reflétant leur conception du monde et leur spiritualité, on retrouve celui des premiers humains. Selon ce mythe, le mariage de Rangi (le ciel) et de Papa (la Terre) est à l'origine de la naissance des dieux et de la création de toute vie sur terre. Rangi et Papa ont plusieurs fils dont Tane, le dieu de la Forêt, le premier à vouloir une épouse. Papa lui explique alors comment créer une femme avec de la terre rouge.

LA TRADITION ORALE

La tradition orale est au cœur de la culture maorie. L'histoire de l'arrivée en Nouvelle-Zélande des ancêtres des Maoris constitue l'un des piliers de cette tradition orale. Il en existe deux versions. Les Maoris de la côte ouest de l'île du Nord croient que le grand explorateur Kupe a découvert la Nouvelle-Zélande après avoir quitté Hawaiki, lieu d'origine de tous les Maoris. Selon les Maoris de la côte est de l'île du Nord, le premier habitant de l'île serait Toi-le-mangeur-de-bois. Toutefois, la légende ne dit pas quand celui-ci est arrivé dans l'île, laissant croire qu'il est peut-être né sur le territoire néo-zélandais.

Les différentes **tribus** (*iwis*) de Maoris croient à l'une ou l'autre de ces histoires et s'identifient comme les descendantes en ligne droite de Kupe ou de Toi-le-mangeur-de-bois. Toutes se considèrent comme descendantes de l'équipage de l'un ou de l'autre des premiers canots marins (*wakas*) (*doc.* **3**) qui ont transporté leurs ancêtres vers la Nouvelle-Zélande.

1 Les migrations des peuples autochtones dans l'océan Pacifique

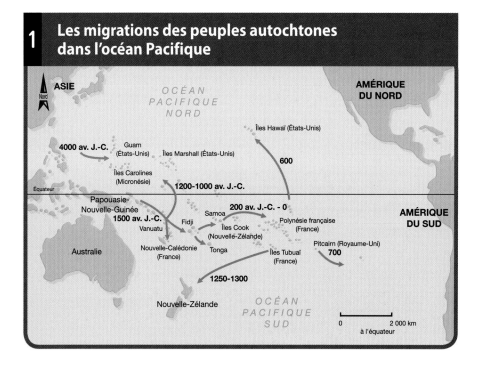

ASIE

OCÉAN PACIFIQUE NORD

AMÉRIQUE DU NORD

Îles Hawaï (États-Unis)

4000 av. J.-C. Guam (États-Unis) Îles Marshall (États-Unis) 600

Îles Carolines (Micronésie) 1200-1000 av. J.-C.

Équateur

Papouasie-Nouvelle-Guinée 200 av. J.-C. - 0 AMÉRIQUE DU SUD

1500 av. J.-C. Samoa

Fidji Polynésie française (France)

Vanuatu Îles Cook (Nouvelle-Zélande)

Australie Pitcairn (Royaume-Uni)

Nouvelle-Calédonie (France) Tonga 700

Îles Tubuaï (France)

1250-1300

Nouvelle-Zélande

OCÉAN PACIFIQUE SUD

0   2 000 km
à l'équateur

COMPÉTENCE 2
Interpréter le passé.

1 › Quelle est l'importance de la tradition orale chez les Maoris ?

2 › Quels liens les Maoris entretiennent-ils avec la nature ?

3 › **T5** Comparez les mythes de création maoris aux mythes des nations du nord-est du continent américain.

2 UN PĀ

Représentation européenne d'un *pā*, un village fortifié maori. (J. W. Giles, d'après une aquarelle de George French Angas, 1844. Bibliothèque nationale de Nouvelle-Zélande, Wellington, Nouvelle-Zélande.)

3 UN WAKA

Les canots (*wakas*) des Maoris peuvent parcourir de longues distances en mer. Plusieurs de ces larges embarcations sont munies de voiles.

Nouvelle-Zélande

L'organisation sociale

La société maorie est complexe et hiérarchisée. Le statut des individus relève des liens familiaux. Cependant, comme chaque être est issu du ciel et de la Terre, tous et toutes ont un caractère divin et spirituel.

CONCEPTS

- Conception du monde
- *Aînés*
- Culture
- Environnement*
- Société
- Spiritualité
- Tradition orale

LES LIENS GÉNÉALOGIQUES

Dans la **culture** maorie, les liens familiaux sont très importants. Chaque tribu estime descendre de l'un ou l'autre des premiers équipages de *wakas* arrivés en Nouvelle-Zélande. Au fil des générations, les tribus (*iwis*) et les clans (*hapus*) se développent pour illustrer les liens qui unissent les individus.

Comme chez tous les peuples où l'écriture n'existe pas, les Maoris transmettent leur culture de façon **orale** (*doc.* **1**). Chaque tribu transmet ses mythes de génération en génération en les racontant, mais aussi en les illustrant par des sculptures (*doc.* **3**). C'est ainsi que les Maoris conservent des traces de leur histoire et qu'ils communiquent leurs connaissances et leur **conception du monde**.

LES RANGS SOCIAUX

Les **sociétés** maories comprennent trois rangs sociaux distincts : les chefs (*rangatiras*), les gens du peuple (*tauwarewares*) et les esclaves (*taurekarekas*). Le rang est déterminé par la proximité qu'a une famille avec les ancêtres des premiers *wakas*. De même, au sein d'une famille, la fille **aînée** ou le fils **aîné** a toujours plus d'autorité que ses cadets parce qu'on considère qu'elle ou il est plus près des premiers ancêtres. Contrairement aux chefs et aux gens du peuple, les esclaves ne peuvent prétendre être des descendants des premiers ancêtres. Ils sont souvent capturés au cours d'une guerre et doivent généralement accomplir les tâches les plus pénibles.

UNE LONGUE TRADITION GUERRIÈRE

Les multiples fortifications découvertes par les archéologues illustrent bien la longue tradition guerrière des Maoris. Entre 1250 et 1700, les tribus se livrent souvent des luttes féroces et sanguinaires. Les vaincus sont le plus souvent réduits à l'esclavage ou même mangés. Les mœurs guerrières expliquent aussi les tatouages faciaux (*doc.* **2**), les danses et les grimaces si typiques des Maoris.

LA RELATION AVEC LA NATURE

Cette culture guerrière ne peut cependant faire oublier les liens communautaires qui unissent les individus. Chaque individu est un représentant du groupe. Dans les mythes maoris, l'être humain fait partie de la nature au même titre que les forêts, les mers et les cours d'eau. Sa relation avec la nature est donc sacrée et les richesses naturelles doivent être exploitées en respectant rigoureusement les *tapus* (règles sacrées), sous l'autorité des prêtres (*tohungas*).

RC

1 LE MONT TONGARIRO 🔵RC

Les Maoris ont une riche tradition orale. Selon l'une de leurs légendes, quatre «guerriers-volcans», Tongariro, Taranaki, Tauhara et Putauaki, se livrent une lutte sans merci pour obtenir la main de Pihanga, «la Douce Montagne». Tongariro remporte la victoire. Le mont Tongariro fait aujourd'hui partie d'un parc national.

2 RIWHITETE POKAI, UN GUERRIER MAORI AU XIXᴱ SIÈCLE

(Robley, Horatio Gordon [1840-1930]. Bibliothèque nationale de Nouvelle-Zélande, Wellington, Nouvelle-Zélande.)

Les tatouages du visage, ou *mokos*, sont, chez les Maoris d'avant l'arrivée des Européens, le signe à la fois du statut social et de la puissance d'un guerrier. Un homme n'ayant pas de *moko* est considéré comme étant sans statut. Le tatouage est entrepris dès le début de l'adolescence. Il est réalisé en entaillant la peau du visage à l'aide d'un couteau d'os et en martelant de la suie dans la plaie. Ce processus est très douloureux et fait souvent gonfler le visage à un point tel qu'il faut nourrir le guerrier à l'aide d'un entonnoir de bois. Le tatoueur est une personne RC particulièrement *tapu* (sacrée).

COMPÉTENCE 2

Interpréter le passé.

1 › **T5** Comparez l'organisation sociale des Maoris avec celle des Premiers occupants de l'Amérique du Nord. Relevez des similitudes et des différences.

2 › **T5** Comparez la conception du monde des Maoris avec celle des Premiers occupants de l'Amérique du Nord. Relevez des similitudes et des différences.

3 UNE SCULPTURE MAORIE

Les Maoris sculptent le bois, l'os et la pierre. Leurs sculptures sont si éloquentes qu'elles peuvent servir d'écrits pour quelqu'un qui sait les déchiffrer.

Nouvelle-Zélande

-30 000 1534 •—LES PREMIERS OCCUPANTS

1 › Le schéma ci-dessous résume ce que vous avez appris au sujet des liens entre la conception du monde et l'organisation sociale des Premiers occupants de l'Amérique.

Le partage des connaissances et des croyances, adaptées par chaque groupe en fonction de son environnement, alimente beaucoup la diversité culturelle en Amérique du Nord. Néanmoins, les nations présentent de grandes similitudes sur le plan culturel.

CERCLE DE VIE

Les Premiers occupants ont généralement une relation très étroite avec leur environnement. Les animaux, les arbres, l'eau et l'air font partie d'un grand Cercle de vie qui les unit tous.

TRADITION ORALE

Comme tous les peuples qui n'ont pas inventé une forme d'écriture, les Premiers occupants ont une riche tradition orale (contes, histoires, mythes) qui leur permet de partager leurs connaissances et leurs valeurs.

CULTURE

Même si les cultures des Premiers occupants sont différentes d'une nation à l'autre, elles présentent plusieurs similitudes. Le mode de vie et l'organisation sociale des diverses nations ont des liens indissociables avec leur conception du monde et leur environnement. Les relations entre les nations entraînent le partage de certains aspects des diverses cultures (l'agriculture et les mythes, par exemple).

CONCEPTION DU MONDE

Bien que les cultures des Premiers occupants présentent des similitudes et des différences, ceux-ci ont une conception du monde s'appuyant sur les liens qui unissent tous les êtres. Leur subsistance, leur mode de vie et leurs traditions sont indissociables.

SPIRITUALITÉ

Chaque élément de l'environnement des Premières nations (êtres humains, plantes, animaux, eau, Soleil, etc.) a un esprit qu'il faut respecter. Cette croyance en des esprits s'appelle l'« animisme ».

ENVIRONNEMENT

L'environnement dans lequel habite chaque nation a une influence importante sur son mode de vie. Nomades ou sédentaires, les Premiers occupants savent tirer profit de ce que leur procure leur environnement.

AÎNÉS

Chez les premiers peuples, les *Aînés* sont généralement les porteurs de la tradition. Ils sont respectés pour leur savoir et leur expérience.

UNE AUTRE SOCIÉTÉ
VERS LA MÊME ÉPOQUE

2 › Reproduisez le schéma ci-dessous et complétez-le pour montrer les liens qui existent entre la conception du monde des Aztèques, des Haïdas ou des Maoris et les autres éléments de leur culture.

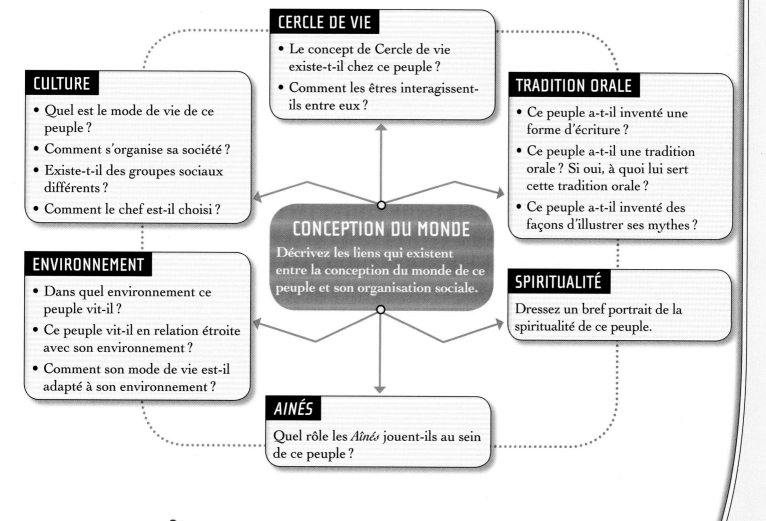

CERCLE DE VIE

- Le concept de Cercle de vie existe-t-il chez ce peuple ?
- Comment les êtres interagissent-ils entre eux ?

CULTURE

- Quel est le mode de vie de ce peuple ?
- Comment s'organise sa société ?
- Existe-t-il des groupes sociaux différents ?
- Comment le chef est-il choisi ?

TRADITION ORALE

- Ce peuple a-t-il inventé une forme d'écriture ?
- Ce peuple a-t-il une tradition orale ? Si oui, à quoi lui sert cette tradition orale ?
- Ce peuple a-t-il inventé des façons d'illustrer ses mythes ?

CONCEPTION DU MONDE
Décrivez les liens qui existent entre la conception du monde de ce peuple et son organisation sociale.

ENVIRONNEMENT

- Dans quel environnement ce peuple vit-il ?
- Ce peuple vit-il en relation étroite avec son environnement ?
- Comment son mode de vie est-il adapté à son environnement ?

SPIRITUALITÉ

Dressez un bref portrait de la spiritualité de ce peuple.

AÎNÉS

Quel rôle les *Aînés* jouent-ils au sein de ce peuple ?

3 › Il existe des liens étroits entre la conception du monde d'un peuple, son organisation sociale et son mode de vie.

Dans un court texte, expliquez ce qu'est une conception du monde, comment celle-ci influence l'organisation sociale d'un peuple et comment, à son tour, elle est influencée par le mode de vie de ce peuple.

LA PLACE DES PREMIÈRES NATIONS AU CANADA

Les Premières Nations ont une histoire et des traditions millénaires. Le Canada n'existe en tant que pays que depuis 1867. La question de la place qu'occupent les Premières Nations dans la société canadienne est donc délicate. Les Premières Nations se considèrent-elles canadiennes, québécoises, ou bien ont-elles une place distincte?

PRÉSENT

Dans cette section, vous découvrirez des textes explicatifs et des documents vous permettant de faire le point sur la place actuelle des Premières Nations dans la société canadienne.

1 DES MEMBRES DES PREMIÈRES NATIONS MORTS SUR LES CHAMPS DE BATAILLE EUROPÉENS SOUS LES DRAPEAUX CANADIEN ET BRITANNIQUE

Le Cri Harvey Thunderchild au Cimetière de guerre canadien de Beny-Reviers, en France.

Des milliers de membres des Premières Nations, de Métis et d'Inuits ont servi leur pays durant la Première Guerre mondiale, la Seconde Guerre mondiale et la guerre de Corée. « "Nous voulons que les Canadiens et les Canadiennes sachent que nos soldats autochtones étaient de toutes les batailles importantes remportées par des régiments canadiens. [...]", a déclaré Tom Eagle, représentant les anciens combattants au nord du 60e parallèle. »

Gouvernement du Canada.

2 LES ANCIENS COMBATTANTS MÉTIS PORTENT PLAINTE AUPRÈS DE L'ONU.

« À la suite d'années de marchandage politique et de menaces de poursuite proférées par les anciens combattants autochtones, le gouvernement fédéral a offert aux ex-combattants des Premières Nations ainsi qu'à leurs conjoints une somme de 20 000 $ chacun [...]. Les anciens combattants autochtones réclamaient jusqu'à 420 000 $ chacun, soit l'équivalent en argent des terres données en récompense aux soldats non autochtones après la Seconde Guerre mondiale. »

Maria Babbage, 11 novembre 2002.

3 DES CHEFS AUTOCHTONES DEMANDENT DES EXCUSES DU GOUVERNEMENT CANADIEN.

« Des chefs autochtones de la côte Est réclament des excuses de la part du premier ministre Stephen Harper pour les sévices subis par les jeunes autochtones envoyés dans des pensionnats fédéraux entre les années 1870 et 1970. [...] Des dizaines de milliers d'enfants autochtones ont été enlevés à leur famille pour être envoyés dans des pensionnats à travers le Canada, et plusieurs d'entre eux ont été maltraités et agressés sexuellement. La séparation de leur famille les a aussi privés de leur culture, disent les survivants. [...] Il n'a pas été possible d'obtenir de commentaires au cabinet du premier ministre. »

Le Devoir, 27 mars 2007.

4 LES PREMIÈRES NATIONS AU QUÉBEC RÉAFFIRMENT LES PRINCIPES FONDAMENTAUX DE COEXISTENCE PACIFIQUE.

« Statut unique des Peuples autochtones

2. Les Peuples autochtones forment chacun un "peuple" et une "nation" distincts, tels que reconnus en droit international et interne. La capacité des Peuples autochtones de conclure des traités est un aspect et une manifestation importants de leur statut unique.

Droit à l'autodétermination

3. Les Peuples autochtones ont le droit de disposer d'eux-mêmes. En vertu de ce droit, ils déterminent librement leur statut politique et assurent librement leur développement économique, social et culturel.

[…]

Importance du pouvoir de conclure des traités et des droits issus de traités

12. Conformément à leur statut unique, les Peuples autochtones ont le droit de conclure des traités de nation à nation. La relation de nation à nation est fondée sur l'égalité et la coexistence pacifique des peuples. Toute idée de domination, de subjugation ou d'exploitation est rejetée. »

Assemblée des Premières Nations du Québec et du Labrador, 19 mai 1998.

5 DES STATISTIQUES ALARMANTES

« • **Espérance de vie :** L'espérance de vie des membres des Premières Nations est inférieure de six ans à la moyenne canadienne.

• **Suicide :** Le taux de suicide chez les jeunes autochtones est de cinq à huit fois supérieur à la moyenne nationale.

• **Mortalité infantile :** Le taux de mortalité infantile de la population autochtone est presque le double de la moyenne canadienne. (Le taux de mortalité infantile chez les nourrissons des Premières Nations est de 14 pour mille naissances vivantes, alors qu'il est de 7 pour mille chez les non-Autochtones (1996).

[…]

• **Pauvreté :** La majorité des autochtones atteignent à peine le seuil de pauvreté ou vivent en dessous.

• **Chômage :** Le taux de chômage des Canadiens autochtones est le double de celui des Canadiens non autochtones. Dans les réserves, le taux de chômage frôle les 29 %, soit presque le triple de la moyenne canadienne.

[…]

• **Taux d'incarcération :** Chez les Autochtones, ce taux est de cinq à six fois supérieur à la moyenne nationale. »

Gouvernement du Canada.

6 DES HOMMES ET DES FEMMES D'AFFAIRES AUTOCHTONES

En juillet 2006, à Sydney, en Australie, la femme d'affaires ojibwée Dawn Madahbee s'adresse aux délégués et déléguées de la *First Nations Economic Opportunities Conference*. Cette conférence permet à des gens d'affaires des Premières Nations d'Australie, de Nouvelle-Zélande, du Canada et des États-Unis de se rencontrer.

⚜ COMPÉTENCE 3
Consolider l'exercice de sa citoyenneté.

1 › Relevez des indices indiquant que des membres des Premières Nations se considèrent comme canadiens ou canadiennes, et que d'autres estiment être membres de nations distinctes.

2 › Relevez des indices indiquant que le Canada ne traite pas toujours les membres des Premières Nations comme les autres membres de la société canadienne.

LES REVENDICATIONS DES PREMIÈRES NATIONS ET LA RECONNAISSANCE DE LEURS DROITS

Depuis la deuxième moitié du XXe siècle, les revendications territoriales des Premières Nations se sont multipliées. La lutte des militants et militantes autochtones pour la reconnaissance de leurs droits s'est, elle aussi, accélérée.

ENQUÊTE

Vous êtes des journalistes d'Europe et vous devez présenter la réalité actuelle des Premières Nations du Canada. À l'aide des documents ci-contre et de tout autre document pertinent, rédigez un court article illustré qui permettra à vos lecteurs et lectrices de mieux connaître les revendications des Premières Nations et ce qui motive leurs actions.

N'oubliez pas de tenir compte de la conception du monde des Premières Nations.

1 Les revendications des Premières Nations, aujourd'hui

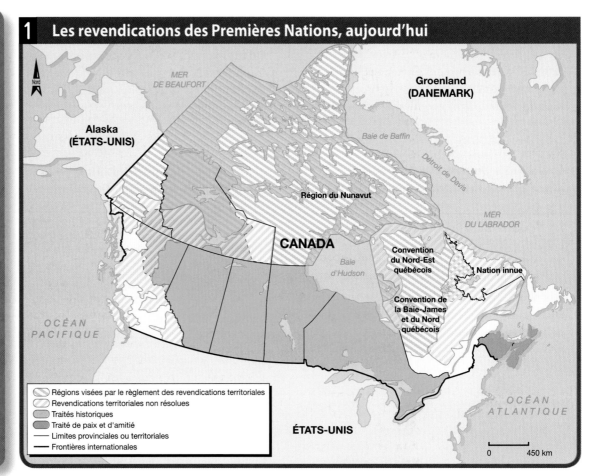

Légende :
- Régions visées par le règlement des revendications territoriales
- Revendications territoriales non résolues
- Traités historiques
- Traité de paix et d'amitié
- Limites provinciales ou territoriales
- Frontières internationales

0   450 km

2 LE QUÉBEC MODERNE PROFITE DE LA MARGINALISATION DES PEUPLES AUTOCHTONES.

« Le Québec contemporain bénéficie grandement du succès remarquable de l'aventure coloniale européenne lancée en Amérique au XVIIe siècle et poursuivie sans relâche jusqu'à l'aube du XXIe siècle. L'État moderne est devenu prééminent sur la majeure partie du continent, [les Européens se sont répandus et contrôlent] sans partage tous les leviers […] du pouvoir ce qui [leur] a permis de mobiliser massivement les ressources naturelles renouvelables et non renouvelables au profit d'une économie de marché efficiente […]. Nous en sommes venus à oublier que cette marche apparemment irrésistible s'est accompagnée […] d'une marginalisation systématique des collectivités indigènes qui avaient de tout temps occupé et contrôlé, à leur manière, le territoire. »

Ghislain Otis, *L'évolution constitutionnelle du Québec et des peuples autochtones : le défi de l'interdépendance*, mémoire présenté à l'Assemblée nationale du Québec, 2004.

3 GIDEON MCKAY, CHEF DE LA NATION CRIE PIMICIKAMAK

Gideon McKay est un militant qui lutte contre les compagnies d'hydroélectricité canadiennes et pour le respect des droits des Premières Nations de conserver leurs territoires.

4 LA DÉCLARATION DE L'ONU SUR LES DROITS DES POPULATIONS AUTOCHTONES

« La Déclaration [des Nations Unies sur les droits des populations autochtones] affirme le droit des populations autochtones à exercer un véritable contrôle sur leur vie, à préserver leur identité culturelle distincte, à vivre libres de toute discrimination et de toute menace de génocide et à avoir un accès assuré aux terres et aux ressources essentielles à leur bien-être et à leur façon de vivre. »

Amnistie internationale, 9 août 2006.

LES AUTOCHTONES RÉAGISSENT AU REFUS DU CANADA DE SIGNER LA DÉCLARATION DE L'ONU.

« Le Canada […] a exercé des pressions sur d'autres pays pour empêcher la déclaration projetée de devenir un outil des Nations Unies visant à contrer la pauvreté, la maladie, la détresse et le désespoir chez les peuples autochtones. […] "La règle du 'deux poids, deux mesures' semble être de rigueur pour le premier ministre Harper et son gouvernement, qui soutient les droits d'une partie de la population canadienne en appuyant une motion visant à reconnaître le Québec comme une nation au sein du Canada, mais en manipulant d'autres pays et en s'opposant avec vigueur aux droits des peuples autochtones, dont ceux de la population autochtone canadienne", a affirmé le chef national Fontaine. »

Assemblée des Premières Nations, 28 novembre 2006.

5 LA PAIX DES BRAVES

« Le 7 février 2002, le premier ministre Bernard Landry et le grand chef Ted Moses signent la Paix des braves, une entente dite historique. L'accord permet à la société d'État Hydro-Québec de construire le projet hydroélectrique Eastmain-Rupert près de la baie James.

Au lendemain de la signature de la Paix des braves, les écologistes s'insurgent contre la décision du chef Ted Moses de ratifier l'entente jugée dévastatrice pour l'écosystème. L'entente prévoit que les neuf communautés cries de la Baie-James seront associées au développement hydroélectrique de leur région, mais aussi à tout ce qui touche au développement du Nord québécois, reconnaissant ainsi les droits des Cris sur ces terres.

Après la signature de la Paix des braves, Ted Moses a affirmé que ce partenariat entre nations était "un premier pas vers l'autonomie gouvernementale". Le président de l'Assemblée des Premières nations, Matthew Coon Come, a pour sa part qualifié l'entente de modèle, "un type de coopération et d'engagement financiers que le gouvernement fédéral devrait offrir aux autres nations amérindiennes". »

Marie-Paul Rouleau, reportage, « La Paix des braves : les Cris achetés ? », 19 janvier 2002, Radio-Canada.

6 LES PREMIÈRES NATIONS DU QUÉBEC RÉAFFIRMENT LES PRINCIPES FONDAMENTAUX DE COEXISTENCE PACIFIQUE.

« **Droits fonciers et droits aux ressources**

8. Les Peuples autochtones ont le droit de chasser, de pêcher, de piéger, de récolter, de cueillir et de faire du troc tout au long de l'année dans les zones traditionnellement possédées, occupées ou utilisées autrement par eux. »

Assemblée des Premières Nations du Québec et du Labrador, 19 mai 1998.

Activités complémentaires

Vous pouvez vous servir des connaissances acquises dans d'autres domaines pour bien comprendre les sociétés des Premiers occupants vers 1500. Voici quelques activités qui vous permettront de faire appel à vos connaissances.

Campement temporaire d'un groupe d'Amérindiens nomades.

(E. Close, 1814. Musée McCord d'histoire canadienne, Montréal, Canada.)

ARTS

T6 Relevez des indices qui vous permettent de déterminer à quelle époque vivent les personnages représentés dans ce tableau.

TECHNOLOGIE

Vous être membres d'une Première Nation. Vous devez conclure un accord de paix entre votre nation et celle avec laquelle vous êtes en conflit. Après avoir réfléchi aux articles de ce traité (limites territoriales, dédommagements, possibilités d'échanges, etc.), confectionnez un wampum ⑥ qui représentera cette entente.

BIOLOGIE

T4 Les nations iroquoiennes cultivent les « trois sœurs »: le maïs, la courge et le haricot. Rédigez un texte dans lequel vous expliquez de quelle façon la culture de ces trois légumes permet une saine gestion des terres. Expliquez aussi la technique des plantes compagnes.

PATRIMOINE ARCHÉOLOGIQUE

Un pot iroquoien fabriqué entre 1300 et 1600.

Ce pot de terre cuite a été découvert dans la vallée du Saint-Laurent.

(Musée McCord d'histoire canadienne, Montréal, Canada.)

Un sites de fouilles au Québec.

Site archaïque ancien datant d'il y a environ 9 000 ans à Saint-Augustin-de-Desmaures, au Québec.

Grâce aux fouilles archéologiques, les archéologues explorent le mode de vie des habitants de cet endroit, leur environnement et leurs relations avec d'autres peuples.

LE QUÉBEC, UN TERRITOIRE À FOUILLER

1. Faites une recherche sur un site archéologique dans votre région.

   Notez les découvertes faites par les archéologues et ce qu'elles vous apprennent sur la préhistoire canadienne.

2. Organisez une visite guidée de ce site avec votre classe.

LES TIC TAC DE L'HISTOIRE

Trouvez sur Internet des informations sur la fabrication d'une maison longue iroquoienne, d'une maison de planches haïda ou d'une maison maorie. Confectionnez une maquette de cette demeure.

CHAPITRE 2

L'ÉMERGENCE D'UNE SOCIÉTÉ EN NOUVELLE-FRANCE

LES PREMIÈRES SŒURS URSULINES AVEC DE JEUNES AMÉRINDIENNES À QUÉBEC

(Lawrence R. Batchelor, 1931. Bibliothèque et Archives Canada.)

Arrivées à Québec en 1639 sous la direction de Marie de l'Incarnation, les Ursulines se consacrent à l'éducation chrétienne des jeunes filles.

LA CHAPELLE DES URSULINES À QUÉBEC ⟨RC⟩

En 1711, les Ursulines font reconstruire leur chapelle, détruite par les flammes en 1686. En 1902, une nouvelle chapelle plus grande est inaugurée. On peut y admirer encore aujourd'hui de magnifiques pièces sculptées recouvertes de dorures datant de l'époque de la Nouvelle-France.

ANGLE D'ENTRÉE ◆

Les impacts des programmes de colonisation sur l'organisation de la société et du territoire.

SOMMAIRE

Repères 84

Présent 86
Le fait français au Québec

Passé 88
Points de vue sur l'émergence d'une société en Nouvelle-France

Savoirs

Premières explorations et tentative de colonisation 90

Des compagnies établissent les premiers comptoirs
en Nouvelle-France 92

La France explore l'Amérique 94

Une colonisation missionnaire 96

La guerre aux portes de la colonie française ! 98

L'État instaure un gouvernement royal 100

Des initiatives pour encourager le peuplement 102

L'économie de la Nouvelle-France 104

Une société canadienne originale 106

La guerre de la Conquête 108

Synthèse 110

Les coulisses de l'histoire 114

Ailleurs 116
Les programmes de colonisation

Brésil 118

Indes françaises 124

Moluques 130

Virginie 136

Synthèse et comparaison 142

Retour au présent 144
Les défis du Québec en Amérique du Nord

Consolider l'exercice de sa citoyenneté 146
La recherche d'autonomie et les rapports de dépendance

Activités complémentaires 148

1534 ‣ 1760 ⊸ L'ÉMERGENCE D'UNE SOCIÉTÉ EN NOUVELLE-FRANCE

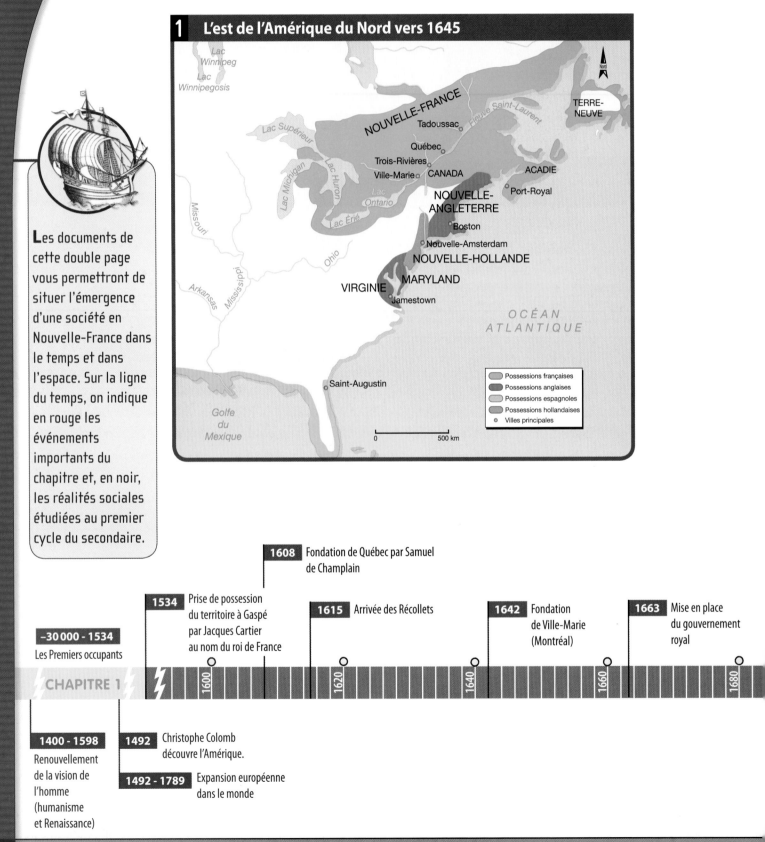

1 L'est de l'Amérique du Nord vers 1645

Lac Winnipeg
Lac Winnipegosis
Lac Supérieur
Lac Michigan
Lac Huron
Lac Ontario
Lac Érié
Missouri
Ohio
Arkansas
Mississippi
Golfe du Mexique

NOUVELLE-FRANCE
Tadoussac
Fleuve Saint-Laurent
TERRE-NEUVE
Québec
Trois-Rivières
Ville-Marie
CANADA
ACADIE
Port-Royal
NOUVELLE-ANGLETERRE
Boston
Nouvelle-Amsterdam
NOUVELLE-HOLLANDE
VIRGINIE
MARYLAND
Jamestown
OCÉAN ATLANTIQUE
Saint-Augustin

Nord

Possessions françaises
Possessions anglaises
Possessions espagnoles
Possessions hollandaises
○ Villes principales

0   500 km

Les documents de cette double page vous permettront de situer l'émergence d'une société en Nouvelle-France dans le temps et dans l'espace. Sur la ligne du temps, on indique en rouge les événements importants du chapitre et, en noir, les réalités sociales étudiées au premier cycle du secondaire.

1608 Fondation de Québec par Samuel de Champlain

1534 Prise de possession du territoire à Gaspé par Jacques Cartier au nom du roi de France

1615 Arrivée des Récollets

1642 Fondation de Ville-Marie (Montréal)

1663 Mise en place du gouvernement royal

–30 000 - 1534 Les Premiers occupants

CHAPITRE 1

1600   1620   1640   1660   1680

1400 - 1598 Renouvellement de la vision de l'homme (humanisme et Renaissance)

1492 Christophe Colomb découvre l'Amérique.

1492 - 1789 Expansion européenne dans le monde

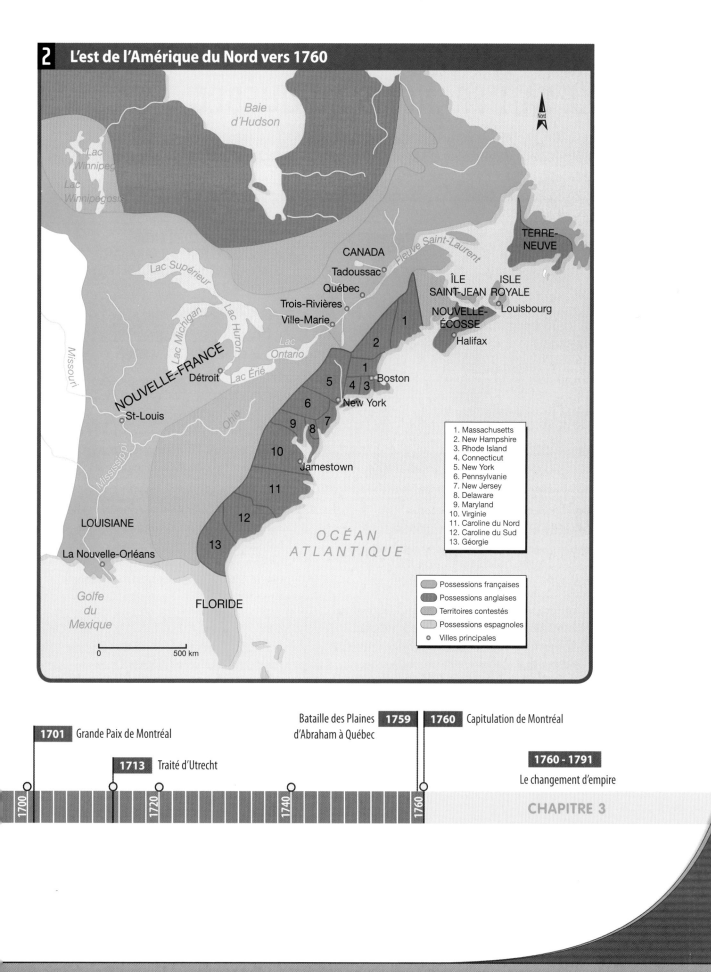

2 **L'est de l'Amérique du Nord vers 1760**

Baie
d'Hudson

Lac
Winnipeg
Lac
Winnipegosis

Lac Supérieur

CANADA

Fleuve Saint-Laurent

TERRE-
NEUVE

Tadoussac

Lac Michigan

Lac Huron

Québec

ÎLE
SAINT-JEAN

ISLE
ROYALE

Trois-Rivières

Louisbourg

NOUVELLE-FRANCE

Lac
Ontario

Ville-Marie

NOUVELLE-
ÉCOSSE

Missouri

Détroit

Lac Érié

1

Halifax

2

St-Louis

5

1

Boston

4 3

6

New York

Ohio

9

7

8

10

Jamestown

Mississipi

11

LOUISIANE

12

La Nouvelle-Orléans

13

OCÉAN
ATLANTIQUE

1. Massachusetts
2. New Hampshire
3. Rhode Island
4. Connecticut
5. New York
6. Pennsylvanie
7. New Jersey
8. Delaware
9. Maryland
10. Virginie
11. Caroline du Nord
12. Caroline du Sud
13. Géorgie

Golfe
du
Mexique

FLORIDE

Possessions françaises
Possessions anglaises
Territoires contestés
Possessions espagnoles
○ Villes principales

0   500 km

1701 Grande Paix de Montréal

Bataille des Plaines **1759**
d'Abraham à Québec

1760 Capitulation de Montréal

1713 Traité d'Utrecht

1760 - 1791
Le changement d'empire

1700   1720   1740   1760

LE FAIT FRANÇAIS AU QUÉBEC

Le Québec est la seule province canadienne majoritairement francophone. Ses institutions, ses lois, son patrimoine architectural et sa culture sont marqués par une tradition française. Tout comme le Canada, le Québec est un membre à part entière de l'Organisation internationale de la Francophonie (OIF). Le Nouveau-Brunswick est la seule autre province à avoir ce statut.

Les activités de cette double page vous permettront de vous interroger sur le fait français au Québec aujourd'hui.

LEXIQUE

OIF – Organisation internationale de la Francophonie. Organisme voué à la promotion de la langue française, de la diversité culturelle et linguistique, de l'éducation, de la démocratie et des droits de la personne.

1 LES FRANCOFOLIES DE MONTRÉAL

Luck Mervil, un auteur et chanteur d'origine haïtienne qui a grandi au Québec, à la Place-des-Arts en 2005.

Avec plus de 200 spectacles, cet événement est le plus grand festival de chansons francophones dans le monde. On y célèbre la francophonie dans toute sa diversité internationale.

2 LES LANGUES MATERNELLES AU QUÉBEC EN 2001
(en pourcentage de la population)

LANGUE MATERNELLE	PROVINCE DE QUÉBEC	RÉGION MÉTROPOLITAINE DE MONTRÉAL
Français	80,9	67,3
Anglais	7,8	12,1
Langues non officielles	10	18,5
Plus d'une langue	1,3	2,1

D'après l'Institut de la statistique du Québec, 2006.

3 EXTRAIT DE L'ACCORD ENTRE LE GOUVERNEMENT DU CANADA ET LE GOUVERNEMENT DU QUÉBEC RELATIF À L'UNESCO

5 mai 2006, Québec

« LE GOUVERNEMENT DU CANADA ET LE GOUVERNEMENT DU QUÉBEC,

RECONNAISSANT QU'au Canada, la spécificité du Québec, fondée entre autres sur l'usage de la langue française et une culture unique, l'amène à jouer un rôle particulier au niveau international ;

RECONNAISSANT QUE l'Organisation des Nations Unies pour l'éducation, la science et la culture (ci-après appelée l'UNESCO) agit notamment dans des domaines qui revêtent un intérêt particulier pour le Québec vu sa spécificité et ses compétences ;

[…]

S'ENTENDENT SUR LES DISPOSITIONS SUIVANTES :

1. Présence du Québec au sein de la Délégation permanente du Canada auprès de l'UNESCO

1.1 Un représentant permanent du Québec sera accueilli au sein de la Délégation permanente du Canada auprès de l'UNESCO à Paris. »

Gouvernement du Canada, Cabinet du Premier ministre.

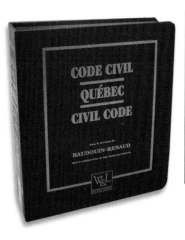

4 LE CODE CIVIL DU QUÉBEC

Le Code civil du Québec, en vigueur depuis 1994, rassemble les règles de conduite de la vie en société. Il tire son origine de la Coutume de Paris (1510), droit civil appliqué en Nouvelle-France, et du Code civil du Bas-Canada (1866), qui s'inspirait notamment du Code civil français, appelé le « Code Napoléon ». Le Québec a un double système juridique : des lois civiles françaises et des lois criminelles anglaises.

5 L'IDÉE DE L'INDÉPENDANCE NATIONALE

Pour de nombreux Québécois et Québécoises, le Québec forme une société distincte, notamment en raison de la langue parlée par la majorité de ses habitants. Faut-il qu'il devienne un pays indépendant pour s'épanouir ou peut-il le faire dans le cadre de la fédération canadienne ? Cette question suscite de vifs débats depuis les années 1960. La province de Québec a tenu deux référendums sur sa place au sein de la fédération canadienne. En 1980, 60 % de la population québécoise rejette l'idée de l'indépendance et, en 1995, 51 % de la population rejette cette même idée.

Affiches publicitaires placardées par des partisans du « oui » et du « non » lors du référendum sur la souveraineté du Québec en 1995.

6 EXTRAITS DE LA CHARTE DE LA LANGUE FRANÇAISE

« **Chapitre I**
La langue officielle du Québec

1. Le français est la langue officielle du Québec. [...]

Chapitre II
Les droits linguistiques fondamentaux

4. Les travailleurs ont le droit d'exercer leurs activités en français.

5. Les consommateurs de biens ou de services ont le droit d'être informés et servis en français.

6. Toute personne admissible à l'enseignement au Québec a droit de recevoir cet enseignement en français. [...]

Chapitre VII
La langue du commerce et des affaires

58. L'affichage public et la publicité commerciale doivent se faire en français. Ils peuvent également être faits à la fois en français et dans une autre langue pourvu que le français y figure de façon nettement prédominante.

[...]

Chapitre VIII
La langue de l'enseignement

72. L'enseignement se donne en français dans les classes maternelles, dans les écoles primaires et secondaires sous réserve des exceptions prévues au présent chapitre. [...]

73. Peuvent recevoir l'enseignement en anglais, à la demande de l'un de leurs parents, les enfants dont le père et la mère ne sont pas citoyens canadiens mais dont l'un d'eux a reçu un enseignement primaire en anglais au Québec, pourvu que cet enseignement constitue la majeure partie de l'enseignement primaire reçu au Québec. »

✦ **COMPÉTENCE 1**
Interroger le présent.

1 › Quelles sont les traces du régime français au Québec ?

2 › D'après vous, pourquoi le Québec a-t-il la particularité d'être principalement francophone ?

✦ **COMPÉTENCE 3**
Exercer sa citoyenneté.

3 › D'après vous, pourquoi une partie de la population québécoise manifeste-t-elle une volonté d'autonomie ?

POINTS DE VUE SUR L'ÉMERGENCE D'UNE SOCIÉTÉ EN NOUVELLE-FRANCE

Au début du XVIe siècle, tout comme d'autres puissances européennes qui ont créé des colonies afin d'étendre leur empire et de s'enrichir, la France prend possession d'un territoire en Amérique, qu'elle nomme « Nouvelle-France ». La conquête de ce nouveau territoire soulève une question fondamentale : quel type de colonie faut-il mettre en place ?

Dans cette section, vous comparerez les points de vue de différents acteurs sur les programmes de colonisation de la Nouvelle-France.

POINT DE VUE 1
POUR UNE COLONIE-COMPTOIR

Sujet du texte

1 L'INTÉRÊT DES MARCHANDS AVANT TOUT

Qui ? Leurs intérêts ?

« Le roi avait jugé que le seul moyen de disposer ces peuples [amérindiens] à la connaissance du vrai Dieu était de peupler ledit pays de naturels français catholiques [...]. Néanmoins ceux auxquels on avait confié ce soin (la Compagnie de Caen) avaient été si peu [intéressés] d'y pourvoir, qu'encore à présent, il ne s'y est fait qu'une habitation en laquelle, bien que pour l'ordinaire on y entretienne 40 ou 50 Français, plutôt pour l'intérêt des marchands que pour le bien et l'avancement du service du roi audit pays. »

Argument d'ordre économique

Extrait de l'Acte pour l'établissement de la Compagnie des Cent-Associés, 1627.

Sujet du texte

2 LE COMMERCE DES FOURRURES À MONTRÉAL

(George A. Reid, 1916. Bibliothèque et Archives Canada.)

Qui ? Leurs intérêts ?

Inquiet des coûts élevés liés au peuplement, le roi accorde des droits commerciaux à des compagnies et leur demande en échange de peupler le pays. Pour s'approvisionner en fourrures, la principale ressource de la colonie, ces compagnies construisent des comptoirs d'échanges appelés « postes de traite ».

Arguments d'ordre économique

POINT DE VUE 2
POUR UNE COLONIE DE PEUPLEMENT ET D'ÉVANGÉLISATION

3 EXTRAITS DU MÉMOIRE PRÉSENTÉ PAR LE SIEUR SAMUEL DE CHAMPLAIN AU ROI LOUIS XIII EN 1618 RC

Qui ? Leurs intérêts ?

« Premièrement. — Sadite Majesté établira la foi chrétienne parmi un peuple infini d'âmes […].

Secondement. — Le roi se rendra maître et seigneur d'une terre de près de dix-huit cents lieues de long [près de 10 000 km].

Tiercement. — Le sieur de Champlain prétend trouver le passage de la mer du sud pour aller à la Chine et aux Indes orientales par le moyen du fleuve Saint-Laurent […].

Que sadite Majesté retirerait un grand et notable profit des impôts et denrées qu'elle pourrait mettre sur les marchandises sortant dudit pays […].

Afin que ce saint œuvre soit béni de Dieu, d'y mener d'abord quinze religieux récollets […].

[Et] y mener trois cents familles chacune composée de quatre personnes […]. »

Argument d'ordre politique

Arguments d'ordre économique

Arguments d'ordre social

1 › Décrivez les deux points de vue qui s'opposent sur la colonisation de la Nouvelle-France.

2 › Qui sont les principaux partisans de chacun de ces points de vue ?

3 › Quels sont les avantages et les inconvénients de chacun de ces programmes de colonisation ?

Arguments d'ordre économique

4 UN COLON CULTIVATEUR *Sujet du texte*

En 1617, Louis Hébert est le premier colon à s'installer en Nouvelle-France et à vivre des produits de la terre sans faire la traite des fourrures. Il s'installe sur les hauteurs de Québec avec sa femme, Marie Rollet, et leurs enfants.

Argument d'ordre social

(Illustration tirée de *Louis Hébert, premier colon canadien et sa famille* de l'abbé Azarie Couillard Després, 1918. Bibliothèque et Archives Canada.)

Qui ? Leurs intérêts ?

1534 ▸ 1760 · L'ÉMERGENCE D'UNE SOCIÉTÉ EN NOUVELLE-FRANCE

1534 ▸ 1543 Premières explorations et tentative de colonisation

Dès la fin du XVᵉ siècle, le Portugal, l'Espagne et l'Angleterre se lancent dans de grandes explorations maritimes vers l'Afrique et l'Amérique. En 1524, désireux d'établir un lien **commercial** avec l'Asie, le roi de France, François 1ᵉʳ, autorise l'expédition du marin Giovanni da Verrazano vers l'Amérique du Nord. Dix ans plus tard, en 1534, il confie au capitaine Jacques Cartier la tâche de poursuivre les explorations (*voir le doc.* ❶, *p. 53*).

Dans cette section, vous découvrirez des textes explicatifs et des documents qui vous aideront à comprendre les impacts des programmes de colonisation sur l'organisation de la société et du territoire en Nouvelle-France.

CONCEPTS

• Colonie

• Commerce

• Peuplement

• Territoire

LEXIQUE

Canada – Du mot iroquoien *kanata*, ce mot signifie « groupe de tentes, village ».

Mica – Minéral brillant semblable à la pierre de diamant.

Pyrite de fer – Aussi appelée « l'or des fous », sulfure naturel de fer aux reflets dorés.

JACQUES CARTIER, DÉCOUVREUR DU CANADA

À l'été 1534, Jacques Cartier se rend dans le golfe du Saint-Laurent où des Basques et des Bretons viennent déjà pêcher la morue sur le Grand Banc. Le navigateur troque avec des Amérindiens et prend possession du **territoire** à Gaspé au nom du roi de France. Il plante une croix gravée de trois fleurs de lys, symbole de la royauté française. Devant l'étonnement du chef amérindien Donnacona, les Français lui laissent croire qu'il s'agit d'une balise facilitant la navigation. Cartier repart en France avec deux des fils de Donnacona.

De retour l'année suivante, Cartier, aidé des deux Amérindiens, pénètre dans le territoire appelé « **Canada** ». Il se rend jusqu'à Hochelaga (Montréal) au-delà duquel se trouve ce que les Amérindiens appellent alors le « royaume de Saguenay » (*doc.* ❶). Cartier passe un premier hiver près de Stadaconé (Québec) où le scorbut tue 25 de ses hommes (*doc.* ❷). Une infusion appelée *annedda*, préparée par les Amérindiens, sauve la vie du reste de l'équipage. Au printemps de 1536, les survivants retournent en France.

DES EXPÉDITIONS SANS LENDEMAIN

En 1541, sous les ordres de Jean-François de La Roque de Roberval (*doc.* ❸), Cartier traverse de nouveau l'océan avec le mandat de fonder une **colonie** au Canada (*doc.* ❹). Arrivé avant Roberval, il fait construire le fort Charlesbourg-Royal à l'embouchure de la rivière du Cap-Rouge. Il découvre alors ce qu'il croit être de l'or et des diamants. Au retour de Cartier en France en 1542, l'analyse des métaux révèle qu'il s'agit de **mica** et de **pyrite de fer**.

Au Canada, Roberval emménage dans le poste laissé vacant par Cartier et le rebaptise « France-Roi » (*doc.* ❹). En 1543, le climat rigoureux et l'hostilité des Amérindiens convainquent Roberval d'abandonner l'établissement et de rapatrier toute la colonie. La première tentative de **peuplement** de la Nouvelle-France se solde par un échec.

1 Les expéditions de Jacques Cartier

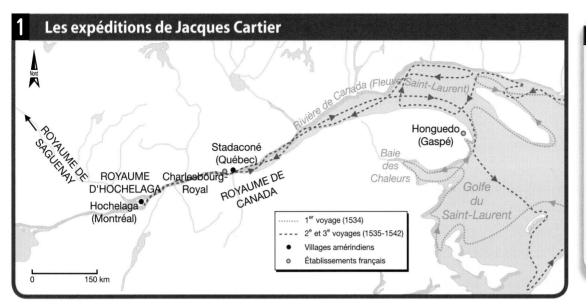

Nord

ROYAUME DE SAGUENAY

Rivière de Canada (Fleuve Saint-Laurent)

Honguedo (Gaspé)

Stadaconé (Québec)

Baie des Chaleurs

ROYAUME D'HOCHELAGA   Charlesbourg-Royal

Hochelaga (Montréal)   ROYAUME DE CANADA

Golfe du Saint-Laurent

.... 1er voyage (1534)
- - - - - 2e et 3e voyages (1535-1542)
● Villages amérindiens
○ Établissements français

0   150 km

COMPÉTENCE 2
Interpréter le passé.

1 › Pourquoi le roi de France se lance-t-il dans l'exploration du continent nord-américain ?

2 › Qu'est-ce qui explique l'échec de ces expéditions ?

3 › Quel est l'héritage légué par Jacques Cartier ?

4 › Expliquez en quoi les Français sont dépendants des Amérindiens lors de leurs explorations.

2 LE SCORBUT FRAPPE.

« La maladie commença parmi nous, d'une étrange sorte, et la plus inconnue ; car les uns perdaient leurs forces et leurs jambes leur devenaient grosses et enflées, et les nerfs retirés et noircis comme du charbon […] ; puis ladite maladie montait aux hanches, cuisses, épaules, aux bras et au cou. Et à tous la bouche devenait si infecte et pourrie par les gencives que toute la chair en tombait […]. »

Jacques Cartier, *Voyages de découverte au Canada, entre les années 1534 et 1542.*

3 L'ARRIVÉE DE ROBERVAL

« MonSieur de Roberval […] aborda enfin au pays susdit [Canada], accompagné de deux cents personnes, soldats, mariniers et gens du commun […]. Le général susdit, aussitôt son arrivée, fit bâtir un joli fort, proche et un peu à l'ouest du Canada, lequel était beau à voir et d'une grande force […]. »

Jacques Cartier, *Voyages de découverte au Canada, entre les années 1534 et 1542.*

➡ **T3** Que nous apprend ce texte sur les relations franco-amérindiennes ?

4 DÉBARQUEMENT DE CARTIER ET DES COLONS FRANÇAIS AU CANADA EN 1542

(Reproduction d'un détail de la carte dite de Vallard, 1546, conservée à la Huntington Library, San Marino, Californie. Musée Carnavalet, Paris, France.)

Plusieurs cartes du XVIe siècle sont basées sur les relevés géographiques de Jacques Cartier et ont servi aux explorateurs qui lui ont succédé.

➡ **T2** Comparez l'orientation géographique de cette carte avec celle d'une carte actuelle. Qu'observez-vous ?

➡ **T6** Que représentent l'enclos fortifié et les personnages sur cette carte ?

Des compagnies établissent les premiers comptoirs en Nouvelle-France

Les expéditions de Jacques Cartier sont un échec pour le royaume de France. Après son départ, la présence européenne au Canada se limite à quelques vaisseaux de pêche qui continuent de sillonner les bancs de morue au large de Terre-Neuve. Toutefois, au début du XVIIe siècle, une autre ressource suscite la convoitise des Français.

CONCEPTS

- Colonie
- Commerce
- *Compagnie*
- État
- Peuplement
- Territoire

LEXIQUE

Monopole – Secteur de l'économie qui est contrôlé par une seule entreprise. En Nouvelle-France, par exemple, certaines compagnies avaient l'exclusivité du commerce des fourrures. Ce privilège était accordé par le gouvernement royal de France.

LA TRAITE DES FOURRURES

Peu à peu, les contacts avec les Amérindiens stimulent l'intérêt européen pour le **commerce** des fourrures (*doc.* ❸). Cette activité exige cependant une présence permanente en sol canadien et l'**État** français n'est pas prêt à soutenir seul le financement d'une **colonie**. Le roi fait donc appel à des compagnies privées auxquelles il accorde un **monopole** commercial. En échange, ces compagnies doivent assurer l'installation des colons, favorisant ainsi le **peuplement** de la colonie.

ENFIN UN POSTE PERMANENT EN NOUVELLE-FRANCE

En 1600, des marchands de Normandie obtiennent le monopole commercial et financent un poste de traite à Tadoussac. Seulement cinq hommes sur seize survivent à l'hiver et l'établissement est abandonné. En 1605, Pierre Du Gua de Monts (*voir la p. 111*) et des marchands de Rouen fondent Port-Royal, en Acadie. Toutefois, certains commerçants, jaloux, portent plainte auprès de la couronne française. De Monts perd son monopole et les colons sont rapatriés en 1607. En 1608, Samuel de Champlain fonde Québec. Il convainc De Monts d'investir dans un poste de traite des fourrures sur les bords du Saint-Laurent (*doc.* ❹), fleuve qui, croit-il, pourrait mener à la Chine. La Nouvelle-France est née.

UNE SIMPLE COLONIE-COMPTOIR ?

Champlain reconnaît rapidement le potentiel économique du **territoire** (*doc.* ❶). Il tente de sensibiliser le roi et les marchands à l'importance de faire venir des colons de France, mais pour les compagnies, la colonie n'est qu'un lucratif comptoir d'échanges avec les Amérindiens.

Cependant, l'État français mise sur le développement de l'ensemble des richesses du Canada, dont la fertilité de ses terres. C'est le cardinal de Richelieu, ministre du roi Louis XIII, qui donne l'impulsion nécessaire au développement de la colonie. En 1627, il fonde la *Compagnie* des Cent-Associés (*doc.* ❷), qui obtient le monopole commercial au Canada et en Acadie. En 1633, Champlain arrive à Québec avec 200 personnes, surtout des militaires. En 1634, il charge Nicolas Goupil de Laviolette de fonder un poste de traite à Trois-Rivières.

1 EXTRAITS DU MÉMOIRE À LA CHAMBRE DE COMMERCE PRÉSENTÉ PAR LE SIEUR SAMUEL DE CHAMPLAIN EN 1618

« L'utilité qui viendrait en premier rang de la pêcherie des morues [serait de] plus d'un million de livres par an.

Plus des bois, qui sont de hauteur [impressionnante] et s'en ferait, par an, pour 900 000 livres.

Quant à la nature de la terre, il s'en tirerait, par an, pour 700 000 livres. […]

On met en considération le fruit qui se tirera de plusieurs sortes de mines, par an, pour 1 000 000 livres.

Plus se ferait des toiles, […] câbles, cordages, agrès pour toutes sortes de vaisseaux, pour plus de 400 000 livres.

Plus le trafic et commerce des [fourrures], on en peut tirer plus de 400 000 livres. »

➜ **T3** Selon Samuel de Champlain, quelles sont les activités économiques possibles en Nouvelle-France ?

3 LE CASTOR RÉVOLUTIONNE LA MODE.

Femme européenne en vêtement d'hiver. (Wenceslaus Hollar, 1643. British Museum, Londres, Angleterre.)

Les chapeliers européens utilisent surtout la peau de castor, dont le duvet donne un feutre d'une très grande qualité.

⚜ **COMPÉTENCE 2**

Interpréter le passé.

1 › L'État français hésite à financer les premiers établissements en Nouvelle-France. Comment compte-t-il y arriver ?

2 › Quels sont les points de vue de l'État et des compagnies concernant le développement colonial ?

3 › Quelle forme prenaient les échanges entre les Français et les Amérindiens ?

⚜ **COMPÉTENCE 3**

Exercer sa citoyenneté.

4 › Aujourd'hui encore, des régions au Québec dépendent de l'exploitation d'une ressource principale. Quel est l'impact de cette situation sur les populations locales ?

2 EXTRAITS DE L'ACTE POUR L'ÉTABLISSEMENT DE LA COMPAGNIE DES CENT-ASSOCIÉS, 1627

« **I.** [Les associés] promettront faire passer audit pays de la Nouvelle-France deux à trois cents hommes de tous métiers dès l'année prochaine 1628, et pendant les années suivantes […].

VII. D'avantage, Sa Majesté accordera aux associés, pour toujours, le trafic de tous cuirs, peaux et pelleterie de la Nouvelle-France et […] tout autre commerce, soit terrestre ou naval, qui se pourra faire, tirer, traiter et trafiquer, en quelque sorte ou manière que ce soit, en l'étendue du pays, et autant qu'il se pourra étendre […]. »

Articles adoptés par le cardinal de Richelieu le 29 avril 1627, *Édits et ordonnances.*

➜ **T3** Quelle obligation la Compagnie des Cent-Associés doit-elle remplir en échange du monopole commercial au Canada et en Acadie ?

4 LA TRAITE DES FOURRURES À L'*ABITATION* DE QUÉBEC, 1628

(Francis Back, *Scène de traite à Québec, 1628* [détail], XXe siècle. Musée canadien des civilisations, Gatineau, Canada.)

Le commerce des fourrures prend rapidement la première place dans les activités des Amérindiens, qui les troquent pour des produits européens dont ils deviennent vite dépendants. Bon nombre d'entre eux mettent de côté leurs activités traditionnelles pour se consacrer à la chasse aux animaux à fourrure.

➜ Comment se font les transactions économiques entre les Français et les Amérindiens ?

La France explore l'Amérique

La fondation de Québec est le point de départ de la présence française en Amérique. Les compagnies privées, intéressées par le commerce des fourrures, engagent des explorateurs qui partent sillonner l'Amérique.

POUR S'ENRICHIR, IL SUFFIT DE CHANGER LE CASTOR EN OR!

Depuis le XVIᵉ siècle, la France pratique le **mercantilisme**. Cette politique consiste à se procurer dans les colonies des matières premières qui sont ensuite transformées en produits finis dans la **métropole**. Par exemple, la Nouvelle-France fournit des fourrures aux artisans de France, qui en confectionnent des vêtements très prisés. L'exportation de ces produits rapporte beaucoup d'or et d'argent à la métropole, mais peu à la colonie.

LA DÉCOUVERTE DE RICHES BASSINS DE FOURRURES

À la solde de *compagnies* privées, dont celle de Du Gua de Monts (*voir la p. 111*), Samuel de Champlain s'allie aux Hurons-Wendats et à des nations algonquiennes, pourvoyeuses de fourrures. En naviguant sur la rivière Richelieu, il se rend jusqu'au lac qui portera son nom. À cet endroit, pour sceller son amitié avec ses nouveaux alliés, il fait la guerre à leurs ennemis, les Iroquois. À la surprise de ces derniers, Champlain utilise des armes à feu (*doc.* **3**). Dans les années qui suivent, Champlain explore la rivière des Outaouais, la baie Géorgienne et le lac Ontario.

Appuyés par des alliés amérindiens, des **coureurs de bois** s'aventurent plus à l'intérieur du **territoire** (*doc.* **1** *et* **2**). Jean Nicolet parvient au lac Supérieur en 1634. Pour le compte des Anglais, Médart Chouart des Groseilliers et Pierre Radisson sillonnent les Grands Lacs, avant de se rendre à la baie d'Hudson. En 1670, ils fondent la Compagnie de la baie d'Hudson, à Londres.

Certains explorateurs religieux comme les pères Dollier et Galinée longent le sud des lacs Ontario et Érié. Le père Albanel atteint la baie James par le sud en 1672. En 1671, lorsque Simon François Daumont de Saint-Lusson prend possession des Grands Lacs au nom du roi de France, les Français contrôlent le **commerce** des fourrures de ce vaste territoire (*doc.* **2**).

UNE ROUTE VERS L'ASIE

La possibilité de découvrir une nouvelle route vers l'Asie motive toujours les aventuriers. En 1673, Louis Jolliet et le père Jacques Marquette découvrent le fleuve Mississippi, qu'ils descendent jusqu'à l'Arkansas. En 1682, Cavelier de La Salle débouche sur le golfe du Mexique et nomme la région « Louisiane ». La quête de fourrures mène les frères La Vérendrye jusqu'au pied des Rocheuses en 1743. Même si les Français ont pris possession d'un immense territoire, leur **peuplement** ne s'étend que très peu au-delà de la vallée du Saint-Laurent puisque le commerce des fourrures n'exige pas une main-d'œuvre européenne nombreuse.

CONCEPTS

- Colonie
- Commerce
- *Compagnie*
- Peuplement
- Territoire

LEXIQUE

Coureurs de bois – Commerçants de fourrures itinérants nommés *wood-runners* par les Anglais de la baie d'Hudson. Ils servent souvent d'interprètes et, ne détenant pas de permis de traite officiels, sont considérés comme hors-la-loi par les autorités coloniales.

Mercantilisme – Théorie économique élaborée aux XVIᵉ et XVIIᵉ siècles visant l'enrichissement des États par l'accumulation de métaux précieux. Elle implique l'application de tarifs douaniers élevés pour limiter les importations des pays étrangers.

Métropole – État qui possède des colonies. La métropole française détient notamment la Nouvelle-France.

1 DES FRANÇAIS COURENT LES BOIS.

(Claude-Charles Bacqueville de la Potherie, 1722. Bibliothèque et Archives Canada.)

En quête de fourrures auprès des peuples autochtones, les Français s'adaptent rapidement au climat nord-américain et adoptent les coutumes des Amérindiens. Mère Marie de l'Incarnation (*voir la p. 111*), supérieure des Ursulines, dira qu'« il est plus facile de faire des Sauvages avec les Français que l'inverse ».

→ **T6** Quelles influences amérindiennes ce document illustre-t-il ?

⚜ COMPÉTENCE 2
Interpréter le passé.

1› Quel est le rôle de la Nouvelle-France dans le système mercantiliste français ?

2› Les Français recherchent de grandes quantités de fourrures. Comment cette convoitise influence-t-elle l'extension des frontières territoriales ? Y a-t-il des répercussions sur le peuplement du territoire ?

3› **T2** Réalisez une carte représentant les possessions territoriales de la France et de l'Angleterre en 1743.

2 Les explorations françaises en Amérique du Nord (1634 - 1743)

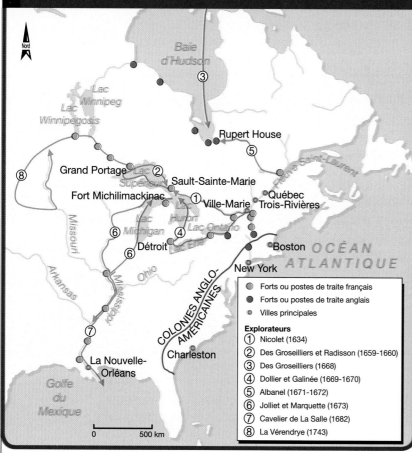

Nord

Baie d'Hudson

Lac Winnipeg
Lac Winnipegosis

Rupert House

③

⑤

Grand Portage ②
Sault-Sainte-Marie
Fort Michilimackinac
① Ville-Marie
Québec
Trois-Rivières

Lac Supérieur

Lac Huron
Lac Michigan
Lac Ontario
⑥
④
Détroit
⑥
Lac Érié

Boston

OCÉAN ATLANTIQUE

New York

Missouri
Ohio
Arkansas
Mississippi

⑦

COLONIES ANGLO-AMÉRICAINES

Charleston

La Nouvelle-Orléans

Golfe du Mexique

⑧

● Forts ou postes de traite français
● Forts ou postes de traite anglais
○ Villes principales

Explorateurs
① Nicolet (1634)
② Des Groseilliers et Radisson (1659-1660)
③ Des Groseilliers (1668)
④ Dollier et Galinée (1669-1670)
⑤ Albanel (1671-1672)
⑥ Jolliet et Marquette (1673)
⑦ Cavelier de La Salle (1682)
⑧ La Vérendrye (1743)

0   500 km

→ **T2** Observez cette carte. Quelle menace plane sur les colonies anglo-américaines de la côte Atlantique à la suite des explorations des Français ?

3 LE PRIX DE L'ALLIANCE : LA GUERRE

« [Les Hurons-Wendats et d'autres nations algonquiennes] me priaient... que pour signe de grande amitié et réjouissance je fisse tirer des mousquets et arquebuses […]. Ils jetèrent de grands cris avec étonnement […]. Après les avoir écoutés, je leur fis réponse que, pour leur plaire, […] je n'avais d'autre intention que d'aller faire la guerre [à leurs ennemis les Iroquois], ne portant avec nous que des armes et non des marchandises pour traite. »

Samuel de Champlain, 1609.

Samuel de Champlain (vers 1570-1635)

(Théophile Hamel, XIXe siècle. Bibliothèque et Archives Canada.)

Fondateur de Québec en 1608, Samuel de Champlain commande la Nouvelle-France jusqu'à sa mort. Il explore la région des Grands Lacs, dresse des cartes et défend avec énergie le développement intégral de la colonie.

Une colonisation missionnaire

La colonisation est entreprise sous l'impulsion de compagnies privées qui se concentrent davantage sur les profits commerciaux que sur le peuplement de la Nouvelle-France. Déjà sous Champlain, un autre groupe s'intéresse à l'implantation coloniale : le clergé catholique.

L'ARRIVÉE DES PÈRES MISSIONNAIRES

Dans ses efforts pour coloniser le territoire, Champlain fait appel à l'Église. En France, le clergé catholique est une force sociale dominante qui voit dans l'entreprise colonisatrice l'opportunité d'enseigner la foi chrétienne aux Amérindiens. Dès 1615, des pères **Récollets** débarquent à Québec, suivis en 1625 des **Jésuites**, membres de la Compagnie de Jésus. Ces religieux sont des enseignants et des missionnaires qui se donnent pour mission de convertir les Amérindiens à la religion catholique.

LE PEUPLEMENT AU SERVICE DE L'ŒUVRE MISSIONNAIRE

Afin de favoriser l'adoption des valeurs chrétiennes par les nations amérindiennes, le clergé catholique encourage le **peuplement** de la colonie. Il se heurte cependant aux *compagnies*, qui ne s'intéressent qu'au commerce et aux profits, et pour qui tout ce qui détourne les Amérindiens de la chasse est très nuisible (*doc.* **1**). En 1635, les Jésuites fondent des **missions** (*doc.* **3**) au pays des Hurons-Wendats, où ils travaillent à l'**évangélisation**. De là, ils explorent le territoire pour atteindre d'autres populations et contribuent à la traite des fourrures. Toutefois, de 1648 à 1650, les Iroquois détruisent la Huronie et les missions (*doc.* **2**) dans l'espoir de contrôler le commerce.

L'ARRIVÉE DES URSULINES ET DES HOSPITALIÈRES

En France, les écoles et les hôpitaux sont sous l'autorité de communautés religieuses. Le développement de la Nouvelle-France entraîne l'arrivée des **Ursulines** en 1639. Ces religieuses se consacrent à l'éducation des jeunes filles françaises et amérindiennes. La même année, les **Hospitalières** prennent en charge l'Hôtel-Dieu de Québec.

FONDER UNE VILLE POUR LA PLUS GRANDE GLOIRE DE DIEU

Depuis 1632, de fervents catholiques français lisent les *Relations des Jésuites*, publications relatant l'œuvre missionnaire en Nouvelle-France. En 1639, ils mettent sur pied la « Société Notre-Dame de Montréal pour la conversion des Sauvages » et confient à Paul de Chomedey de Maisonneuve la tâche de fonder un établissement dans ce but. Le choix se porte sur l'île de Montréal, où Maisonneuve débarque en 1642. Il est accompagné de 54 personnes, dont l'infirmière Jeanne Mance (*voir la p. 111*), qui y fonde l'Hôtel-Dieu, premier hôpital de la Nouvelle-France. On nomme l'emplacement « Ville-Marie » (*doc.* **4**).

CONCEPTS

- Colonie
- Commerce
- *Compagnie*
- Église
- Évangélisation
- Peuplement
- Société
- Territoire

LEXIQUE

Mission – Endroit où s'installent des missionnaires et où l'on tente de convertir les Amérindiens à la religion catholique et au mode de vie européen.

Récollets, Jésuites, Ursulines, Hospitalières – Ordres religieux qui se consacrent à l'éducation, à l'évangélisation et aux soins hospitaliers.

RC

1 LES RÉCOLLETS DÉNONCENT LES MARCHANDS DE FOURRURES.

« Pour humaniser [les Amérindiens], il faut nécessairement que les Français se mêlent à eux, ce qui ne peut se faire que par l'accroissement et les progrès de la colonie. Le plus grand obstacle à cet état de choses si désirables vient de la part des Messieurs de la Compagnie qui, pour s'attirer tout le commerce, ne veulent point habiter le pays, ni souffrir même que nous rendions les Sauvages sédentaires, sans quoi on ne peut rien faire pour assurer le salut de ces infidèles. »

Chrestien Le Clercq, *Établissement de la Foi*, 1691.

➔ **T3** Que dénonce ce père récollet au sujet de la Compagnie de traite de fourrures ?

❖ COMPÉTENCE 2
Interpréter le passé.

1 › Pourquoi l'Église encourage-t-elle l'établissement de colons ?

2 › En quoi le projet de colonisation de l'Église et celui des compagnies s'opposent-ils ?

3 › Quels sont les autres rôles de l'Église en Nouvelle-France ?

3 LA MISSION DE SAINTE-MARIE

(Vernon Mould, XXe siècle. Musée McCord d'histoire canadienne, Montréal, Canada.)

D'abord construites au cœur du pays des Hurons, les missions ont pour but de convertir les Amérindiens, certes, mais aussi de les sédentariser. Dans ces missions, des enfants amérindiens enlevés à leurs parents meurent parfois de chagrin ou s'évadent pour se soustraire à la rigide discipline. On y trouve une chapelle, un hôpital, des résidences et une forge. Une petite ferme pourvoit aux besoins quotidiens.

2 LA MISE À MORT DE PÈRES JÉSUITES

(Étienne David, 1868. Bibliothèque et Archives Canada.)

Lorsqu'ils détruisent la Huronie, les Iroquois mettent à mort plusieurs ennemis Hurons-Wendats et des prêtres missionnaires qu'ils considèrent comme une menace pour leur mode de vie.

4 VILLE-MARIE EN 1685

(Francis Back, XXe siècle.)

Fondée pour des motifs religieux, Ville-Marie (Montréal) est située au carrefour du fleuve Saint-Laurent et des rivières Richelieu et des Outaouais. L'établissement deviendra rapidement un important centre de commerce des fourrures.

➔ Pourquoi Ville-Marie est-elle à la fois un lieu favorable à l'évangélisation des Amérindiens et à la traite des fourrures ?

La guerre aux portes de la colonie française !

Dès la fondation de Québec en 1608, Champlain entre en guerre contre les Iroquois, les ennemis de ses alliés amérindiens. Le contrôle du commerce des fourrures devient vite un enjeu de première importance et suscite de vives rivalités.

LES GUERRES IROQUOISES

Dès 1609, les relations entre les Iroquois et les Français sont marquées par la prise de position de Champlain en faveur des Hurons et des Algonquiens. En 1615, les incursions des troupes de Champlain dans les **territoires** des Iroquois constituent pour ceux-ci un affront majeur. Au milieu du XVIIᵉ siècle, armés par les Hollandais, puis par les Anglais, situés plus au sud, les Iroquois disputent aux Français le contrôle de la riche région des Grands Lacs (*doc.* ❶). Les forces iroquoises s'en prennent aussi à la Huronie et mettent à mal des villages déjà décimés par des épidémies apportées par les Européens. En 1649, la Huronie est détruite.

La fréquence et la violence des attaques iroquoises obligent l'**État** français à envoyer le régiment de Carignan-Salières pour mater les Iroquois et protéger le commerce des fourrures. En 1665, 1 200 soldats débarquent à Québec pour rétablir la paix. Malgré quelques interruptions, les combats se poursuivent. Il faut attendre 1701 pour que, grâce au chef huron Kondiaronk (*voir la p. 111*), le traité de la Grande Paix de Montréal mette fin aux guerres iroquoises (*doc.* ❷).

LA GRANDE RIVALITÉ ANGLO-FRANÇAISE

La rivalité entre l'Angleterre et la France a souvent été au cœur des conflits européens. Cette lutte de pouvoir est tout aussi vive en Amérique, où les deux métropoles❻ convoitent le même territoire et les mêmes richesses, essentiellement les fourrures et les pêcheries. Lorsque les deux pays sont en guerre, leurs colonies ont l'obligation d'entrer en guerre.

En 1689, la guerre éclate en Europe et s'étend à l'Amérique. Les Français mènent des **raids** meurtriers en Nouvelle-Angleterre, notamment dans les colonies du Massachusetts et de New York (*doc.* ❸). En 1690, les Anglais, sous les ordres de l'amiral William Phipps, ripostent en assiégeant la ville de Québec, mais sans succès (*doc.* ❹). Pendant ce temps, Pierre Le Moyne d'Iberville chasse les Anglais de Terre-Neuve et de la baie d'Hudson. En 1697, les hostilités sont brièvement interrompues avec la signature du traité de paix de Ryswick.

En 1701, les deux puissances européennes reprennent les armes. Les Anglais s'emparent de l'Acadie en 1710. En 1713, les Anglais, victorieux en Europe, obtiennent, par le traité d'Utrecht, l'Acadie, Terre-Neuve et la baie d'Hudson. La paix durera jusqu'en 1744, période durant laquelle les Français construisent la remarquable forteresse de Louisbourg à l'île Royale (Cap-Breton).

CONCEPTS

- Colonie*
- Enjeu
- État
- Territoire

LEXIQUE

Raid – Expédition militaire menée en territoire ennemi.

1 LE TOMBEAU D'UN BEAU ET GRAND PAYS

« Une troupe de cent soixante Iroquois ayant paru à Montréal [enlevèrent] treize Français [...]. Ces barbares les menèrent chez eux en triomphe, les uns ayant été assommés par la grêle des coups de bâtons qu'ils ont reçus à l'entrée du bourg, mourant sous le bois qui leur devait servir de bûcher [...]; d'autres ont été brûlés avec les cérémonies ordinaires : barbare cérémonie ! qui fait son jeu d'un enfer de tourments [...]. Quelques-uns furent dispersés, pour gémir le reste de leurs jours dans une servitude plus rude que la mort. »

Père Paul Le Jeune, *Relations des Jésuites*, 1661. RC

3 LES CANADIENS ET LES AMÉRINDIENS ATTAQUENT EN NOUVELLE-ANGLETERRE EN 1690.

« Une soixantaine d'habitants de [Schenectady], dont plusieurs femmes et enfants, meurent tués ou brûlés. Vingt-sept autres personnes, dont cinq esclaves noirs, prennent le chemin du Canada [Nouvelle-France]. L'expédition est un succès et les Canadiens n'ont à déplorer que 21 pertes de vie [...]. »

Jacques Lacoursière, *Histoire populaire du Québec*, tome I, Septentrion, 1996.

➡ **T3** *(doc. 1 et 3)* Comparez les tactiques guerrières des Français et des Amérindiens.

⚜ COMPÉTENCE 2
Interpréter le passé.

1 › Qu'est-ce qui provoque la destruction de la Huronie ?

2 › Quels sont les enjeux de la guerre entre les Français et les Anglais en Amérique ?

3 › Les colonies sont-elles dépendantes de leurs métropoles dans les conflits ? Justifiez votre réponse.

2 LA GRANDE PAIX DE MONTRÉAL, 1701

(Francis Back, détail, XXᵉ siècle. Pointe-à-Callière, Musée d'archéologie et d'histoire de Montréal, Montréal, Canada.)

Le gouverneur Louis-Hector de Callière et 39 chefs amérindiens renoncent par traité à se faire la guerre et s'entendent sur le libre accès aux territoires de chasse situés au nord du lac Ontario et à l'ouest de Détroit. On reconnaît le gouverneur comme médiateur dans l'éventualité d'un conflit.

4 « PAR LA BOUCHE DE MES CANONS ! »

Le comte de Frontenac recevant l'émissaire de l'amiral anglais William Phipps à Québec, en 1690.
(Charles William Jefferys, vers 1925. Bibliothèque et Archives Canada.)

En 1690, un envoyé de sir William Phipps se présente devant le comte de Frontenac, le sommant de rendre les armes. La réponse de Frontenac :

« Votre général n'a pas dû être surpris des hostilités qui ont été faites par les Français dans la colonie de Massachusetts [...]. Non, je n'ai point de réponse à faire à votre général que par la bouche de mes canons et à coups de fusil; qu'il apprenne que ce n'est pas de la sorte qu'on envoie sommer un homme comme moi; qu'il fasse du mieux qu'il pourra de son côté, comme je ferai du mien. »

Comte de Frontenac, gouverneur de la Nouvelle-France de 1672 à 1682, et de 1689 à 1698.

➡ Que veut dire le gouverneur Frontenac par l'expression « la bouche de mes canons » ?

1663>1672 L'État instaure un gouvernement royal

Depuis la fondation de Québec, les compagnies privées et les guerres se succèdent dans le but de tirer profit du commerce des fourrures. Toutefois, malgré les efforts de peuplement de l'Église, la colonie demeure peu développée.

LOUIS XIV MET UN TERME AU RÈGNE DES COMPAGNIES PRIVÉES

En 1661, le jeune roi de France Louis XIV est bien décidé à faire de son royaume l'État le plus puissant d'Europe. Il décide de dissoudre la *Compagnie* des Cent-Associés qui néglige ses obligations de peuplement (*voir le doc.* **2**, *p. 103*). En 1664, Jean-Baptiste Colbert, son plus puissant conseiller et ministre de la Marine, fonde la Compagnie des Indes occidentales (*doc.* **3**). L'État français entend tirer davantage de richesses de sa colonie et impose systématiquement le mercantilisme⑥.

Pour arriver à ses fins, le roi prend en charge la Nouvelle-France et réorganise l'administration du gouvernement général à Québec (*doc.* **4**). En 1665, le nouveau gouverneur général et représentant personnel de l'autorité royale, Daniel Rémy de Courcelle, devient responsable des affaires extérieures et militaires. Il est assisté d'un intendant, Jean Talon, chargé de la justice et des finances. Ces deux hommes siègent au Conseil souverain, une **cour d'appel** autorisée à émettre des édits (lois). Le Conseil souverain est aussi composé d'un évêque, monseigneur François de Montmorency Laval (*voir la p. 111*), qui représente l'Église, et de quelques conseillers. Des capitaines de **milice** ont pour fonction de faire respecter les ordonnances et d'organiser la milice en temps de guerre.

JEAN TALON S'OPPOSE À LA POLITIQUE MERCANTILISTE

Comme Samuel de Champlain, l'intendant Talon perçoit tout le potentiel de la colonie, qu'il tente de mettre en valeur. Il n'hésite pas à dénoncer la Compagnie des Indes occidentales, qui ne vise qu'à s'enrichir au détriment du développement colonial (*doc.* **1**). Cependant, le roi et Colbert ne partagent pas l'emballement de l'intendant et ils ont tôt fait de lui rappeler ses obligations (*doc.* **2**). La colonie doit être bien administrée et protégée, pour ainsi mieux servir la métropole⑥.

Néanmoins, en 1669, Talon réussit à faire annuler les privilèges de la Compagnie des Indes occidentales. Il encourage l'exploitation minière et le développement de l'industrie du bois et de l'agriculture. De plus, il établit un **commerce triangulaire** avec les Antilles et la métropole (*doc.* **5**). Toutefois, les règles du mercantilisme sont strictes. La production coloniale est destinée aux colons avant tout et la Nouvelle-France doit se contenter de fournir des matières premières à la France. Cette politique freine le développement intégral de la colonie, qui demeure dépendante des décisions métropolitaines. Seules les fourrures et les pêcheries sont véritablement exploitées.

CONCEPTS

- Colonie
- Commerce
- *Compagnie*
- Église
- État
- Peuplement

LEXIQUE

Commerce triangulaire – Réseau commercial institué par certains royaumes européens avec leurs colonies. La France établit ce commerce entre ses ports métropolitains et ceux de la Nouvelle-France et des Antilles.

Cour d'appel – Plus haut tribunal de justice en Nouvelle-France.

Indes orientales et Indes occidentales – Depuis le début du XVIᵉ siècle, les Indes « orientales » désignent l'Asie, à l'est de l'Afrique, et les Indes « occidentales » désignent essentiellement l'Amérique.

Milice – Troupe levée parmi la population pour appuyer l'armée régulière.

RC

RC

100

1 DEVRAIT-ON CONFIER LE DÉVELOPPEMENT COLONIAL À LA COMPAGNIE DES INDES OCCIDENTALES ?

« Oui, si Sa Majesté regarde le Canada comme un comptoir ; non, si elle voit plus loin que l'avenir immédiat. Si elle a regardé ce pays comme un beau plan dans lequel on peut former un grand royaume […], je ne puis me persuader qu'elle réussisse […] en laissant en d'autres mains que les siennes [celles de la Compagnie] la seigneurie, la propriété des terres, […] et le commerce qui fait l'âme de l'établissement qu'elle prétend. »

Jean Talon, 4 octobre 1665.

Jean Talon (1626-1694)

(Portrait de Jean Talon attribué à Claude François dit Frère Luc, XVIIᵉ siècle. Musée des Augustines de l'Hôtel-Dieu de Québec, Trois-Rivières, Canada.)

Premier intendant de la Nouvelle-France de 1665 à 1668, puis de 1670 à 1672, Jean Talon favorise la diversification de l'économie pour rendre la colonie autosuffisante : ouverture d'une brasserie, d'un chantier naval et de fabriques.

2 LA FRANCE AVANT TOUT

« Le roi ne peut convenir de tout le raisonnement que vous faites sur les moyens de former du Canada un grand et puissant État […]. Le véritable moyen de fortifier cette colonie est d'y faire régner la justice, d'y établir une bonne police, de bien conserver les habitants, de leur procurer la paix, le repos et l'abondance, et de les aguerrir contre toutes sortes d'ennemis […]. »

Jean-Baptiste Colbert, 5 janvier 1666.

Jean-Baptiste Colbert (1619-1683) RC

(Philippe de Champaigne, 1655.)

Responsable des finances, il est le plus puissant personnage après le roi. Il applique rigoureusement les principes mercantilistes pour enrichir la France.

→ **T3** (*doc.* **1** *et* **2**) Résumez la réponse de Colbert à la lettre de Jean Talon datée du 4 octobre 1665. Quelles sont les directives adressées à l'intendant ?

3 UN NOUVEAU MONOPOLE⊕ ACCORDÉ PAR L'ÉTAT

« La compagnie fera seule […] tout le commerce et navigation dans lesdits pays concédés pendant quarante années ; et, à cet effet, nous faisons défense à tous nos dits sujets, qui ne seront de ladite compagnie, d'y négocier à peine de confiscation de leurs vaisseaux et marchandises […]. »

Article 15 de la Charte de la Compagnie des Indes occidentales, 1664. RC

4 LE GOUVERNEMENT ROYAL DE LA NOUVELLE-FRANCE EN 1663

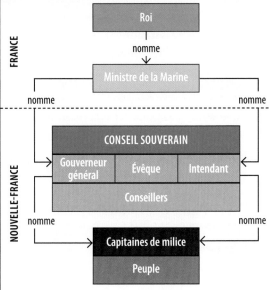

Le gouvernement général siège à Québec. Des gouverneurs et des subdélégués administrent les autres régions.

→ Quel pouvoir le peuple de la colonie a-t-il sur les décisions de l'État français ?

5 LES PRINCIPAUX PRODUITS DU COMMERCE TRIANGULAIRE, VERS 1670

Nouvelle-France	Blé, bière, bois, poisson, huile, viande, légumes.
Antilles	Sucre, tabac, rhum.
France	Drap, toile, étoffe, vin, alcool, sel, produits manufacturés, marchandises de troc (chaudrons, couteaux, haches, etc.).

D'après Jacques Lacoursière, Jean Provencher et Denis Vaugeois, *Canada-Québec, 1534-2000*, Septentrion, 2000.

→ **T2** Réalisez une carte illustrant le commerce triangulaire entre la Nouvelle-France, les Antilles et la France.

⚜ COMPÉTENCE 2
Interpréter le passé.

1 › Pourquoi l'État français prend-il directement le contrôle de la Nouvelle-France ?

2 › À cette époque, qui sont les principaux acteurs dans le nouveau gouvernement royal de la colonie ? Définissez leur rôle.

3 › **a)** Quel est le point de vue de l'intendant Talon sur l'économie coloniale ?

b) La métropole française partage-t-elle ce point de vue ? Expliquez votre réponse.

⚜ COMPÉTENCE 3
Exercer sa citoyenneté.

4 › La Nouvelle-France était dépendante de la France. Qu'en est-il aujourd'hui des relations entre le Québec et le reste du Canada ?

Des initiatives pour encourager le peuplement

La prise en charge de la colonie par l'État français est motivée par une volonté de maximiser son développement et de reproduire en Amérique le modèle de la société française. L'intendant Talon, chargé des affaires internes, se fait le promoteur de l'essor colonial, mais pour y arriver, il faut peupler le territoire !

CONCEPTS

- Colonie
- État
- Peuplement
- Société
- Territoire

LEXIQUE

Censitaire – Personne recevant une terre d'un seigneur auquel elle doit payer annuellement des redevances, dont le cens. Le cens marque la dépendance du censitaire envers son seigneur.

Engagés – Immigrants et immigrantes qui s'engagent contractuellement à travailler pendant trois ans en Nouvelle-France. On les appelle «les trente-six mois» (la durée de leur contrat). Leurs services sont requis par les communautés religieuses, les marchands et les agents recruteurs.

Redevances – Ensemble des sommes payées par le censitaire au seigneur, en monnaie ou en produits naturels. Les redevances comprennent le cens, les rentes, le droit de mouture et le droit d'utilisation de la commune, terre réservée au bétail.

LES POLITIQUES DE PEUPLEMENT

Avec la mise en place du gouvernement royal, différents groupes d'immigrants sont encouragés à s'installer en Nouvelle-France. On offre le transport, la nourriture, le logement et des vêtements aux **engagés** prêts à travailler pendant trois ans dans la **colonie**. Au terme du contrat, ils sont libres de retourner en France ou de s'installer au pays. On leur offre, comme aux soldats démobilisés du régiment de Carignan-Salières, des terres gratuites.

L'administration va jusqu'à encourager les mariages et les naissances (*doc.* **3**). Pour ce faire, il faut toutefois régler un problème de première importance : le manque de femmes. En 1663, pour chaque femme disponible pour le mariage, on compte six hommes célibataires. Pour combler cette lacune, l'**État** envoie les filles du roi, de jeunes célibataires promises aux colons (*doc.* **1**). Pour leur mariage, le roi leur offre en dot une somme équivalant aux deux tiers du salaire annuel d'un ouvrier. Entre 1663 et 1672, 770 femmes arrivent dans la colonie et en quelques années, le **peuplement** s'accélère (*doc.* **2**).

LE DÉVELOPPEMENT DU SYSTÈME SEIGNEURIAL

Pour faciliter l'installation des colons et stimuler le développement agricole de la colonie, l'intendant Talon accorde des seigneuries (*doc.* **5**). Ces grands domaines sont attribués à des explorateurs, à des religieux et à des militaires pour les services rendus au roi. Ceux qui reçoivent une seigneurie portent le titre de « seigneur ». Ils doivent diviser leur domaine en parcelles de terre et les concéder aux colons qui en font la demande. On appelle ces colons des **censitaires**.

Ce système comporte une série de droits et de devoirs qui créent un lien d'interdépendance entre les différents groupes qui y participent (*doc.* **4**). Les seigneurs ont des devoirs envers l'État. Ils exercent une certaine autorité sur leurs censitaires, mais ils ont aussi des devoirs envers eux, comme celui de leur concéder une terre gratuitement. En retour, les censitaires sont tenus de défricher et d'exploiter cette terre, et de payer des **redevances** annuelles à leur seigneur. Dans le régime seigneurial, le devoir de l'un devient le droit de l'autre.

RC

1

LES FILLES DU ROI À QUÉBEC EN 1667

(Eleanor Fortescue Brickdale, début du XXᵉ siècle.
Bibliothèque et Archives Canada.)

Des filles du roi sont présentées à
monseigneur de Montmorency Laval et
à l'intendant Talon. Ce sont surtout des
orphelines élevées aux frais du roi dans
des maisons d'éducation.

➜ Pourquoi appelle-t-on ces immigrantes les « filles du roi » ?

⚜ COMPÉTENCE 2
Interpréter le passé.

1 › Pourquoi l'État veut-il
peupler la Nouvelle-France ?

2 › Quels sont les moyens
utilisés pour y arriver ?

3 › Dans le régime seigneurial,
comment se manifeste
l'interdépendance entre l'État,
les seigneurs et les censitaires ?

2 L'ÉVOLUTION DE LA POPULATION DE LA NOUVELLE-FRANCE ET DES COLONIES ANGLAISES D'AMÉRIQUE

ANNÉE	NOUVELLE-FRANCE	ANNÉE	COLONIES ANGLAISES
1608	28	1610	210
1629	117	1630	5 700
1641	240	1640	27 947
1663	2 500	1660	84 000
1676	8 415	1670	114 500
1685	10 725	1680	155 600

D'après Robert Lahaise et Noël Vallerand, *Histoire du Canada, La Nouvelle-France, 1524-1760*, Hurtubise HMH, 1977.

➜ **T8** Représentez par un graphique l'évolution des populations de la Nouvelle-France et des Treize colonies anglo-américaines.

3 UNE POLITIQUE D'ENCOURAGEMENT AUX NAISSANCES

« À l'avenir, les habitants dudit pays qui auront jusqu'au nombre de
dix enfants vivants, nés en légitime mariage, ni prêtres, ni religieux,
ni religieuses, seront payés des deniers [que l'État] enverra audit
pays, d'une pension de 300 livres par chacun an, et ceux qui en
auront douze, de 400 livres. »

Édit du roi Louis XIV, 5 avril 1669.

Image labels: 2ᵉ rang, Montée, Moulin, École, église et cimetière, Domaine du seigneur, Concession, Concession, Concession, Chemin du roi, Terre de la commune, Quai, Fleuve Saint-Laurent

5 LA SEIGNEURIE : UN MODÈLE THÉORIQUE [RC]

Les seigneuries sont situées en bordure des
cours d'eau importants. Le seigneur réserve
des parties de sa seigneurie pour son usage
personnel et d'autres, pour un usage commun.

➜ **T6** Décrivez les principales composantes d'une seigneurie.

4 LES PRINCIPAUX DEVOIRS DU SEIGNEUR ET DU CENSITAIRE EN NOUVELLE-FRANCE

SEIGNEUR	CENSITAIRE
Devoirs envers le censitaire • « Tenir feu et lieu » (habiter sa seigneurie) • Concéder des terres • Construire et entretenir un moulin **Devoirs envers l'État** • Prononcer un « acte de foi et hommage » (serment de fidélité au roi) • Présenter un « aveu et dénombrement » (recensement)	**Devoirs envers le seigneur** • « Tenir feu et lieu » et défricher sa terre • Payer annuellement le cens (honorifique) et les rentes (somme plus importante) • Payer le droit de mouture (utilisation du moulin) • Exécuter la corvée (travaux pour le seigneur)

L'économie de la Nouvelle-France

Après le traité d'Utrecht de 1713, la paix entre la France et l'Angleterre règne pendant plus de 30 ans. Dans ce contexte, la Nouvelle-France connaît une modeste croissance économique.

UN COMMERCE EXTÉRIEUR DÉPENDANT DE L'ÉTAT

Au début du XVIIIᵉ siècle, la politique mercantiliste🅖 de la France est toujours en vigueur. La métropole exploite et importe les ressources de la Nouvelle-France pour son propre profit. À partir de 1725, cette politique s'adoucit, mais la France impose encore des contrôles qui limitent les initiatives privées (*doc.* **1**). De 1729 à 1748, sous l'intendance de Gilles Hocquart (*voir la p. 111*), l'État finance la construction navale à Québec et les forges du Saint-Maurice près de Trois-Rivières, en exploitation dès 1730. Grâce au nouveau port de Louisbourg à l'île Royale (Cap-Breton), le **commerce** triangulaire🅖 prend de l'ampleur (*doc.* **3**). Malgré tout, pour les autorités métropolitaines, la Nouvelle-France coûte cher et rapporte peu.

Le commerce international se concentre dans les principales villes portuaires : Québec, Montréal, Trois-Rivières, Louisbourg et la Nouvelle-Orléans. Gens de métier, aubergistes, marchands et fonctionnaires s'établissent dans ces centres. Pourtant, malgré ces initiatives, la diversification de l'économie progresse lentement, limitée par la faible croissance de la population. La **colonie** est toujours dépendante de l'**État** français qui contrôle les achats et les dépenses coloniales. Les fourrures demeurent le produit le plus exporté vers la France.

LE DÉVELOPPEMENT D'UNE ÉCONOMIE RURALE

Parallèlement au commerce d'exportation, il se développe une économie à laquelle participent les trois quarts de la population (*doc.* **2**). Issu du programme de **peuplement**, le **territoire** seigneurial (*doc.* **5** *et doc.* **6**, *p. 103*), concentré dans la vallée du Saint-Laurent et de ses affluents, s'étend à mesure que la population augmente. Certaines familles dynamiques s'enrichissent et accroissent leurs exploitations agricoles, facilitant ainsi l'installation de leurs nombreux enfants. De 1700 à 1730, la superficie des terres en culture quadruple.

L'agriculture a d'abord pour fonction d'assurer la subsistance des habitants. Toutefois, les anciennes seigneuries plus peuplées, près de Québec et de Montréal, produisent des surplus agricoles qui sont vendus à la ville ou exportés (*doc.* **4**). Les chantiers navals de Québec suscitent une demande pour le **lin** et le **chanvre**. On cultive le tabac, ce qui en diminue les importations, surtout du Brésil. Le nombre croissant de marchands de campagne et d'artisans tels les forgerons, et la multiplication des moulins – de 41 moulins en 1685, on en dénombre 118 en 1734 – attestent un certain dynamisme.

CONCEPTS

- Colonie
- *Canadien**
- Commerce
- État
- Peuplement
- *Société**
- Territoire

LEXIQUE

Censive – Parcelle de terre qui est donnée à un censitaire🅖, un colon qui est soumis au paiement annuel du cens.

Lin, chanvre – Plantes dont la tige fournit des fibres utilisées dans la fabrication de toiles et de cordages.

1 L'ÉTAT FRANÇAIS NE LAISSE RIEN AU HASARD.

« En certains cas, [les autorités françaises] décident du nombre de personnes autorisées à pratiquer un métier – bouchers, boulangers ou aubergistes –, fixent les prix, la qualité et la quantité des produits disponibles. Elles vérifient les qualifications des notaires ou des chirurgiens. Elles énoncent les conditions de pratique d'un métier ou d'une profession, délivrant à cette fin des commissions, permis ou congés. […] Elles veillent à la mise en valeur des terres, au respect des règles du régime seigneurial […]. Rien pratiquement n'échappe à leur surveillance et leur contrôle. »

Jacques Mathieu, *La Nouvelle-France, Les Français en Amérique du Nord, XVIe-XVIIIe siècle*, Presses de l'Université Laval, 2001.

→ **T3** Quelles sont les causes du faible développement économique de la colonie ?

2 LES FEMMES FONT LE COMMERCE EN NOUVELLE-FRANCE.

Au XVIIe siècle, en Nouvelle-France, les femmes gèrent souvent des petits commerces qui vendent des vêtements, du tissu, de la fourrure, du brandy et des ustensiles. Pendant les absences de leur mari ou de leur père, les femmes et les filles des coureurs de bois administrent le commerce et les comptes.

D'après A. Douglas Francis, Richard Jones et Donald B. Smith, *Origins, Canadian History to Confederation*, Holt, Rinehart and Winston, 1988.

3 LE COMMERCE ET LA FORTERESSE DE LOUISBOURG

« Occasionnellement, le chantier naval de Québec livrera des navires que la métropole a commandés. En 1739, les fourrures représentent 70 % du total des exportations ; les produits agricoles, 18 % ; le poisson, 9 % ; le fer, 1,3 % et le bois 0,5 %. Les navires en partance de Québec déchargeront souvent leur cargaison à Louisbourg où d'autres navires s'en chargeront pour acheminer les produits vers les Antilles ou la France. Louisbourg devient ainsi le port de transit le plus important des colonies françaises d'Amérique. »

Jacques Lacoursière, Jean Provencher et Denis Vaugeois, *Canada-Québec, 1534-2000*, Septentrion, 2000.

→ **T8** Construisez un diagramme représentant les exportations canadiennes. Que constatez-vous ?

4 LA PRODUCTION AGRICOLE AU XVIIIE SIÈCLE

« La principale culture est celle du blé ; le pays en fournit non seulement pour la subsistance de ses habitants mais encore pour un commerce à l'île Royale [Louisbourg] et aux Antilles... Les autres espèces de graines que l'on cultive sont l'avoine, pois, peu d'orge, encore moins de seigle ; les autres cultures consistent dans celles du lin, du chanvre et du tabac. Il y a peu de vergers. On propose de perfectionner la culture du tabac. »

Gilles Hocquart, intendant de la Nouvelle-France, *Mémoire sur le Canada*, 1737.

5 UNE FERME DEVANT QUÉBEC VERS LA FIN DU XVIIIE SIÈCLE RC

(James Peachy, vers 1785. Bibliothèque et Archives Canada.)

Vers l760, la Nouvelle-France compte plus de 180 seigneuries, dont 70 comprennent au moins 25 **censives** mises en valeur. Les habitants possèdent des animaux d'élevage et cultivent surtout du blé, dont les surplus sont vendus à la ville. Leurs repas sont souvent constitués de viande, de poisson et de légumes. Plusieurs connaissent un niveau de vie plus élevé que les paysans français.

⚜ **COMPÉTENCE 2**
Interpréter le passé.

1 › Décrivez l'emprise de la France sur l'économie coloniale.

2 › Quelles sont les principales caractéristiques de l'économie canadienne à cette époque ?

Une société canadienne originale

La France implante en Nouvelle-France ses propres structures sociales, telles que le régime seigneurial et le catholicisme. Une nouvelle société dite « *canadienne* », soucieuse de ses origines et adaptée à son milieu, se développe.

UNE POPULATION EN CROISSANCE

De 1713 à 1760, la population de la Nouvelle-France passe de 18 000 à plus de 64 000 habitants, dont la majorité sont **canadiens** de naissance. Cet accroissement est le résultat d'une forte natalité alors que l'immigration décline. Les nations amérindiennes sont largement les plus nombreuses à l'extérieur de la zone seigneuriale.

L'HÉRITAGE DE LA FRANCE

La population canadienne partage le français comme langue commune (*∂oc.* **2**), ce qui n'est pas le cas en France, où l'on parle de nombreuses langues régionales, tels le normand, le poitevin et le breton. Cette situation s'explique par le fait que les arrivants proviennent en grande partie de centres urbains, davantage francisés, et que le français est la langue de l'administration coloniale.

Comme en France, la société de la Nouvelle-France est très hiérarchisée et particulièrement militarisée, conséquence des nombreuses guerres auxquelles la Nouvelle-France est confrontée. Cependant, les relations entre groupes sociaux sont plus souples dans la colonie, où la population est loin du pays d'origine (*∂oc.* **3**). Par exemple, si les seigneurs canadiens gardent certains privilèges, ils ont moins d'autorité que ceux de France.

UNE POPULATION ADAPTÉE ET SOUCIEUSE DE SES ORIGINES

La population canadienne est formée essentiellement de catholiques, seuls autorisés à s'établir en Nouvelle-France. Au XVIIIᵉ siècle, les **paroisses** se multiplient et les églises deviennent le centre de la vie communautaire du monde rural et le principal lieu de rencontre. En 1721, on en dénombre 82 dans la vallée du Saint-Laurent. L'encadrement religieux de l'Église catholique est plus rigoureux qu'en France et le **catéchisme** prescrit les règles de la vie quotidienne.

Le mode de vie des plus fortunés est copié sur celui de la métropole. Certains ont même des esclaves à leur service comme domestiques (*∂oc.* **4**). À la ville comme à la campagne, les loisirs s'apparentent à ceux pratiqués en France (*∂oc.* **1**). Cependant, les habitations, d'inspiration française, sont adaptées au climat. Par exemple, on accentue la pente du toit des maisons pour éviter l'accumulation de la neige. Depuis les débuts de la colonisation, les vêtements des habitants ont subi l'influence des pratiques amérindiennes.

CONCEPTS

- Colonie
- *Canadien*
- Église
- Peuplement*
- Société

LEXIQUE

Canadien, Canadienne – Le Canada est la région la plus peuplée de la Nouvelle-France. Son territoire se concentre dans la vallée du Saint-Laurent. Les colons français qui y sont nés se définissent eux-mêmes comme « Canadiens » ou « habitants ».

Catéchisme – Enseignements de la foi et de la morale chrétiennes, consignés dans un livre.

Paroisse – Territoire sur lequel s'exerce le ministère d'un curé.

COMPÉTENCE 2
Interpréter le passé.

1> Quelle a été l'influence de la France sur la société canadienne ?

2> Qu'est-ce qui caractérise la société canadienne ? Expliquez votre réponse.

COMPÉTENCE 3
Exercer sa citoyenneté.

3> Décrivez quelques éléments de la société québécoise actuelle qui sont hérités de la Nouvelle-France.

1 LA DANSE RONDE DES CANADIENS

(George Hériot, XVIIIᵉ siècle. Bibliothèque et Archives Canada.)

En Nouvelle-France, on aime danser et jouer aux cartes, aux dames, aux échecs et même au billard dans les villes. Les divertissements, souvent liés aux fêtes religieuses où parents et amis se réunissent, tiennent une place importante dans le milieu rural isolé.

2 AUX ACCENTS FRANÇAIS

« Tous les Canadiens parlent un français pareil au nôtre. Hormis quelques mots qui leur sont particuliers, empruntés d'ordinaire au langage des matelots, comme *amarrer* pour *attacher*, *hâler* pour *tirer* non seulement une corde mais quelque autre chose. Ils en ont forgé quelques-uns comme une *tuque* ou une *fourole* pour dire un *bonnet de laine rouge*, […] une *rafale* pour un *coup de vent, de pluie ou de neige* ; *tanné* au lieu d'*ennuyé*, […] *chance* pour *bonheur* ; *miette* pour *moment* ; *paré* pour *prêt à*. L'expression la plus ordinaire est *de valeur*, pour signifier qu'une chose est pénible à faire ou trop fâcheuse. »

Jean-Baptiste d'Aleyrac, officier français qui vécut au Canada de 1755 à 1760.

➡ Certaines de ces expressions sont-elles utilisées encore de nos jours ? Lesquelles ?

3 DE CARACTÈRE PLUTÔT INDÉPENDANT

« [Les Canadiens] aiment les distinctions et […] sont extrêmement sensibles au mépris et aux moindres punitions. Ils sont intéressés, vindicatifs, sont sujets à l'ivrognerie, passent pour n'être point véridiques […]. Tous sont attachés à la religion ; ils sont volages, ont trop bonne opinion d'eux-mêmes. […] Ils aiment la chasse, la navigation, les voyages, et n'ont point l'air grossier et rustique de nos paysans de France. [Ils] sont naturellement indociles. »

Gilles Hocquart, intendant de la Nouvelle-France, *Mémoire sur le Canada*, 1737.

4 L'ESCLAVAGE EN NOUVELLE-FRANCE

L'esclavage est permis en Nouvelle-France de 1689 à 1834. Cette pratique est par la suite interdite par l'Empire britannique. Les historiens et historiennes ont recensé 4 185 esclaves en Nouvelle-France, dont les deux tiers sont d'origine amérindienne et le reste, d'origine africaine. La plupart vivent en milieu urbain et sont des domestiques pour le clergé, pour l'État ou pour des personnes voulant afficher leur richesse.

La guerre de la Conquête

Deux ans avant le début de la guerre de Sept Ans en Europe (1756-1763), les colonies anglaises et françaises d'Amérique du Nord déclenchent les hostilités. L'Angleterre, qui juge que ses colonies sont essentielles, entend tout mettre en œuvre pour s'emparer de la Nouvelle-France.

DES ENJEUX DE TAILLE

Depuis le traité d'Utrecht de 1713, plusieurs zones territoriales demeurent contestées de part et d'autre (*doc.* **1**). L'ouest des Appalaches est convoité par les colonies anglaises, désireuses d'y installer leur surplus de population (*doc.* **3**). Les Français exercent le contrôle sur cette région, notamment grâce à la forteresse de Louisbourg. Ils ont aussi le contrôle de la traite des fourrures et d'une bonne partie de la pêche et du commerce de l'Atlantique. Pour les Anglais, le temps est venu de conquérir la Nouvelle-France.

LA GUERRE COMMENCE EN AMÉRIQUE

En 1754, le conflit éclate dans la vallée de l'Ohio. L'année suivante, les Anglais, afin de prendre le contrôle complet de l'Acadie, déportent de force près de 12 000 Acadiens. En 1757, les Français tiennent bon sur le fleuve Hudson dans la colonie de New York. Toutefois, la situation est difficile en Nouvelle-France, car l'aide de la métropole tarde à venir (*doc.* **4**). La colonie française compte 6 500 soldats de l'armée régulière et 15 000 **miliciens**, alors que les colonies anglaises en comptent respectivement 23 000 et 21 000. La Nouvelle-France ne pourra pas tenir longtemps.

L'ÉTAU SE RESSERRE SUR LA VILLE DE QUÉBEC

Dès juillet 1758, les Anglais prennent l'initiative. Ils s'emparent de Louisbourg et avancent dans la vallée de l'Ohio. L'été suivant, une puissante flotte se dirige vers Québec. Le 13 septembre 1759, après un long siège (*doc.* **2**), les forces anglaises débarquent à l'anse au Foulon et remportent une victoire contre l'armée franco-canadienne sur les plaines d'Abraham. Québec **capitule**.

LA CAPITULATION DE MONTRÉAL

Menées par François-Gaston de Lévis, les troupes franco-canadiennes remportent une dernière victoire à Sainte-Foy en avril 1760 et assiègent Québec, où se retranchent les Anglais. Toutefois, en mai, l'arrivée de renforts venus d'Angleterre oblige Lévis à battre en retraite. Devant trois armées anglaises qui convergent vers Montréal, le gouverneur Vaudreuil capitule en septembre 1760. La colonie de la Nouvelle-France passe alors sous le contrôle militaire de l'Angleterre.

CONCEPTS

- Colonie
- Commerce
- Enjeu
- Peuplement*
- Territoire

LEXIQUE

Capitulation – Action de capituler, de reconnaître sa défaite et de se rendre à un ennemi.

Milicien, milicienne – Membre d'une milice, une troupe levée parmi la population civile pour appuyer l'armée régulière.

1 Les possessions coloniales en Amérique du Nord à la fin du XVIIe siècle

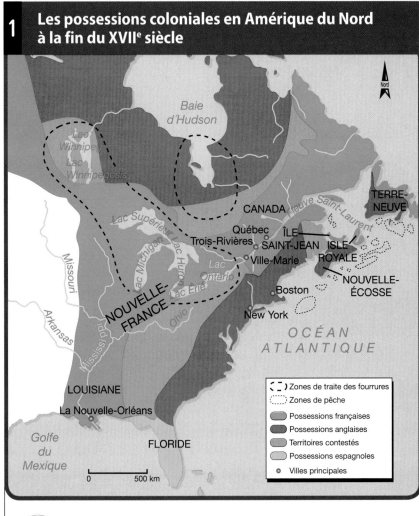

Légende :
- ⟨ ⟩ Zones de traite des fourrures
- ⟨ ⟩ Zones de pêche
- Possessions françaises
- Possessions anglaises
- Territoires contestés
- Possessions espagnoles
- ○ Villes principales

0 — 500 km

➡ **T2** Quels sont les enjeux du conflit entre la Nouvelle-France et les colonies anglaises ?

2 LA BATAILLE DES PLAINES D'ABRAHAM

(Anonyme, *Vue de la prise de Québec, le 13 septembre 1759*, gravure publiée par Laurie and Whittle, Londres, 1759. D'après un dessin de Hervey Smyth [1734-1811], aide de camp du général Wolfe. Bibliothèque et Archives Canada.)

Le général anglais James Wolfe (1727-1759) dispose de 180 navires, dont 40 bâtiments de guerre, et de 30 000 marins et 9 000 soldats pour assiéger la ville de Québec. Le général Montcalm (1712-1759), commandant des forces françaises, défend la ville avec 2 900 soldats français et près de 13 000 miliciens canadiens et amérindiens.

COMPÉTENCE 2
Interpréter le passé.

1 › Pourquoi les colonies anglaises et la Nouvelle-France s'affrontent-elles ?

2 › Comparez l'aide apportée par les deux métropoles à leurs colonies. Quelle conclusion en tirez-vous ?

3 › Quelles sont les autres causes de la défaite de la Nouvelle-France ?

COMPÉTENCE 3
Exercer sa citoyenneté.

4 › Nommez des pays qui, aujourd'hui, dépendent d'une aide militaire extérieure. Quels types de missions ces forces armées sont-elles appelées à accomplir ?

3 LA POPULATION DES COLONIES ANGLAISES DE LA NOUVELLE-FRANCE ET D'AMÉRIQUE

ANNÉE	COLONIES ANGLAISES	NOUVELLE-FRANCE
1720	466 185	24 434
1740	905 563	42 701 **(1739)**
1760	1 593 625	70 000

D'après Statistique Canada, *Recensements du Canada, 1665-1871*, 1876, vol. 4.

4 LE MINISTRE DE LA MARINE NE RECOMMANDE PAS L'ENVOI DE RENFORTS EN NOUVELLE-FRANCE.

« Ce ministre aimait les paraboles et me dit fort pertinemment qu'on ne cherchait point à sauver les écuries quand le feu était à la maison. Je ne puis donc obtenir, pour ces pauvres écuries, que 400 hommes de recrue et quelques munitions de guerre. »

Louis-Antoine de Bougainville, émissaire du gouverneur Vaudreuil, 1759.

➡ Que désignent les termes « écuries » et « maison » utilisés par le ministre de la Marine ?

Synthèse

1534 ▸ 1760 ─ L'ÉMERGENCE D'UNE SOCIÉTÉ EN NOUVELLE-FRANCE

Dans les pages 110 à 113, vous trouverez des documents qui constituent la synthèse des savoirs de ce chapitre : un résumé, une galerie d'acteurs importants, une chronologie et des activités qui vous permettront de faire un retour sur l'angle d'entrée.

1 RÉSUMÉ
1534 1760

De **1534** à **1543**, Jacques Cartier effectue trois voyages en Amérique au cours desquels il prend **possession du territoire** au nom de la France. Il navigue sur le fleuve Saint-Laurent jusqu'à Hochelaga (Montréal) et, sous les ordres de Roberval, il tente sans succès de fonder une **colonie** près de Stadaconé (Québec).

De **1600** à **1635**, la Nouvelle-France prend forme. Champlain fonde **Québec** en 1608 et Laviolette fonde **Trois-Rivières** en 1634. Le roi accorde un **monopole commercial** à des compagnies privées à la condition qu'elles s'engagent à peupler la colonie. En **1627**, la Compagnie des Cent-Associés est formée.

De **1608** à **1743**, des Français **explorent** l'Amérique jusqu'au pied des montagnes Rocheuses. Ils espèrent toujours trouver la route vers l'Asie et concluent des alliances avec des nations amérindiennes pourvoyeuses de fourrures. La Nouvelle-France s'étend alors sur un **immense territoire**.

De **1615** à **1650**, des **communautés religieuses** fondent des missions dans des villages amérindiens afin d'**évangéliser** la population autochtone et encouragent les Français à peupler la colonie. D'autres communautés s'occupent de l'éducation de la population et des soins de santé. En 1642, **Ville-Marie** (Montréal) est fondée dans le but de convertir les Amérindiens.

De **1641** à **1713**, la Nouvelle-France est en **guerre** contre les Iroquois et les Anglais. Le contrôle du commerce des fourrures en est l'**enjeu** majeur. La paix avec les Iroquois est scellée en 1701. En 1713, la France cède l'Acadie, Terre-Neuve et la baie d'Hudson à l'Angleterre par le traité d'Utrecht.

De **1663** à **1672**, l'État français prend en charge la Nouvelle-France afin d'en tirer davantage de bénéfices. Le gouverneur est dorénavant assisté par un intendant. Avec l'évêque, ils siègent au **Conseil souverain**. Même s'il est limité par une politique mercantiliste, l'intendant Jean Talon tente de **diversifier** l'économie coloniale.

De **1663** à **1760**, la Nouvelle-France passe progressivement de simple colonie-comptoir à une **colonie de peuplement**. Talon instaure une série de mesures pour favoriser l'immigration et la natalité : venue d'engagés et des **filles du roi**, allocations au mariage et développement du **régime seigneurial**.

De **1713** à **1760,** la colonie se développe tant bien que mal. L'intendant Gilles Hocquart poursuit la diversification de l'économie amorcée par Talon. Toutefois, la colonie demeure très **dépendante** de la France. Une **société canadienne** originale, adaptée au territoire et au climat, se développe dans la vallée du Saint-Laurent.

De **1754** à **1760**, les colonies anglaises et la Nouvelle-France sont en guerre pour contrôler le commerce et le territoire. La Nouvelle-France est peu peuplée et reçoit peu d'appui militaire de la France. En 1760, l'armée anglaise, victorieuse, réussit la **conquête** de la Nouvelle-France.

Pierre Du Gua de Monts (1558-1628)

Explorateur, traiteur et colonisateur, il organise et finance les premiers établissements des Français en Amérique du Nord. En 1603, le roi lui confie la colonisation et l'administration de l'Acadie, où il fonde Port-Royal (1605), et lui en accorde le monopole commercial. Par la suite, de Monts réunit les fonds nécessaires au financement de la fondation de Québec par Samuel de Champlain (1608). Jusqu'en 1617, il organise des expéditions de pêche et de traite des fourrures en Nouvelle-France.

(Illustration tirée de Justin Winsor, *Narrative and Critical History of America*, 1884. Bibliothèque et Archives Canada.)

Mère Marie de l'Incarnation (1599-1672)

Marie de l'Incarnation, née Marie Guyart, fonde l'ordre des Ursulines à Québec en 1639. Elle se consacre à l'éducation des filles françaises et autochtones en plus d'écrire de nombreux traités spirituels, un catéchisme en iroquois et des dictionnaires algonquins et iroquois. Sa volumineuse correspondance, dans laquelle elle décrit les affaires publiques de la colonie, est un précieux témoignage de la vie en Nouvelle-France au XVIIe siècle.

(Anonyme, *La Vénérable Mère Marie de l'Incarnation*, 1677. Bibliothèque et Archives Canada.)

Jeanne Mance (1606-1673)

Cofondatrice avec le sieur de Maisonneuve de Ville-Marie (Montréal) en 1642, elle fonde la même année l'Hôtel-Dieu, hôpital où elle devient la première infirmière laïque d'Amérique du Nord. La petite colonie missionnaire, sous la menace constante des Iroquois, échappe de justesse à la ruine financière. Grâce à ses voyages en France et à son habileté à obtenir de l'argent et des volontaires, Jeanne Mance est surnommée « l'Ange de la colonie » par ses contemporains.

(L. Dugardin, deuxième moitié du XIXe siècle. Collection des Hospitalières de Saint-Joseph de l'Hôtel-Dieu de Montréal, Montréal, Canada.)

François de Montmorency Laval (1623-1708)

Arrivé à Québec en 1659, il organise le clergé dans la colonie. En 1663, il fonde le Séminaire de Québec et en 1674, il devient le premier évêque de la Nouvelle-France, poste qu'il occupe jusqu'en 1688. Sous son épiscopat, l'Église missionnaire de la colonie devient un diocèse de France. Monseigneur Laval s'oppose fréquemment à certaines prises de position des autorités coloniales, surtout en ce qui concerne le commerce de l'alcool aux Amérindiens, qu'il interdit vivement.

(Anonyme, vers 1788. Musée de la civilisation, Québec, Canada.)

Gilles Hocquart (1694-1783)

Intendant de la Nouvelle-France de 1729 à 1748, il est chargé de développer le potentiel de la colonie tout en assurant des profits à la France. Grâce à des fonds gouvernementaux, il soutient les forges du Saint-Maurice près de Trois-Rivières et un chantier naval à Québec. De plus, il encourage le développement de l'agriculture et fait construire des routes entre Québec et Montréal pour faciliter le commerce.

(Anonyme. Musée régional de Vaudreuil-Soulanges, Vaudreuil-Dorion, Canada.)

Kondiaronk (Le Rat) (1625-1701)

Chef huron et solide allié des Français pendant les guerres franco-iroquoises, il est l'un des principaux artisans de la Grande Paix de Montréal (1701) qui scelle la paix entre les Français, leurs alliés et les Cinq Nations iroquoises. Reconnu pour sa vive intelligence, Kondiaronk est un modèle de la grande diplomatie pour laquelle sa nation est réputée.

Totems représentant des signatures de chefs amérindiens, Grande Paix de Montréal, 1701. (Bibliothèque et Archives Canada.)

Prise de possession du golfe et de la vallée du Saint-Laurent par Jacques Cartier et tentative échouée de colonisation (Cartier et Roberval). **1534 1543**

1535 La première presse à imprimer en Amérique est installée à Mexico.

1606 Le *Théâtre de Neptune* de Marc Lescarbot est le premier spectacle présenté en Nouvelle-France (Port-Royal).

Fondation de Québec et alliances des Français avec les Hurons-Wendats et des nations algonquiennes. **1608**

1609 Henry Hudson découvre l'île de Manhattan. En Italie, Galilée utilise pour la première fois un télescope pour observer les astres.

Arrivée des Récollets, premiers missionnaires. **1615**

Création de la Compagnie des Cent-Associés par Richelieu pour accélérer le développement de la colonie. **1627**

1629 Arrivée à Québec du premier esclave noir en Nouvelle-France, baptisé plus tard Olivier Le Jeune. Il était originaire de Madagascar.

Fondation de Trois-Rivières. **1634**

1636 Fondation de Harvard, premier collège américain. En France, première représentation du *Cid* de Pierre Corneille.

Arrivée des Ursulines et des Hospitalières à Québec. **1639**

Fondation de Ville-Marie (Montréal). **1642**

Prise en charge de la colonie par le roi Louis XIV et instauration du Conseil souverain. **1663**

1664 La Nouvelle-Amsterdam tombe aux mains des Anglais, qui rebaptisent l'endroit New York.

Intendance de Jean Talon et tentative de diversification économique. **1665 1672**

François de Montmorency Laval devient le premier évêque de la colonie. **1674**

Cavelier de La Salle découvre l'embouchure du Mississippi. **1682**

1687 Publication des *Principes mathématique de la philosophie naturelle* d'Isaac Newton, qui y expose sa théorie de l'attraction universelle.

La Grande Paix de Montréal met un terme aux guerres franco-iroquoises. **1701**

Par le traité d'Utrecht, la France cède l'Acadie, Terre-Neuve et la baie d'Hudson à l'Angleterre. **1713**

1718 Jean-Baptiste Le Moyne de Bienville fonde la Nouvelle-Orléans.

Intendance de Gilles Hocquart et soutien financier au développement de l'économie coloniale. **1729 1748**

1729 Autorisation d'utiliser en Nouvelle-France des cartes à jouer comme monnaie d'échange.

1751 Parution du premier volume de l'*Encyclopédie* dirigé par Diderot et d'Alembert.

Bataille des Plaines d'Abraham et prise de Québec par les Anglais. **1759**

Capitulation de Montréal et conquête militaire de la Nouvelle-France par les Anglais. **1760**

4 RETOUR SUR L'ANGLE D'ENTRÉE

ANGLE D'ENTRÉE ⚜

Les impacts des programmes de colonisation sur l'organisation de la société et du territoire.

⚜ **COMPÉTENCE 2**

Interpréter le passé.

À l'aide des trois documents présentés dans cette page et de ce que vous avez appris dans ce chapitre, décrivez l'impact des programmes de colonisation des compagnies privées, de l'Église catholique et de l'État sur la société et le territoire de la Nouvelle-France.

1 LA RECHERCHE DE PROFITS

« Mais les marchands n'avaient pas l'intention de peupler le territoire. Ils n'avaient aucun intérêt à ce que des colons s'installent, ces derniers, une fois établis, pouvant même accaparer à leur profit le monopole de la traite. [La compagnie dirigée par les frères de Caën en 1621] s'engageait à nourrir six récollets et à établir six familles, mais concrètement il n'en fut rien. Les compagnies, depuis un demi-siècle, étaient incapables d'honorer leurs engagements en matière de peuplement. En 1627, la population de Québec, très instable, ne dépassait pas cent personnes […]. »

Gilles Havard et Cécile Vidal, *Histoire de l'Amérique française*, Flammarion, 2003.

2 LE MERCANTILISME AU SERVICE DE LA FRANCE

« [Les habitants du Canada] ne se sont appliqués qu'à faire des blés, dont la France n'a pas besoin, et ils ne lui fournissent que du castor et quelques pelleteries. Le Canada peut et doit fournir à la France tout ce qu'elle est obligée de tirer du nord d'Europe, le bois, le goudron, les mâts, les planches de sapin et de prusse […] et toutes sortes de bois propres à la construction des vaisseaux, qui sont devenus d'une extrême cherté en France.

Voilà tout ce que le Canada peut et doit fournir à la France, soit pour sa consommation, soit pour le commerce qu'elle peut en faire avec ses voisins et en moins de trois années, ce commerce donnera de l'occupation à plus de cent navires français et enrichira en même temps et les négociants français et les habitants du Canada. »

Rapport sur l'état des colonies françaises d'Amérique par le sieur de la Boulaye, officier du gouvernement français, 1737.

3 VUE DU PREMIER MONASTÈRE DES URSULINES DE QUÉBEC

(Joseph Légaré, 1840. Musée des Ursulines, Québec, Canada.)

Les différentes congrégations religieuses jouent un rôle de premier plan en Nouvelle-France. Certaines se consacrent à l'éducation, d'autres aux soins aux malades ou à l'évangélisation des nations amérindiennes, nécessitant à leurs yeux l'immigration de nombreux Français et Françaises.

Les coulisses de l'histoire

Coureurs de bois.
(Artiste inconnu.
Bibliothèque et
Archives Canada.)

Sa Ga Yeath Qua Pieth Tow,
chef iroquois, 1710.
(John Verelst, 1710.
Bibliothèque et Archives
Canada.)

LES AMÉRINDIENS ET LES TECHNIQUES EUROPÉENNES

Dès les premiers contacts entre les Européens et les Amérindiens, ces derniers sont attirés par les nouveaux objets venus d'Europe et adoptent rapidement leur usage. Le mousquet est l'un des objets qui change le plus leur mode de vie parce qu'il transforme fondamentalement leur manière de chasser et de faire la guerre. Les Amérindiens se procurent ces objets par le troc des fourrures. Ce commerce prend graduellement beaucoup de place dans leur vie et devient la principale activité économique de plusieurs tribus.

LES EUROPÉENS ET LES TECHNIQUES AMÉRINDIENNES

À leur arrivée en Amérique, les Européens sont confrontés à un rude environnement auquel ils doivent s'adapter. Pour faire face à ces difficultés, ils utilisent des techniques développées par les Amérindiens. Ils apprennent à se déplacer en canot sur les rivières, à chausser des raquettes, à se vêtir de *mitasses* et de mocassins pour contrer les rigueurs de l'hiver, et à utiliser des « traînes sauvages » pour transporter leur matériel. Ces objets ont été d'un grand secours aux Européens.

SPORTS ET LOISIRS

CONTES, CHANSONS ET CÉLÉBRATIONS

Les habitants de la Nouvelle-France écrivent peu, mais leur riche tradition de contes et de chansons garde leur culture bien vivante. De nombreuses célébrations sont tenues à l'occasion des fêtes religieuses, des mariages et même des funérailles. Ces célébrations forment le cœur des loisirs des habitants.

Danse au château
Saint-Louis, à Québec.
(George Heriot, 1801.
Bibliothèque et
Archives Canada.)

Arts et culture

LES ARTS CENTRÉS SUR LA RELIGION

Il ne se développe pas de grand courant artistique en Nouvelle-France, mais on y retrouve tout de même des créateurs qui s'adonnent à la peinture, la sculpture et l'architecture. De nombreuses créations sont tournées vers des sujets religieux, que ce soit la représentation de scènes bibliques en peinture, la sculpture de statues de saints catholiques ou encore la confection d'objets servant aux cérémonies religieuses.

Chandelier pascal en bois, doré par les Ursulines de Québec.
(Pierre-Noël Levasseur, 1743. Église Sainte-Anne-de-la-Pérade, Sainte-Anne-de-la-Pérade, Canada.)

Vie quotidienne

NOUVEAUTÉS GASTRONOMIQUES

Lorsqu'ils arrivent en Amérique, les Européens découvrent une panoplie de nouveaux aliments et de mets préparés par les Amérindiens. Le maïs, par exemple, qu'ils appellent « blé d'Inde », est apprêté de plusieurs façons par les Amérindiens. Ceux-ci font également découvrir aux Européens des viandes qui n'existent pas en Europe, comme l'orignal, l'ours et le castor. Ce sont cependant l'eau d'érable et le tabac qui font le plus sensation chez les Européens.

DES FAMILLES NOMBREUSES

L'immigration en Nouvelle-France est passablement faible. Il est difficile pour le gouvernement français de convaincre les Français de s'y installer, malgré les avantages offerts. C'est un taux de natalité extrêmement élevé, probablement le plus élevé du monde à cette époque, qui permet à la Nouvelle-France d'atteindre une population de 85 000 habitants en 1760. Il n'est pas rare de voir des familles de 10 ou 15 enfants.

UNE VIE DANGEREUSE

La vie en Nouvelle-France n'est pas de tout repos. En plus des rigueurs du climat, du dur labeur de défricher les terres et des difficultés de s'installer sur un nouveau continent, les habitants de la Nouvelle-France vivent au milieu de conflits qui opposent Français, Anglais et Amérindiens. Pour protéger les habitants, on fortifie les villages et les villes, mais les colons doivent demeurer vigilants en tout temps.

L'attaque du fort Verchères par les Iroquois, 1692.
(Charles William Jefferys [1869-1951]. Bibliothèque et Archives Canada.)

1500 ▸ 1800 • LES PROGRAMMES DE COLONISATION

Dans cette section, vous pourrez comparer la colonisation de la Nouvelle-France avec la colonisation d'autres territoires à la même époque.

La Virginie

‹ p. 136 à 141 ›

RC LE FORT JAMES À JAMESTOWN, EN VIRGINIE, 1607

Au moment de la fondation de Jamestown, premier établissement anglais en Amérique, les colons bâtissent des fortifications afin de se protéger.

Le Brésil

‹ p. 118 à 123 ›

RC *LA COMPAGNIE DE JÉSUS ET LES PREMIERS MISSIONNAIRES*

(Gravure d'Alphonse de Beauchamp, dans *Histoire du Brésil*, tome I, 1815.)

En 1549, les premiers pères jésuites arrivent au Brésil avec le gouverneur Tomé de Sousa. Ils ont pour mission d'évangéliser les Amérindiens.

AMÉRIQUE

OCÉAN ATLANTIQUE

OCÉAN PACIFIQUE

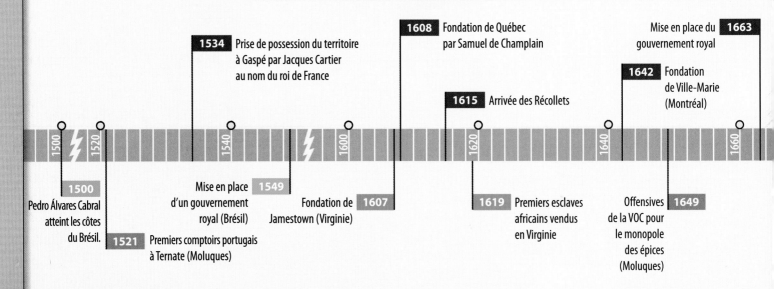

1534 Prise de possession du territoire à Gaspé par Jacques Cartier au nom du roi de France

1608 Fondation de Québec par Samuel de Champlain

1663 Mise en place du gouvernement royal

1642 Fondation de Ville-Marie (Montréal)

1615 Arrivée des Récollets

1500 | 1520 | 1540 | 1600 | 1620 | 1640 | 1660

1500 Pedro Álvares Cabral atteint les côtes du Brésil.

1549 Mise en place d'un gouvernement royal (Brésil)

1607 Fondation de Jamestown (Virginie)

1619 Premiers esclaves africains vendus en Virginie

1649 Offensives de la VOC pour le monopole des épices (Moluques)

1521 Premiers comptoirs portugais à Ternate (Moluques)

116

Les Indes françaises
‹ p. 124 à 129 ›
JOSEPH-FRANÇOIS DUPLEIX (1697-1763)

(Fortune Louis Meaulle, illustration parue dans *Le Petit Journal*, 27 décembre 1896. Collection particulière.)

RC Gouverneur de Pondichéry en 1742, il rêve d'un empire français des Indes.

EUROPE

ASIE

AFRIQUE

OCÉAN
PACIFIQUE

OCÉAN
INDIEN

OCÉANIE

Les Moluques
‹ p. 130 à 135 ›

RC LA NOIX ET LA FLEUR DE MUSCADE

(Franz Eugene Köhler, XXᵉ siècle.)

À l'origine, le muscadier provient des îles Banda, dans l'archipel des Moluques. La noix, râpée, produit une épice fort recherchée en Europe pour assaisonner les aliments et pour ses propriétés médicinales.

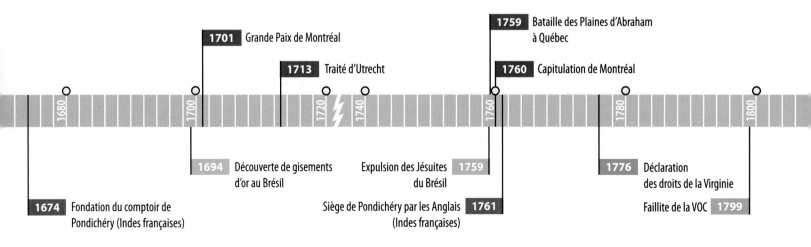

1701 Grande Paix de Montréal

1713 Traité d'Utrecht

1759 Bataille des Plaines d'Abraham à Québec

1760 Capitulation de Montréal

1680 · 1700 · 1720 · 1740 · 1760 · 1780 · 1800

1694 Découverte de gisements d'or au Brésil

Expulsion des Jésuites du Brésil **1759**

1776 Déclaration des droits de la Virginie

1674 Fondation du comptoir de Pondichéry (Indes françaises)

Siège de Pondichéry par les Anglais **1761** (Indes françaises)

Faillite de la VOC **1799**

1500>1800 · LA COLONISATION DU BRÉSIL

1500>1760 · L'État et l'exploitation du territoire

En 1500, le navigateur portugais Pedro Álvares Cabral atteint les côtes brésiliennes. Ces terres reviennent de droit à son roi, selon le traité de Tordesillas (1494) qui partage le Nouveau Monde entre l'Espagne et le Portugal.

Dans les pages 118 à 123, vous prendrez connaissance de textes explicatifs et de documents qui vous permettront de comparer la colonisation de la Nouvelle-France avec celle du Brésil.

CONCEPTS

- Colonie
- Commerce
- État
- Peuplement
- Territoire

LEXIQUE

RC **Bois-brésil** – De *pau brasil*, « bois de braise » en portugais. Bois produisant une teinture brun-rouge, très estimé, que l'on trouvait en grande quantité au XVIᵉ siècle au Brésil (d'où le nom donné au pays).

Engenho – Mot portugais signifiant « engin ». Ensemble des installations nécessaires pour la mouture de la canne à sucre.

UNE COLONIE-COMPTOIR

En 1500, Pedro Álvares Cabral prend officiellement possession du **territoire** brésilien, qu'il nomme *Terra da vera cruz* (« Terre de la vraie croix ») au nom du roi Manuel 1ᵉʳ du Portugal. En 1502, le roi accorde le monopole❶ du **commerce** à des marchands de Lisbonne qui s'engagent à explorer les côtes du Brésil. Une ressource retient l'attention de ces marchands : le **bois-brésil** (*doc.* ❸). Dès lors, des comptoirs commerciaux sont créés. RC

LA BANDE CÔTIÈRE ET LES DÉBUTS DU PEUPLEMENT

En 1530, le roi Jean III du Portugal entreprend un programme de **colonisation** systématique du Brésil. Comme le sol est propice à la culture de la canne à sucre, il divise le territoire en plusieurs districts appelés « capitaineries », concentrés sur la bande côtière (*doc.* ❶) et dirigés par des capitaines donataires (*voir le doc.* ❸, *p. 123*). À leur tour, ceux-ci cèdent à des colons des parcelles de terres appelées *sesmarias* (tenures). Le roi tire des revenus de ces capitaineries en taxant leur production, mais comme elles sont isolées et souvent attaquées par les Amérindiens, peu d'entre elles se développent. RC

En 1549, le roi nomme, pour le représenter, un premier gouverneur général, Tomé de Sousa. Pour encourager le **peuplement**, le roi assure la sécurité par une force armée et finance le voyage des immigrants. À compter de 1570, la fabrication de sucre, concentrée dans les capitaineries du Pernambouc (*doc.* ❷) et de Salvador de Bahia, domine l'économie brésilienne. L'économie sucrière entraîne la création de troupeaux d'élevage (*estancias*) et d'exploitations agricoles (*fazendas*). À cette époque, le Brésil produit aussi du tabac. RC

L'INTÉRIEUR DU PAYS : LE CYCLE DE L'OR DU BRÉSIL COLONIAL

En 1694, la découverte de gisements d'or près de Ouro Preto conduit au développement de nouvelles régions telles que Minas Gerais, Goiás et Mato Grosso (*doc.* ❶). En 1702, l'**État** portugais crée une intendance des mines qui doit distribuer des concessions minières et prélever l'impôt sur la production. Cette croissance économique est accélérée par la découverte de diamants en 1729 mais à compter de 1760, les gisements s'épuisent.

1 Le Brésil au début du XVIIIe siècle

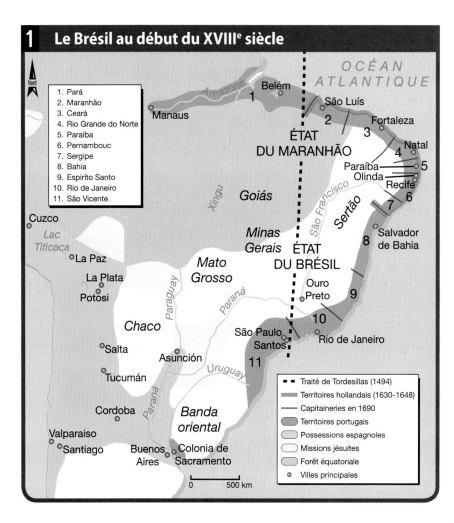

Nord

OCÉAN ATLANTIQUE

1. Pará
2. Maranhão
3. Ceará
4. Rio Grande do Norte
5. Paraíba
6. Pernambouc
7. Sergipe
8. Bahia
9. Espiríto Santo
10. Rio de Janeiro
11. São Vicente

Manaus
Belém 1
São Luís 2
Fortaleza 3
ÉTAT DU MARANHÃO
Natal 4
Paraíba 5
Olinda
Recife 6
Sertão 7
Salvador de Bahia 8
Goiás
Minas Gerais
ÉTAT DU BRÉSIL
Ouro Preto 9
Mato Grosso
10
São Paulo
Santos 11
Rio de Janeiro

Cuzco
Lac Titicaca
La Paz
La Plata
Potosi
Chaco
Salta
Tucumán
Asunción
Uruguay
Cordoba
Banda oriental
Valparaiso
Santiago
Buenos Aires
Colonia de Sacramento

Amazone
Xingu
São Francisco
Paraguay
Paraná
Paraná

0   500 km

- - - Traité de Tordesillas (1494)
Territoires hollandais (1630-1648)
Capitaineries en 1690
Territoires portugais
Possessions espagnoles
Missions jésuites
Forêt équatoriale
○ Villes principales

⚜ COMPÉTENCE 2
Interpréter le passé.

1 › Comment la couronne portugaise s'y prend-elle pour développer le Brésil ?

2 › Quelles sont les ressources exploitées dans la colonie ?

3 › T5 Comparez le programme portugais de colonisation du Brésil avec le programme français de colonisation de la Nouvelle-France. Relevez des similitudes et des différences.

2 UN *ENGENHO* DU PERNAMBOUC RC

(Caspar van Baerle, détail d'une carte de Pernambouc, dans *Rerum per octennium in Brasilia*, 1647. Collection particulière.)

En 1629, la capitainerie de Pernambouc compte 150 *engenhos* (installations nécessaires pour la mouture de la canne à sucre), soit 43 % des moulins du Brésil. Dans les années 1630, 80 % du sucre vendu à Londres provient du Brésil.

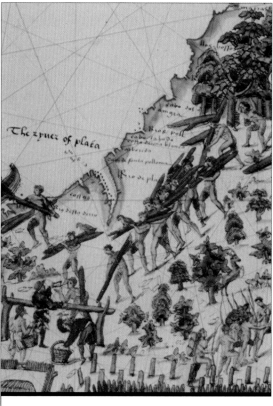

3 L'ABATTAGE DU BOIS-BRÉSIL PRÈS DE PERNAMBOUC RC

(Jean Roze, détail d'une carte du Brésil, dans *Boke of Idrography*, 1542. British Library, Londres, Angleterre.)

« Les Sauvages, moyennant quelques […] chemises de toile, chapeaux, couteaux et autres marchandises, […] coupent, scient, fendent et arrondissent ce bois de Brésil […]. »

Jean de Léry, *Histoire d'un voyage fait en la terre du Brésil*, 1578.

Brésil

Des puissances s'affrontent

Les ressources du Brésil sont un enjeu de taille et attisent la convoitise de plusieurs royaumes européens. Dès le début du XVIᵉ siècle, la France s'intéresse au bois-brésil, puis aux possibilités de la canne à sucre. Au XVIIᵉ siècle, ce sera au tour des Hollandais de coloniser le territoire.

LA CONCURRENCE FRANÇAISE

Officiellement terre de la couronne portugaise, le Brésil est visité par des navigateurs espagnols et français, tout aussi intéressés aux ressources du territoire (*doc.* ❶). En 1503, des Français rapportent du bois-brésil❻ à la métropole. Les grands profits tirés de sa vente les incitent à fonder un comptoir à Pernambouc. En 1529, le roi Jean III du Portugal organise une expédition, commandée par Martim de Sousa, et chasse avec brutalité les Français de cette région.

Les intrusions étrangères n'arrêtent pas pour autant. En 1555, une petite colonie française s'installe dans la baie de Rio et fonde la « France antarctique » (*doc.* ❸). Miné par des conflits internes, l'établissement tombe aux mains des Portugais en 1560. En 1612, la France, toujours intéressée par les ressources du pays, construit le poste de Saint-Louis (São Luís) au Maranhão. Cependant, mal soutenus par leur métropole, les Français sont de nouveau expulsés par une attaque portugaise en 1615. En 1621, le roi du Portugal crée l'État du Maranhão, distinct du Brésil.

POUVOIR ESPAGNOL ET BRÉSIL HOLLANDAIS

En 1580, le roi d'Espagne Philippe II hérite de la couronne du Portugal. Le Brésil, défendu par ces deux puissances, subit alors de fréquentes agressions de la Hollande, attirée par le potentiel commercial du sucre et du bétail. En 1630, bien décidée à établir un empire outre-mer, la **Compagnie hollandaise des Indes occidentales** arme une flotte militaire et s'empare de la région du Pernambouc (*doc.* ❹). Par la suite, les Hollandais, sous la gouverne de Jean-Maurice de Nassau-Siegen (*doc.* ❷), se rendent maîtres de la côte jusqu'à Saint-Louis.

En 1640, le Portugal redevient indépendant de l'Espagne. Pour assurer la sécurité et le ravitaillement du Brésil, le roi Jean IV du Portugal approuve la création de la **Compagnie générale de commerce du Brésil**. Dans la colonie, la rébellion des colons portugais menée par João Fernandes Vieira contre les Hollandais s'organise. Il mobilise des Indiens, des Noirs et des Métis. En 1654, les rebelles reprennent Recife. La Hollande renonce officiellement à ses revendications territoriales sur le Brésil en 1661. Enfin, en 1750, par le traité de Madrid, l'Espagne et le Portugal fixent leurs frontières coloniales respectives en Amérique du Sud.

CONCEPTS

- Colonie
- Commerce
- *Compagnie*
- Enjeu
- Territoire

LEXIQUE

Compagnie générale de commerce du Brésil – (1649-1720) Chargée d'entretenir 39 navires de guerre (galions), elle joue au départ un rôle plus militaire que commercial. À compter de 1664, la compagnie est administrée par l'État portugais.

Compagnie hollandaise des Indes occidentales – (1621-1791) Fondée par des marchands hollandais, elle obtient le monopole commercial de l'Afrique occidentale et de l'Amérique, où elle joue un rôle central dans la colonisation.

1 LA FRANCE VEUT S'IMPOSER.

« Les Espagnols et encore plus les Portugais, se vantant d'avoir les premiers découvert la terre du Brésil […] maintiennent qu'ils sont seigneurs de ces pays-là, alléguant que les Français qui y voyagent sont usurpateurs. S'ils les trouvent sur mer à leur avantage, ils leur font une telle guerre qu'ils en viennent à les écorcher vifs, et à les faire mourir d'autres morts cruelles. Les Français soutiennent le contraire et qu'ils ont leur part en ces pays nouvellement connus, [ils] ne se laissent pas volontiers battre par les Espagnols, et encore moins par les Portugais […]. »

D'après Jean de Léry, membre de l'expédition française de 1557-1558, *Histoire d'un voyage fait en la terre du Brésil*, 1578.

✤ COMPÉTENCE 2
Interpréter le passé.

1 › T1 Construisez une ligne du temps des principaux affrontements au Brésil entre 1503 et 1750.

2 › Décrivez le rôle des compagnies de commerce au Brésil.

3 › T5 Comparez l'aide apportée par la France et le Portugal à leur colonie brésilienne respective. Relevez des similitudes et des différences.

2 JEAN-MAURICE DE NASSAU-SIEGEN (1603-1679)

Nommé gouverneur du Brésil par la Compagnie hollandaise des Indes occidentales, il assure efficacement la prospérité des possessions hollandaises de 1637 à 1644. Au cours de cette période, 120 *engenhos* ⊕ produisent 220 000 caisses de sucre, en plus de la culture vivrière et de l'élevage qui se développent.

(Tableau attribué à V. Mierefeld, 1637. Siegerlandmuseum, Siegen, Allemagne.)

3 LE MAILLON FAIBLE

« [C'est] au Brésil, et nulle part ailleurs, qu'au XVI⁰ siècle la Nouvelle-France d'Amérique aurait pu réussir. C'est au Brésil, et non au Canada, que la permanence française doit être recherchée durant tout le siècle. [Il s'agissait en effet du] maillon faible de la chaîne constituée entre les deux puissances ibériques [Espagne et Portugal] pour la mainmise sur le Nouveau Monde ».

Frank Lestringant, *Le Huguenot et le Sauvage. L'Amérique et la controverse coloniale, en France, au temps des guerres de Religion (1555-1589)*, Klincksieck, 1999.

4 LA PRISE D'OLINDA AU PERNAMBOUC

« Une armada impressionnante de 56 navires, disposant de 1 150 canons, commandée par l'amiral Lonck, pourvue de 3 500 soldats recrutés par la Compagnie des Indes occidentales, enleva Olinda, après un bref combat, tandis que la flotte hollandaise stoppait l'escadre de secours d'Oquendo envoyée par Philippe IV. […] Jusqu'en 1634 les Hollandais restèrent confinés dans une étroite zone autour de Recife, ils ne commencèrent à tirer parti du sucre qu'en cette année 1634 avec, en un an et demi, un produit d'une valeur de 1,5 million de florins. »

Bartolomé Bennassar et Richard Marin, *Histoire du Brésil, 1500-2000*, Fayard, 2000.

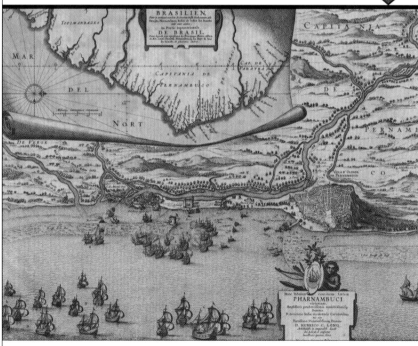

(Nicolas Visscher, détail d'une carte de Pernambouc, vers 1640. Bibliothèque nationale du Brésil, division cartographique, Rio de Janeiro, Brésil.)

Brésil

La société coloniale du Brésil

Depuis 1530, les Portugais s'installent progressivement au Brésil pour y exploiter les ressources. Du nord au sud apparaît une nouvelle **société** marquée par l'esclavage et le métissage.

CONCEPTS

- Colonie
- Église
- Évangélisation
- Société
- Territoire

LEXIQUE

Aldeia – Au Brésil, village indigène sous le contrôle des pères jésuites.

Bandeira – « Drapeau » en portugais. Au Brésil, expédition progressant vers l'intérieur du pays pouvant réunir des centaines de *bandeirantes* et durer plusieurs années. C'est ainsi que sera définie la frontière ouest, au-delà de la ligne établie par le traité de Tordesillas (1494).

Métis – Les Brésiliens distinguent différentes formes de métissage. Les *Mamelucos* sont des descendants de Blancs et d'Amérindiens, les *Cafusos*, d'Amérindiens et de Noirs et les *Mulatos*, de Blancs et de Noirs.

UNE SOCIÉTÉ ESCLAVAGISTE

Des classes sociales comme celle des « seigneurs de moulin » (*doc.* 1), Blancs portugais qui sont au sommet de la hiérarchie sociale **coloniale**, se développent dans les capitaineries (*doc.* 3). Ils sont propriétaires d'*engenhos*◉ et d'une nombreuse main-d'œuvre servile. Dès 1530, ils achètent des Tupis capturés près de la côte, mais ces Amérindiens préfèrent la fuite ou la mort à l'esclavage. Les Portugais se tournent alors vers le commerce des esclaves africains, pratique qui s'accélère à partir de 1570 (*doc.* 4 *et* 5).

Les planteurs de canne, tout comme les propriétaires de *fazendas* (exploitations agricoles) et d'*estancias* (troupeaux d'élevage) dans la région de São Paulo, pratiquent aussi l'esclavage. La catégorie des artisans est composée de *Mulatos* et de Noirs. Progressivement, Amérindiens, Blancs et Africains forment une société où les **Métis** sont nombreux. Parlant le portugais et influencés par les cultures africaine et amérindienne, les Brésiliens métis développent leur propre identité.

La ville de São Paulo compte 2 000 habitants en 1600, la plupart des *Mamelucos* qui parlent le tupi. Appelés « Paulistes », ils organisent des *bandeiras* vers l'intérieur des **terres** dans le but de trouver de l'or et de capturer des Amérindiens guaranis afin de les asservir et de les vendre aux propriétaires terriens. Les *bandeirantes* découvrent de l'or au Minas Gerais, provoquant un afflux important d'immigrants et d'esclaves.

UNE SOCIÉTÉ CATHOLIQUE

D'importantes communautés religieuses édifient des écoles et des hôpitaux. En 1549, les pères jésuites◉ débarquent et fondent plusieurs missions (*voir le doc.* 1, *p. 119*) destinées à **évangéliser** les Amérindiens (*doc.* 2). En regroupant les Amérindiens dans des *aldeias*, les missionnaires les protègent des *bandeirantes*. Si l'**Église** catholique encourage l'esclavage des Noirs, elle condamne celui des Amérindiens. Les Jésuites, trop puissants aux yeux des autorités, sont expulsés du Brésil en 1759.

RC

EN RÉSUMÉ : UNE SOCIÉTÉ COLONIALE

D'abord une colonie-comptoir, le Brésil est au centre des rivalités européennes à compter de 1530. Le roi du Portugal prend en charge sa colonie en 1549 et y encourage le peuplement. Le Brésil se développe au rythme de l'économie sucrière et minière. Terre d'évangélisation, esclavagiste, le Brésil est marqué par un fort métissage de sa population.

1 LE PRESTIGE DU MAÎTRE DE MOULIN

« Être seigneur de moulin [à sucre] est le titre auquel beaucoup aspirent parce qu'il entraîne avec lui le privilège d'être servi, l'obéissance et le respect d'un grand nombre de gens ; au Brésil, on peut estimer le titre de seigneur de moulin à proportion de l'estimation des titres parmi les *fidalgos* [noble portugais] du Royaume. »

Le père jésuite André João Antonil, *Cultura e opuléncia do Brasil por suas drogas e minas*, 1711.

2 DES MISSIONNAIRES DE LA COMPAGNIE DE JÉSUS AU MARANHÃO RC

« Les *Tobajarás* ont été soumis sans armes et sans aucune dépense. Ce sont aujourd'hui des sujets et des vassaux obéissants de Sa Majesté [...]. Ils ont cessé d'être féroces et ont abandonné leur barbarie. Ils ne tuent plus, ils ne mangent plus de chair humaine, ils ne font plus de prisonniers injustement et ils vivent en paix et en bonne intelligence avec les nations voisines. Tout cela grâce à l'action des pères. »

Le père jésuite Antonio Vieira, *La mission d'Ibiapaba*, 1555.

3 LES PRINCIPAUX DROITS ET DEVOIRS D'UN CAPITAINE DONATAIRE RC

Droits
- Posséder 20 % des terres de la capitainerie
- Réduire les Amérindiens à l'esclavage
- Percevoir les redevances des colons

Devoirs
- Assurer la défense et rendre la justice
- Concéder des *sesmarias* (parcelles de terre)
- Assurer la présence d'un prêtre

4 L'ÉVOLUTION DE LA POPULATION DU BRÉSIL, 1550-1800

ANNÉE	POPULATION
1550[1]	15 000
1600[2]	100 000
1700[3]	300 000
1800	3 250 000

1. Seuls les Portugais sont comptabilisés.
2. Répartition : 30 000 Blancs, 70 000 Métis, Noirs et Amérindiens.
3. Le tiers sont des Blancs.

D'après Bartolomé Bennassar et Richard Marin, *Histoire du Brésil, 1500-2000*, Fayard, 2000.

⚜ COMPÉTENCE 2

Interpréter le passé.

1 › Décrivez les principales caractéristiques de la société brésilienne.

2 › **T5** Comparez le peuplement du Brésil avec celui de la Nouvelle-France. Relevez des similitudes et des différences.

5 UN MOULIN À SUCRE MANUEL

(Jean-Baptiste Debret, 1834, dans *Voyage pittoresque et historique au Brésil*, 1834-1839. Bibliothèque nationale de France, Paris, France.)

L'espérance de vie moyenne d'un esclave est de cinq ans à partir du moment où il commence à travailler, ce qui incite les Portugais à toujours importer de nouveaux esclaves d'Afrique.

Brésil

1526 ▸ 1763 ⊳ LA COLONISATION DES INDES FRANÇAISES

1526 ▸ 1674 L'exploitation du territoire

Au XVIIe siècle, les Français sont attirés par les ressources commerciales de l'Asie. Ils entreprennent, sous la gouverne d'une compagnie, la colonisation de territoires situés à l'ouest de l'Afrique.

Dans les pages 124 à 129, vous prendrez connaissance de textes explicatifs et de documents qui vous permettront de comparer la Nouvelle-France avec la colonie française des Indes.

CONCEPTS

- Colonie
- Commerce
- *Compagnie*
- État
- Territoire

LEXIQUE

Inde – L'Inde désigne ici l'État actuel de l'Inde. À ne pas confondre avec les Indes orientales, désignant à l'époque l'Asie, à l'est de l'Afrique, et les Indes occidentales, désignant essentiellement l'Amérique.

Salpêtre – Poudre à fusil et à canon faite de salpêtre (nitrate de potassium), de soufre et de charbon de bois.

LA FONDATION DE LA COMPAGNIE FRANÇAISE DES INDES ORIENTALES

En 1664, Jean-Baptiste Colbert (*voir le doc.* **2**, *p. 101*) fonde la Compagnie française des Indes orientales⊕ (*doc.* **4**), qui a pour mandat de faire du **commerce** avec l'Asie et d'enrichir le royaume de France par une politique mercantiliste⊕. Cette entreprise est dirigée par l'**État** et le roi Louis XIV en est son principal actionnaire (*doc.* **1**).

Le roi autorise la *Compagnie* à prendre possession de toutes les terres dont elle ferait la conquête. Installée d'abord sur l'île de Madagascar à l'est de l'Afrique, la Compagnie des Indes orientales entreprend, au XVIIe siècle, la conquête de **territoires** situés sur la côte ouest de l'**Inde** (*doc.* **2**). Cette région est alors dominée par l'Empire moghol, un vaste empire fondé en 1526 par des conquérants musulmans venus de Perse.

LES COMPTOIRS COMMERCIAUX

En 1672, Bellanger de l'Espinay obtient la concession de Pondichéry du gouverneur moghol du Dekkan, Sher Khân Lodi. En 1674, François Martin, directeur de la Compagnie, y fonde le comptoir commercial de Pondichéry (*doc.* **3**). D'autres comptoirs seront établis dans la région : Chandernagor, Yanaon, Karikal et Mahé.

La Compagnie y achète des produits des marchands locaux, par exemple des tissus, du café et des épices, qu'elle paie avec des devises en argent ou en or. Les profits sont importants : 300 % pour les étoffes de soie, 400 % pour les cotonnades, 420 % pour le poivre et 1 500 % pour le **salpêtre**.

1 LES ACTIONNAIRES DE LA COMPAGNIE DES INDES ORIENTALES

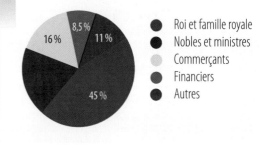

- Roi et famille royale
- Nobles et ministres
- Commerçants
- Financiers
- Autres

D'après Philippe Haudrère, *L'Empire des rois : 1500-1789*, Denoël, 1997.

2 La présence française en Inde aux XVIIᵉ et XVIIIᵉ siècles

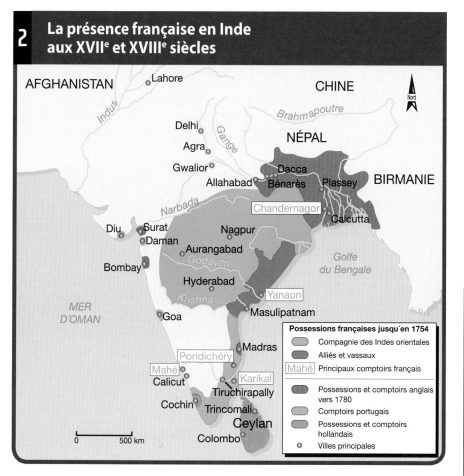

AFGHANISTAN
Lahore
CHINE
Indus
Brahmapoutre
Delhi
Gange
NÉPAL
Agra
Gwalior
Dacca
Allahabad
Bénarès
Plassey
BIRMANIE
Narbada
Chandernagor
Calcutta
Diu
Surat
Nagpur
Daman
Aurangabad
Godavari
Golfe
du Bengale
Bombay
Hyderabad
Krishna
Yanaon
MER
D'OMAN
Goa
Masulipatnam
Madras
Pondichéry
Mahé
Calicut
Karikal
Tiruchirapally
Cochin
Trincomali
Ceylan
Colombo

0   500 km

Possessions françaises jusqu'en 1754

Compagnie des Indes orientales
Alliés et vassaux
Mahé Principaux comptoirs français

Possessions et comptoirs anglais vers 1780
Comptoirs portugais
Possessions et comptoirs hollandais
○ Villes principales

✦ COMPÉTENCE 2
Interpréter le passé.

1 › Qui est chargé de la colonisation française en Inde au XVIIᵉ siècle ?

2 › Quels sont les intérêts des Français en Inde ?

3 › T5 Comparez la colonisation française de l'Inde avec celle de la Nouvelle-France. Relevez des similitudes et des différences.

4 LA PUISSANCE DE LA COMPAGNIE FRANÇAISE DES INDES ORIENTALES

« En Asie, en effet, la compagnie est une puissance souveraine. Elle entretient des relations diplomatiques avec les principaux souverains […]. Elle dispose d'une petite armée […] formée en métropole et destinée à garder les comptoirs. Elle a le droit de battre monnaie […], de rendre justice civile et criminelle, non seulement à ses employés, mais aussi à tous les sujets du roi établis dans les concessions […]. »

Philippe Haudrère et Gérard Le Bouëdec,
Les Compagnies des Indes, Ouest-France / Edilarge, 2001.

3 LE COMPTOIR DE PONDICHÉRY AU XVIIIᵉ SIÈCLE ‹RC

Vue des magasins de la Compagnie des Indes à Pondichéry, de l'amirauté et de la maison du gouverneur. (XVIIIᵉ siècle, musée du quai Branly, Paris, France.)

Les marchands français commercent à Pondichéry depuis 1617. En 1686, le gouverneur François Martin y construit le premier fort. En 1702, Pondichéry devient la capitale de l'Empire français des Indes.

Indes françaises

La société coloniale française en Inde

En Inde, les comptoirs commerciaux français se développent au XVIIIe siècle. Sous la direction de la *Compagnie* française des Indes orientales, le commerce avec les Indiens hindous et musulmans devient l'activité principale de ces comptoirs, qui attirent peu de colons français.

CONCEPTS

- Colonie
- Commerce
- *Compagnie*
- Église
- Évangélisation
- Peuplement
- Société

LEXIQUE

Brahmanisme – Système religieux et social devenu l'hindouisme, basé sur des **castes** héréditaires.

Caste – Groupe social hiérarchisé fermé. En Inde, chaque individu appartient à une caste par sa naissance, son métier ou son statut social.

Hindou, Hindoue – Nom donné aux habitants de l'Inde au XVIIe siècle. Aujourd'hui, on utilise le terme « Indien » ou « Indienne ». L'hindouisme est la religion de nombreux Indiens.

L'ORGANISATION DU COMPTOIR COMMERCIAL

La **colonie**, constituée de plusieurs comptoirs, est gouvernée par un représentant de la Compagnie des Indes, le gouverneur général, qui siège avec ses conseillers au Conseil supérieur ou Conseil souverain (*doc.* **4**). De façon générale, le Conseil n'écoute pas les recommandations des sujets indiens.

Des courtiers indiens (*doc.* **3**) sont responsables des relations **commerciales** entre les artisans indiens et les marchands français. Ils parcourent le pays à la recherche des produits qu'ils échangent ensuite aux comptoirs. Ce système repose en grande partie sur la confiance réciproque entre les Européens et les Indiens.

LA SOCIÉTÉ DE PONDICHÉRY

Pondichéry attire un grand nombre d'artisans hindous. Les conquérants musulmans ont donné le nom d'**Hindous** aux populations (*doc.* **2**) qui habitent la région du fleuve Indus, puis, plus tard, de l'ensemble de l'Inde, et qui pratiquent les rites religieux du **brahmanisme**.

À cette époque, Pondichéry compte environ 100 000 Indiens. Très peu de colons français **peuplent** les comptoirs commerciaux; on y trouve surtout des militaires et des marchands. On évalue leur nombre à quelques centaines en 1691 et à quelques milliers en 1740. Près de 50 % des colons meurent de maladie ou quittent la colonie après quelques années. Environ 7 % des colons français s'établissent définitivement en Inde et s'acclimatent à la **société** indienne.

LES MISSIONNAIRES DE L'ÉGLISE CATHOLIQUE

En 1688, des missionnaires catholiques de la Compagnie de Jésus (*doc.* **1**) arrivent en Inde pour éduquer et **évangéliser** les Indiens. Ils se heurtent à une forte résistance de la part de ces derniers, qui refusent l'interdiction de leurs cultes, le brahmanisme et l'islam⑤. On évalue le nombre de conversions à 1 000 en 1700 et à environ 2 000 en 1720.

Les marchands et les directeurs de la Compagnie considèrent que les conflits engendrés par ces missionnaires nuisent au commerce. Afin de préserver de bonnes relations avec les Indiens, le gouverneur Martin impose des règles de tolérance religieuse et des restrictions à l'évangélisation en Inde. En 1699 et en 1715, les Jésuites demandent, sans succès, l'interdiction des cultes hindous et la destruction des temples hindous.

1 SAINT IGNACE DE LOYOLA (1491-1556), FONDATEUR DE LA COMPAGNIE DE JÉSUS RC

(Jacopino del Conte, 1556. Curie générale, Rome, Italie.)

Cette congrégation religieuse fondée en 1534 a pour mission d'éduquer et d'évangéliser les populations des colonies européennes. On retrouve les Jésuites en Inde, au Brésil et en Nouvelle-France.

2 UN SENTIMENT DE RESPECT ENVERS LES INDIENS

« Je ne pus me défendre en mettant le pied sur ce sol étranger, du sentiment de respect qui pénètre mon âme à la vue des objets auxquels la nature et l'art ont imprimé le sceau d'une vénérable antiquité. Elle tient, me disais-je, à cette terre déjà célèbre il y a trois mille ans, par la renommée des sages qu'elle avait produits, […] la politique des peuples qui l'ont habitée, […] par les arts et les sciences qui y fleurissaient, par la foule des grands événements qui s'y sont passés […]. »

Mémoires du chevalier de Froberville, dans Pierre Pluchon, *Histoire de la colonisation française*, Fayard, 1991.

3 LE « COURTIER », UN PERSONNAGE CLÉ

« [Il est] à la fois représentant de la population locale auprès des autorités européennes et intermédiaire entre les employés de la compagnie et les différents corps de métiers. Dans cette seconde fonction, il est à la fois courtier, interprète, rédacteur de contrats, expert et caution. Sa tâche principale est de faire des avances de fonds aux marchands de l'intérieur ou aux producteurs locaux, à valoir sur le montant des livraisons futures. Ces avances, d'un montant de 10 à 70 % du total de la commande, forment en général l'objet d'un contrat écrit, permettant à la compagnie de s'assurer les cargaisons de retour […]. »

Philippe Haudrère et Gérard Le Bouëdec, *Les Compagnies des Indes*, Ouest-France / Edilarge, 2001.

4 L'ORGANISATION DE LA COLONIE FRANÇAISE EN INDE AU XVIIᵉ SIÈCLE

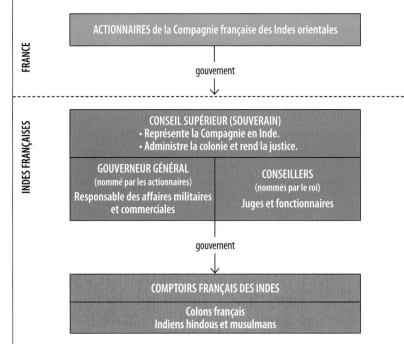

FRANCE

ACTIONNAIRES de la Compagnie française des Indes orientales

gouvernent

INDES FRANÇAISES

CONSEIL SUPÉRIEUR (SOUVERAIN)
• Représente la Compagnie en Inde.
• Administre la colonie et rend la justice.

GOUVERNEUR GÉNÉRAL
(nommé par les actionnaires)
Responsable des affaires militaires et commerciales

CONSEILLERS
(nommés par le roi)
Juges et fonctionnaires

gouvernent

COMPTOIRS FRANÇAIS DES INDES

Colons français
Indiens hindous et musulmans

Indes françaises

La chute de l'Empire français des Indes

Au XVIIIe siècle, les Français exercent une grande influence à l'intérieur du territoire indien. La concurrence avec la Compagnie anglaise des Indes orientales a des conséquences désastreuses pour la France.

CONCEPTS

- Colonie
- Commerce
- *Compagnie*
- Enjeu*
- État
- Territoire

LEXIQUE

Compagnie anglaise des Indes orientales – (1600-1874) Par sa charte royale, elle obtient le monopole🅖 du commerce anglais en Asie. Elle s'impose en Inde et devient un pilier de l'Empire britannique.

Dîwan – Mot arabe d'origine persane qui, en Inde, désigne un ministre auprès des souverains moghols et, plus rarement, un ministre des Armées sous les sultans de Delhi.

Hégémonie – Domination d'une puissance (pays, ville ou autre).

L'EXPANSION DE LA COLONISATION FRANÇAISE SOUS DUPLEIX

En 1742, Joseph François Dupleix (*doc.* ❶) est nommé gouverneur général des établissements français de l'Inde par la *Compagnie* française des Indes orientales. Il veut étendre sa puissance sur une grande partie de l'Inde. Il défend avec succès Pondichéry contre les Anglais en 1748 (*doc.* ❹), puis s'allie à des princes indiens qui luttent contre l'Empire moghol et des princes alliés des Britanniques. Avec une armée de 2 000 soldats formée d'Européens et de cipayes (*doc.* ❷), il entreprend une campagne militaire victorieuse dans la région du Carnatic et vers l'intérieur du continent.

Toutefois, l'État français, désireux de maintenir des relations pacifiques avec les Anglais depuis la paix signée en 1748, refuse de lui apporter de l'aide. Jugeant ces guerres nuisibles au commerce, la Compagnie désapprouve les conquêtes territoriales de Dupleix. Jugé trop ambitieux, il est rappelé en France en 1754 après la défaite contre les Britanniques à Tiruchirapally dans la région du Carnatic (*voir le doc.* ❷, *p. 125*).

LA VIVE RÉACTION DES BRITANNIQUES

L'expansion française se heurte à l'opposition des Britanniques, installés à Madras et au Bengale. En 1757, les troupes britanniques, menées par Lord Robert Clive, remportent une importante victoire à Plassey contre le *dîwan* du Bengale, Surâj ud-Daulâ, allié des Français. Cette victoire marque le début de l'**hégémonie** britannique et met fin aux prétentions coloniales françaises en Inde.

Profitant de la guerre de Sept Ans, les Britanniques assiègent Pondichéry en 1761. Après la capitulation🅖 du comptoir de Pondichéry, le traité de Paris en 1763 (*doc.* ❸) permet à la France de conserver cinq comptoirs dont les pouvoirs sont limités aux échanges commerciaux. En 1799, les Britanniques déportent vers la France les Français de Pondichéry qui refusent de collaborer avec le nouveau pouvoir colonial.

EN RÉSUMÉ : UNE SOCIÉTÉ MARQUÉE PAR LA COLONISATION

Fondée au XVIIe siècle, la Compagnie française des Indes orientales a le monopole du commerce dans la colonie. Au XVIIIe siècle, la France tente, sans succès, d'étendre son emprise territoriale à l'intérieur du pays. À la fin du XVIIIe siècle, les Britanniques assoient leur hégémonie. À l'exception de cinq comptoirs aux pouvoirs limités, c'est la fin des colonies françaises en Inde.

1 UN ADMINISTRATEUR AMBITIEUX

Joseph François Dupleix annonce au roi de France le conflit imminent avec l'Angleterre :

« La conduite des Anglais exige toute votre attention et celle de la cour. Ce qui se passe doit vous faire prévoir ce que l'on a à craindre pour la suite. Elle a réduit dans l'Inde la nation portugaise sous l'esclavage ; le Hollandais baisse le col et subira bientôt le joug ; elle souhaiterait nous soumettre aussi ; nous le sommes en partie dans quelques parties de l'Inde ; je tiens bon ici, Dieu veuille que l'on y soit toujours en état de repousser les tentatives. »

Joseph François Dupleix, 3 octobre 1750.

Joseph François Dupleix (1697-1763)

(Fortune Louis Meaulle, illustration parue dans *Le Petit Journal*, 27 décembre 1896. Collection particulière.)

Gouverneur général des établissements français de l'Inde, il prend le titre de « nabab », c'est-à-dire « prince moghol », en 1750. Il profite des conflits entre les princes moghols pour étendre sa puissance et conquérir des territoires en Inde.

2 DES CIPAYES AU SERVICE DE LA COMPAGNIE FRANÇAISE DES INDES ORIENTALES

(Illustration d'après Weber, tirée de *L'Inde française* de M. E. Burnouf, 1827-1835. Collection particulière.)

Les cipayes sont des soldats indiens, hindou ou musulmans servant dans les armées européennes en Inde.

3 EXTRAITS DU TRAITÉ DE PARIS, 1763

« **Article 11** – Dans les Indes orientales, la Grande-Bretagne restituera à la France, dans l'état où ils sont aujourd'hui, les différents comptoirs [Pondichéry, Chandernagor, Yanaon, Karikal, Mahé] que cette couronne possédait, tant sur la côte de Coromandel et d'Orissa, que sur celle de Malabar, ainsi que dans le Bengale, au commencement de l'année 1749. […] [Le roi de France] s'engage de plus à ne point ériger de fortifications et à ne point entretenir de troupes dans aucune partie du Bengale. »

4 LA LEVÉE DU SIÈGE DE PONDICHÉRY RC

(Antoine Louis Sergent-Marceau, 1748. Collection Stapleton.)

Malgré sa détermination dans les combats engagés contre les Anglais et leurs alliés, Joseph François Dupleix n'a pas donné à la France le vaste empire colonial auquel il aspirait.

COMPÉTENCE 2
Interpréter le passé.

1 › **a)** Décrivez le projet de colonisation de Joseph François Dupleix.

b) Quel est le point de vue du roi de France et de la Compagnie des Indes orientales sur cette politique de colonisation ?

2 › **T5** Comparez les résultats de la politique de colonisation de l'Inde avec ceux de la politique de colonisation de la Nouvelle-France. Relevez des similitudes et des différences.

Indes françaises

1500>1799 • LA COLONISATION DES ÎLES MOLUQUES

1512>1602 Les Européens découvrent les « îles aux épices »

En 1512, le navigateur portugais Francisco Serao atteint l'archipel des Moluques, nom dérivé de *Jazirat al Muluk*, « l'île des rois ». Ces îles excitent la convoitise des commerçants européens qui veulent établir une colonie dans ces nouveaux territoires.

LES ÉPICES, DES DENRÉES DE GRANDE VALEUR

Les épices sont des substances végétales dont on se sert pour assaisonner les aliments. Avant d'être utilisées dans la préparation de mets, les épices étaient utilisées en médecine et pour les rites religieux. Connues depuis des millénaires en Orient, leur découverte par les Européens a suscité l'engouement de l'Occident. Le commerce des épices a fleuri pendant des siècles, donnant lieu à des explorations sans précédent.

Dès le XIIe siècle, les marchands arabes introduisent les épices en Europe. Très recherchés, ces produits d'Orient attisent la convoitise des marchands européens. Au XVIe siècle, les îles Moluques (*doc.* **1**) produisent en exclusivité le clou de girofle et la muscade. Dès 1521, afin de prendre le contrôle de ce commerce, les Portugais établissent des comptoirs fortifiés à Ternate, puis à Amboine et à Tidore. Vendues en Europe à un prix très élevé, ces épices rapportent d'énormes profits aux promoteurs de ces expéditions.

DES RIVALITÉS EUROPÉENNES

Dans les années 1520, les Espagnols deviennent les rivaux des Portugais mais, par le traité de Saragosse en 1529, l'Espagne leur cède les Moluques. En s'alliant au **sultan** de Ternate, les Portugais tentent de limiter les intrusions européennes dans la région. Toutefois, le contrôle de ces îles s'avère une tâche difficile.

Vers la fin du XVIe siècle, les Anglais et les Hollandais expédient des flottes commerçantes lourdement armées vers les îles Moluques. Ils déjouent les Portugais et se rendent jusqu'aux îles productrices d'épices. Ils sont accueillis favorablement par le sultan de Banten (*doc.* **1**), l'un des principaux rivaux des Portugais. Comme leur puissance navale est en déclin, les Portugais sont incapables de repousser ces rivaux (*doc.* **3**). Au XVIIe siècle, les Hollandais contrôleront les îles Moluques (*doc.* **2**).

Dans les pages 130 à 135, vous prendrez connaissance de textes explicatifs et de documents qui vous permettront de comparer la colonisation de la Nouvelle-France avec celle des îles Moluques.

CONCEPTS

- Colonie
- Commerce
- Territoire

LEXIQUE

Sultan – Titre donné aux souverains musulmans. Au XVIIe siècle, les sultans de Ternate et de Tidore se disputent les îles Moluques.

RC

1 Une partie des Indes orientales et l'archipel des Moluques

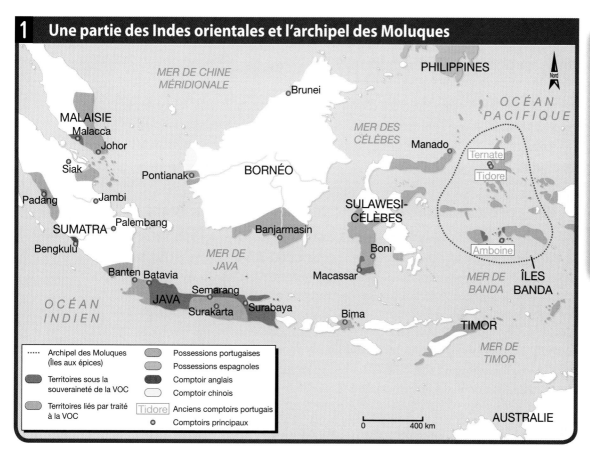

MER DE CHINE MÉRIDIONALE

PHILIPPINES

Nord

Brunei

OCÉAN PACIFIQUE

MALAISIE
Malacca
Johor

MER DES CÉLÈBES

Manado

Ternate
Tidore

Siak

Pontianak

BORNÉO

SULAWESI-CÉLÈBES

Padang
Jambi

SUMATRA
Palembang

Boni

Bengkulu

MER DE JAVA

Amboine

Banjarmasin

Banten
Batavia

Macassar

MER DE BANDA

ÎLES BANDA

OCÉAN INDIEN

JAVA
Semarang
Surakarta
Surabaya

Bima

MER DE TIMOR

TIMOR

AUSTRALIE

- - - - Archipel des Moluques (Îles aux épices)
- Territoires sous la souveraineté de la VOC
- Territoires liés par traité à la VOC
- Possessions portugaises
- Possessions espagnoles
- Comptoir anglais
- Comptoir chinois
- Tidore Anciens comptoirs portugais
- ● Comptoirs principaux

0   400 km

⚜ COMPÉTENCE 2
Interpréter le passé.

1 › Pourquoi les Européens se lancent-ils à la découverte de l'Orient ?

2 › De quelle façon les Européens s'établissent-ils aux îles Moluques ?

3 › T5 Comparez les débuts de la colonisation des Moluques avec ceux de la Nouvelle-France. Relevez des similitudes et des différences.

2 NAVIRES HOLLANDAIS DEVANT LE COMPTOIR DE TERNATE

(Anonyme, vers 1720.)

Les girofliers de l'île sont le centre des rivalités européennes. Plusieurs forts y sont construits et l'île contribue à sécuriser le nord des Moluques dans le système de défense hollandais. À Ternate, comme dans les autres îles, les Portugais se contentent d'établir des postes de commerce près des côtes sans contrôler l'intérieur des terres du sultanat.

3 LES PORTUGAIS SONT DÉLOGÉS.

« Leur mainmise sur la région s'était trop étendue et vers la fin du XVIe siècle, les Portugais ne pouvaient plus maintenir leur contrôle préalablement établi. La métropole, aussi minuscule que pauvre, ne pouvait pas fournir la main-d'œuvre ou les fonds nécessaires au maintien de leurs stations d'outre-mer pour contrer la concurrence. À la fin du siècle, ils furent évincés du Sud-Est asiatique par les Néerlandais [Hollandais]. »

D'après Richard L. Greaves *et al.*, *Civilizations of the World, the Human Adventure*, Longman, 1997.

Moluques

L'empire de la Compagnie hollandaise des Indes orientales

Les épices de l'archipel des Moluques constituent un enjeu de taille pour les Portugais, les Espagnols, les Anglais et les Hollandais, qui s'allient aux sultans pour contrôler ce commerce lucratif. Au début du XVIIᵉ siècle, les Hollandais sortent victorieux de cette rivalité.

CONCEPTS

- Colonie
- Commerce
- *Compagnie*
- Enjeu
- État

LEXIQUE

RC **Compagnie hollandaise des Indes orientales** – (1602-1799) Connue sous le sigle « VOC » (*Verenigde Oostindische Compagnie*), elle est fondée par des marchands hollandais et obtient le monopole🜲 commercial à l'est de l'Afrique. Tel un État, elle exerce un pouvoir de police, de défense armée et de justice dans les colonies.

LE DÉVELOPPEMENT COLONIAL SOUS L'AUTORITÉ D'UNE *COMPAGNIE*

Fondée en 1602, la **Compagnie hollandaise des Indes orientales (VOC)** **RC** coordonne toutes les activités coloniales de la Hollande en Asie. En 1605, son siège commercial est inauguré à Amboine. En 1619, Jan Pieterszoon Coen (*doc.* **1**) affronte le sultan de Banten et s'empare de Jayakarta. Sur les ruines de la ville, il fait construire Batavia et la VOC y déménage son siège (*doc.* **4**). En 1621, les Hollandais prennent les îles Banda (*voir le doc.* **1**, *p. 131*), riches en muscadiers, après avoir massacré et déporté la quasi-totalité des habitants. En 1623, le gouverneur d'Amboine fait exécuter neuf Anglais, accusés d'espionnage.

En 1641, les Hollandais chassent définitivement les Portugais des Moluques. À compter de 1649, en s'appuyant sur la flotte de guerre de la VOC, ils lancent une série d'attaques, n'épargnant aucune île. La VOC prend alors le contrôle des Moluques, et expulse les commerçants asiatiques et européens, dont les Anglais.

UN EMPIRE COMMERCIAL JALOUSEMENT GARDÉ

Pour établir son monopole🜲 sur la production et le commerce des épices, la VOC supprime la production de girofliers sur plusieurs îles, dont Ternate (*doc.* **3**). En limitant la production à Amboine, elle réduit les peuples autochtones🜲 à la misère. De plus, elle contrôle sévèrement le trafic de cartes ou de plans géographiques qui pourraient donner à ses adversaires des renseignements sur la production des épices et sur les routes commerciales (*doc.* **2**).

LE DÉCLIN DE LA VOC

Au cours du XVIIIᵉ siècle, le commerce des épices devient moins rentable, alors que l'entretien de places fortes et la présence de garnisons militaires coûtent cher à la VOC. Entre 1740 et 1755, les guerres de succession au trône de Mataram à Java et les révoltes qui éclatent à Batavia entraînent des dépenses croissantes, portant un dur coup à la compagnie déjà endettée.

En 1799, la VOC déclare faillite, au moment où ses activités économiques s'étendent aux Moluques, à Java et au sud des Célèbes (*voir le doc.* **1**, *p. 131*). Dorénavant, l'État néerlandais exploitera directement ses possessions coloniales.

1 JAN PIETERSZOON COEN (1587-1629)

Nommé gouverneur général des Indes orientales par la VOC, il impose la domination de la Hollande à Java et aux Moluques par une politique agressive, voire cruelle. Avant la prise de Jayakarta, il déclare : « Ne désespère jamais, n'épargne pas l'ennemi, car Dieu est avec nous ». Cette phrase deviendra sa devise.

(Anonyme, XVIIe siècle.)

3 L'INSTAURATION D'UN MONOPOLE

« La Compagnie [de Hollande] avait encore plus à craindre qu'on n'enlevât des plants d'arbres et qu'on ne parvînt à les faire réussir ailleurs. Elle prit donc le parti de détruire, autant qu'il serait possible, les arbres d'épiceries dans toutes ces îles, en ne les laissant subsister que sur quelques-unes qui fussent petites et faciles à garder […]. Il fallut soudoyer les souverains [sultans], dont cette denrée faisait le revenu, pour les engager à consentir à ce qu'on en anéantît ainsi la source. »

Louis-Antoine de Bougainville, *Voyage autour du monde*, 1766-1769.

COMPÉTENCE 2
Interpréter le passé.

1 › Décrivez le rôle de la VOC aux Moluques.

2 › Comment la Compagnie s'y prend-elle pour contrôler la région des Moluques ?

3 › **T5** Comparez le programme hollandais de colonisation des Moluques avec le programme français de colonisation de la Nouvelle-France. Relevez des similitudes et des différences.

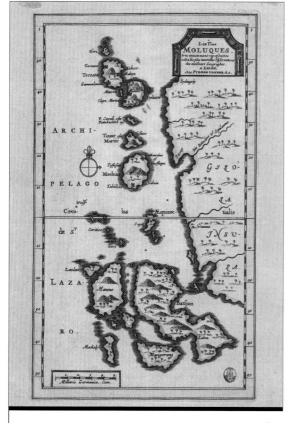

2 LES ÎLES MOLUQUES, TRÈS EXACTEMENT REPRÉSENTÉES SELON LES PLUS NOUVELLES OBSERVATIONS DES MEILLEURS GÉOGRAPHES

(Pierre Van der Aa, vers 1707, Leiden. Musée national de la marine, Londres, Angleterre.)

Tous les ingénieurs et les marins engagés par la compagnie hollandaise sont tenus de remettre leurs cartes et leurs plans lorsqu'ils quittent leur emploi. L'une des rares expéditions scientifiques à visiter les Moluques est menée par Louis-Antoine de Bougainville, de 1766 à 1769.

4 UN MARCHAND HOLLANDAIS

Jacob Mathieusen, un marchand de la Compagnie hollandaise des Indes orientales, et sa femme. De sa canne, le marchand pointe un convoi de navires de la VOC. À l'arrière-plan, la ville fortifiée de Batavia.
(Aelbert Cuyp, 1640-1660. Rijksmuseum, Amsterdam, Pays-Bas.)

Selon l'un des directeurs de la VOC, « on ne peut commercer sans faire la guerre, ni faire la guerre sans commercer ». L'État hollandais confère le droit à la VOC de faire la guerre et d'élever des forteresses. Au plus fort de la lutte, la flotte de guerre est soutenue par une armée privée de 12 000 soldats.

Moluques

Les insulaires résistent aux Hollandais

Plusieurs puissances européennes s'intéressent aux îles Moluques sans y développer de véritables colonies de peuplement. Pour préserver leur identité, les **insulaires** résistent tant bien que mal aux volontés coloniales des Européens.

LA VOLONTÉ D'ÉVANGÉLISATION DES PORTUGAIS

Pour l'Église catholique, la colonisation passe par l'évangélisation des peuples autochtones (*doc.* **1**). Dans les Moluques, les missionnaires procèdent à de nombreuses **conversions** à Amboine et à Ternate, où François Xavier fonde une mission en 1546 (*doc.* **3**). Toutefois, c'est à la religion **islamique**, apparue aux Moluques vers 1460, qu'adhèrent une bonne partie des insulaires (*doc.* **4**). Les Hollandais, moins enclins à l'évangélisation, s'allient aux populations locales désireuses de faire du commerce tout en continuant à pratiquer l'islam.

UNE PRODUCTION ASSURÉE PAR UN SYSTÈME ESCLAVAGISTE

L'occupation des îles Moluques par les Hollandais s'effectue par la force et la répression. Afin de prendre le monopole des épices, ceux-ci rasent des villages des îles Banda pour faire fuir les habitants. Les survivants sont réduits à l'esclavage pour répondre aux besoins en main-d'œuvre des plantations. Des révoltes d'esclaves éclatent à Amboine (*doc.* **2**) en 1648 et à Ternate en 1650, mais elles se soldent par des échecs.

UN PEUPLEMENT PRESQUE INEXISTANT

Sauf aux îles Banda et à Amboine, où la population locale a été presque entièrement décimée, l'influence européenne sur la société moluquoise se limite aux zones contrôlées par les propriétaires des comptoirs d'échanges (*doc.* **4**). Peu de colons s'installent définitivement aux îles Moluques. Ce sont surtout des administrateurs, des soldats, des dirigeants de plantations et quelques colons qui assurent l'approvisionnement des établissements de la VOC.

LA RÉSISTANCE AUX INFLUENCES EUROPÉENNES

Même si le hollandais imprègne profondément le malais indonésien, langue la plus répandue, la population continue de parler différentes langues locales. Seule l'élite apprend le hollandais pour accéder à des fonctions administratives. Au fil des ans, la religion **musulmane** forge l'identité indonésienne et incarne la résistance à la présence hollandaise.

CONCEPTS

- Colonie
- Commerce
- Église
- Évangélisation
- Peuplement
- Société

LEXIQUE

Conversion – Fait de changer de croyance ou de religion.

Insulaire – Personne qui vit sur une île.

Islam – Religion monothéiste fondée au VIIe siècle en Arabie par Mahomet.

Musulman, Musulmane – Personne qui croit en l'islam.

EN RÉSUMÉ: LES «ÎLES AUX ÉPICES»

Les Moluques sont au centre de grandes rivalités européennes pour le monopole des épices. Pendant près de 200 ans, une compagnie privée, la VOC, s'impose dans l'archipel. Les populations locales en subissent les contrecoups, tout en maintenant leur propre culture.

3 LE TRAVAIL DE MISSIONNAIRE À AMBOINE

« La flotte m'a tenu en haleine du matin au soir, écoutant un flot incessant de confessions, visitant les malades, prêchant, confessant et réconfortant les mourants. J'y ai passé tout mon temps pendant le carême, avant et après… L'île d'Amboine fait environ 25 à 30 lieues de pourtour, elle est populeuse avec sept villages de chrétiens. »

Saint François Xavier, cofondateur, avec Ignace de Loyola, de l'ordre des Jésuites, 1546.

◆ COMPÉTENCE 2
Interpréter le passé.

1 › Décrivez les impacts de l'influence européenne sur la société moluquoise.

2 › **T5** Comparez la politique de peuplement des Moluques avec celle de la Nouvelle-France. Relevez des similitudes et des différences.

1 DANSE AUTOCHTONE DANS LES ÎLES MOLUQUES

(John Hamilton Moore, 1778.)

Les côtes des Moluques sont peuplées de Malais. Les Alfours et les Amboinais (des Alfours christianisés dès le XVIe siècle par saint François Xavier) habitent l'intérieur des terres.

2 VUE DE LA PLACE D'ARMES À AMBOINE

(Jean-Baptiste Arnout, 1788. Bibliothèque nationale d'Australie, Canberra, Australie.)

La Compagnie hollandaise des Indes orientales doit maintenir un important contingent armé pour conserver son monopole et contrôler les populations locales.

4 UNE FÊTE RELIGIEUSE DANS LE VILLAGE DE CAIELI SUR L'ÎLE DU BURU

Dignitaires et musiciens accueillent dans leurs costumes d'apparat les voyageurs français de l'expédition scientifique de Louis Isidore Duperrey (1822-1825).
(Gravure dans *Voyage autour du monde sur la Corvette Coquille* de Louis Isidore Duperrey, 1826.)

Moluques

1607›1783 ○ LA COLONISATION DE LA VIRGINIE

1606›1619 Les premiers temps de la colonie

Sous le règne d'Élisabeth Ire d'Angleterre, Walter Raleigh découvre la Virginie en 1584 et tente, sans succès, d'y implanter une colonie. Dès le début du siècle suivant, cette région attise la convoitise des marchands anglais.

LA VIRGINIA COMPANY OF LONDON

En 1606, le roi d'Angleterre Jacques Ier accorde à la **Virginia Company of London** une charte l'autorisant à commercer et à s'établir en son nom en Amérique du Nord, entre le 34e et le 41e parallèle (*doc.* **1**). Cette charte précise que la compagnie doit évangéliser les Amérindiens, découvrir et exploiter des mines, et trouver une route vers l'Asie.

LA FONDATION DE LA COLONIE DE JAMESTOWN

En 1607, une expédition de 140 colons et missionnaires, organisée par la Virginia Company of London, fonde la petite colonie de Jamestown, en Virginie (*doc.* **4**). De nombreux colons doivent, en échange du paiement de leur voyage, travailler pour la *Compagnie* pendant une période allant jusqu'à sept ans (*doc.* **2**).

Toutefois, décimés par la famine et le scorbut, la moitié des colons périssent la première année. Les colons de Jamestown doivent leur survie aux Autochtones (*doc.* **3**), les Powhatans, qui leur apprennent, entre autres choses, à cultiver le tabac. Fort en demande en Europe, ce produit s'avère rapidement très rentable pour la colonie et de nombreuses exploitations se lancent dans sa production.

UNE COLONIE DE PEUPLEMENT

En 1618, la Virginia Company of London abandonne la prospection minière et prend des mesures pour encourager le peuplement agricole. Le candidat qui souhaite s'établir en Virginie reçoit une terre de 40 **ares** s'il paie son voyage ou celui d'une autre personne. De plus, en 1619, 90 jeunes femmes arrivent dans la colonie pour se marier. Un colon désirant épouser l'une d'entre elles doit payer 120 livres de tabac à la Compagnie, soit le prix du voyage de la jeune femme.

Dans les pages 136 à 141, vous prendrez connaissance de textes explicatifs et de documents qui vous permettront de comparer la colonisation de la Nouvelle-France avec celle de la Virginie.

CONCEPTS
- Colonie
- Commerce
- *Compagnie*
- Évangélisation
- Territoire*

LEXIQUE

Are – Surface de terre équivalente à 100 m².

RC Virginia Company of London – Fondée en 1606, elle obtient, par une charte royale britannique, le droit de s'établir et de commercer en Amérique du Nord. Elle est dissoute en 1624.

1 L'Est de l'Amérique du Nord aux XVIIᵉ et XVIIIᵉ siècles

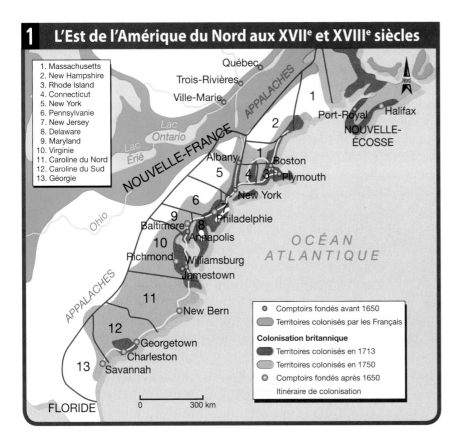

1. Massachusetts
2. New Hampshire
3. Rhode Island
4. Connecticut
5. New York
6. Pennsylvanie
7. New Jersey
8. Delaware
9. Maryland
10. Virginie
11. Caroline du Nord
12. Caroline du Sud
13. Géorgie

Québec
Trois-Rivières
Ville-Marie
APPALACHES
Port-Royal
Halifax
NOUVELLE-ÉCOSSE
Lac Ontario
Lac Érié
NOUVELLE-FRANCE
Albany
Boston
Plymouth
New York
Philadelphie
Baltimore
Annapolis
Ohio
Richmond
Williamsburg
Jamestown
OCÉAN ATLANTIQUE
APPALACHES
New Bern
Georgetown
Charleston
Savannah
FLORIDE

○ Comptoirs fondés avant 1650
▢ Territoires colonisés par les Français
Colonisation britannique
▢ Territoires colonisés en 1713
▢ Territoires colonisés en 1750
○ Comptoirs fondés après 1650
— Itinéraire de colonisation

0   300 km

2 LE PROGRAMME DE LA VIRGINIA COMPANY OF LONDON 〈RC〉

« Des marchands aventuriers se sont associés pour répartir les investissements, les dangers et les profits. Ils s'engagent à armer des bateaux qui transporteront des colons. Si les colons paient leur voyage, ils pourront dès leur débarquement travailler à leur compte. Si la société a avancé l'argent du voyage, elle bénéficiera pendant sept ans des fruits du travail des colons. »

André Kaspi, *Les Américains 1. Naissance et essor des États-Unis (1607-1945)*, Seuil, 1986.

⚜ COMPÉTENCE 2
Interpréter le passé.

1 › Qui est chargé de la politique de colonisation en Virginie au XVIIᵉ siècle ?

2 › Quels sont les intérêts des Anglais en Virginie ?

3 › (T5) Comparez le programme de colonisation de la Virginie avec celui de la France. Relevez des similitudes et des différences.

3 DES COLONS SAUVÉS PAR DES AMÉRINDIENS

« Il plut à Dieu dans notre malheur d'inciter les Indiens à nous apporter du grain et de nous restaurer alors que nous nous attendions à ce qu'ils nous détruisent. […] Nos provisions s'étant épuisées en vingt jours, les Indiens nous apportèrent une grande quantité de grain et de pain tout préparé, ainsi qu'une grande abondance de gibier des rivières qui restaurèrent nos constitutions affaiblies. Plus tard, ils commercèrent amicalement avec moi et mes hommes. »

John Smith (1607), cité dans Élise Marienstras, *La résistance indienne aux États-Unis du XVIᵉ au XXᵉ siècle*, Gallimard-Julliard, 1983.

John Smith (1580-1631)

(Détail d'une carte de la Nouvelle-Angleterre, 1616.)

Navigateur anglais, il fonde et gouverne la colonie de Jamestown en 1607. Il aurait été enlevé par les Powhatans, puis sauvé par une de leurs princesses nommée Pocahontas.

4 LA COLONIE DE JAMESTOWN VERS 1614 〈RC〉

(Sidney King, XXᵉ siècle. Colonial National Historical Park, Virginie, États-Unis.)

Le climat doux et la rencontre de la James River et d'un réseau de rivières importantes favorisent le choix des colons pour y établir la colonie.

Virginie

La société coloniale

La Virginie devient rapidement une colonie prospère grâce à la culture du tabac, à la croissance démographique et à l'esclavage. Au XVIIIᵉ siècle, c'est la colonie la plus peuplée d'Amérique du Nord, et une société très hiérarchisée.

UNE COLONIE DE PEUPLEMENT EN PLEINE CROISSANCE

L'immigration, un taux de natalité élevé et une faible mortalité contribuent au peuplement rapide de la Virginie (*doc.* **2**). Une nouvelle classe sociale se forme : les *freemen*. Ces hommes, libérés de leur contrat avec la Virginia Company of London, s'établissent à l'intérieur des terres en expulsant les Amérindiens. Par ailleurs, de riches planteurs font le commerce du tabac. À la fin du XVIIᵉ siècle, la Virginie exporte des millions de livres de tabac par année. Incapables de supporter les coûts de production, de nombreux *freemen* vendent leur petite exploitation aux grands planteurs et deviennent des travailleurs salariés.

L'ESCLAVAGE

La culture du tabac exige une importante main-d'œuvre que les immigrants contractuels anglais ne suffisent pas à combler. Réduits au travail forcé sur les plantations, les Amérindiens se retirent peu à peu des terres occupées par les colons. Vers la fin du XVIIᵉ siècle, pour pallier le manque de travailleurs agricoles, l'esclavage de Noirs africains est érigé en système (*doc.* **3**). Les colons anglais ne travaillent plus aux champs et se consacrent à la gestion des grandes plantations. Ils sont propriétaires ou intendants chargés de la surveillance des esclaves.

LES MISSIONNAIRES

Les premiers colons sont **anglicans**. Des missionnaires protestants s'installent dans la colonie pour évangéliser les Autochtones et les esclaves africains, concurrençant ainsi les missionnaires catholiques, français et espagnols (*doc.* **4**). Leur projet d'évangélisation se heurte à la résistance des Amérindiens qui refusent d'abandonner leurs propres croyances. À partir du XVIIIᵉ siècle, les esclaves africains se convertissent en grand nombre au christianisme.

L'ADMINISTRATION DE LA COLONIE

La Virginie devient une colonie royale anglaise après la dissolution de la Virginia Company of London en 1624. Le gouverneur doit partager son pouvoir avec une assemblée élue par les propriétaires terriens, la *House of Burgesses* (la Chambre des bourgeois) (*doc.* **1**). Ce Parlement est constitué d'une Chambre haute nommée par le gouverneur et d'une Chambre basse élue par les planteurs et les propriétaires. Le gouverneur contrôle les dépenses, nomme les fonctionnaires et commande la milice. De plus, il est le chef de l'Église. La Chambre basse adopte les lois et gère le budget de la colonie.

CONCEPTS
- Colonie
- Commerce
- Église
- Évangélisation
- Peuplement
- Société

LEXIQUE

Anglican, anglicane – Adepte de l'anglicanisme, religion protestante issue du catholicisme après que le roi d'Angleterre ait rompu avec le pape de Rome.

1 LA CHAMBRE DES BOURGEOIS DE VIRGINIE EN 1619

(Sidney King, XXᵉ siècle. Preservation Virginia, Richmond, États-Unis.)

En 1619, un groupe de bourgeois se réunit dans l'église de Jamestown et constitue la première assemblée de députés élus d'Amérique du Nord.

⚜ COMPÉTENCE 2
Interpréter le passé.

1 › Nommez des acteurs de l'évangélisation en Virginie et décrivez leurs intérêts.

2 › Qui détient le pouvoir dans la colonie de la Virginie ?

3 › **T5** Comparez le peuplement de la Virginie avec celui de la Nouvelle-France. Relevez des similitudes et des différences.

2 L'ÉVOLUTION DE LA POPULATION DE LA VIRGINIE

ANNÉE	POPULATION TOTALE	POPULATION NOIRE
1630	2 500	50
1680	43 596	3 000
1700	58 560	16 390
1780	538 004	220 582

D'après *Historical Statistics of the United States, Colonial Times to 1970*, vol. 2, Department of Commerce, Bureau of the Census, 1975.

3 DES ESCLAVES PRÉPARANT LE TABAC

(Gravure d'Angelo Biasioli d'après G. Bramati, vers 1790. Collection Stapleton.)

L'esclavage contribue à la croissance et à l'enrichissement de la Virginie. Dès 1660, les autorités adoptent les *Slaves Codes* (les Codes d'esclavage) pour réglementer le comportement des esclaves.

4 LE BAPTÊME DE POCAHONTAS, VERS 1614

(John Gadsby Chapman, vers 1840. Capitole des États-Unis, Washington, États-Unis.)

Première Amérindienne chrétienne de la Virginie, Pocahontas, fille du chef des Powhatans, a inspiré de nombreuses légendes. Toutefois, les conversions des Amérindiens au christianisme sont rares et l'expansion territoriale britannique est marquée par de sanglants conflits avec les peuples autochtones.

Virginie

L'émergence d'un nouvel État

Au début du XVIIIe siècle, l'Angleterre possède treize colonies en Amérique du Nord. En 1763, les relations entre la métropole et les colonies se détériorent. Demeurer ou non une possession de l'Angleterre, voilà l'enjeu majeur pour les colonies, dont la Virginie.

LES OBSTACLES AU COMMERCE

L'entretien d'un empire qui a doublé en superficie coûte cher à l'Angleterre. Elle impose donc aux Treize colonies une série de taxes. En 1764, le *Sugar Act* (la Loi sur le sucre) taxe le sucre et d'autres produits, dont le tabac. En 1765, le *Stamp Act* (la Loi sur le timbre) taxe notamment les écrits officiels, les journaux et les livres.

L'imposition sévère de ces lois suscite un vif mécontentement dans les colonies. Depuis 1765, certains colons recourent à la violence et organisent des manifestations appelant au **boycottage** des produits britanniques. Londres réplique en envoyant des troupes en Amérique du Nord et en supprimant les droits civils des colons.

L'INDÉPENDANCE DES COLONIES

Les colonies anglaises possèdent toutes une assemblée de représentants élus équivalente à la Chambre des bourgeois de Virginie. Ces assemblées, avec au premier rang celles de la Virginie et du Massachusetts, considèrent que les décisions relatives aux taxes et aux impôts leur appartiennent (*doc.* **1**). Elles réclament plus d'indépendance (*doc.* **2**) et revendiquent le droit d'être représentées au Parlement à Londres. L'Angleterre refuse.

Ce conflit entre la métropole et ses colonies nord-américaines dégénère en guerre et en révolution. En 1776, les Treize colonies déclarent leur indépendance. En 1783, victorieuses (*doc.* **3**), elles forcent l'Angleterre à les reconnaître en tant qu'États indépendants, désormais désignés sous le nom d'États-Unis d'Amérique. George Washington (*doc.* **4**), un riche planteur de la Virginie, devient le premier président des États-Unis en 1789.

CONCEPTS

- Colonie
- Commerce
- Enjeu
- État
- Société*

LEXIQUE

Boycottage – Refus d'entretenir des relations politiques et économiques avec un individu, un groupe ou un pays, et d'en acheter les biens.

EN RÉSUMÉ: LA NAISSANCE D'UN NOUVEL ÉTAT

La Virginie, première colonie britannique en Amérique du Nord, prospère rapidement grâce à l'immigration, à un taux de natalité élevé et à la culture du tabac. Plusieurs colons deviennent de riches planteurs et exploitent des esclaves d'abord autochtones, puis africains. La colonie est administrée par un gouverneur qui représente le roi et par une assemblée de députés élus. Après la guerre de l'Indépendance, la Virginie devient l'un des treize États fondateurs des États-Unis.

1 EXTRAITS DES RÉSOLUTIONS ADOPTÉES PAR LA CHAMBRE DES BOURGEOIS DE VIRGINIE, 1765

« **4.** Cette colonie, la plus ancienne de Sa Majesté, a toujours bénéficié du droit d'être gouvernée par sa propre assemblée en ce qui concerne les taxes et le service d'ordre [...].

5. Cette colonie possède donc le droit et le pouvoir exclusif d'imposer des taxes à ses ressortissants et toute tentative d'accorder ce droit à quelqu'un d'autre tend manifestement à détruire la liberté aussi bien britannique qu'américaine. »

Traduction de Yves Poisson, *La naissance des États-Unis d'Amérique*, Fleuve, 1990.

2 EXTRAIT DE LA DÉCLARATION DES DROITS DE LA VIRGINIE, JUIN 1776

Ce texte a inspiré la Déclaration d'Indépendance des États-Unis.

« **1.** Tous les hommes naissent naturellement et également libres et indépendants, et possèdent certains droits inaliénables dont ils ne peuvent pas, lorsqu'ils entrent dans l'état de société, priver ou dépouiller leur postérité. Ce sont : la jouissance de la vie et de la liberté, l'accession à la propriété, la recherche du bonheur et de la sécurité. »

3 LES BRITANNIQUES CAPITULENT À YORKTOWN, EN VIRGINIE, EN 1781.

(John Trumbull, 1797. Capitole des États-Unis, Washington, États-Unis.)

Après une longue guerre amorcée en 1775 par une attaque contre la province de Québec défendue surtout par des troupes britanniques, les colonies anglo-américaines triomphent à Yorktown, mettant fin à la guerre de l'Indépendance.

⚜ COMPÉTENCE 2
Interpréter le passé.

1 › Quels sont les éléments déclencheurs du conflit entre la métropole et la Virginie ?

2 › Tous les hommes sont-ils « naturellement et également libres » en Virginie ? Justifiez votre réponse.

3 › T5 Comparez les relations qu'entretiennent la France et la Nouvelle-France avec celles de l'Angleterre et de la Virginie. Relevez des similitudes et des différences.

4 GEORGE WASHINGTON SUPERVISE DES ESCLAVES.

George Washington supervise des esclaves sur sa plantation de Mount Vernon en Virginie.
(Junius Brutus Stearns, XIXᵉ siècle. Library of Congress, Washington, États-Unis.)

En 1759, George Washington (1732-1799) est élu à la Chambre des bourgeois de la Virginie. Il commande l'armée des insurgés américains dans la guerre de l'Indépendance. En 1797, il se retire de la vie politique et retourne sur sa plantation.

Virginie

1534 > 1760 LA NOUVELLE-FRANCE

1 > Le schéma ci-dessous résume ce que vous avez appris au sujet des impacts des programmes de colonisation sur l'organisation de la société et du territoire de la Nouvelle-France.

ÉTAT

Au début du XVIIe siècle, le roi de France cède à des compagnies privées le monopole commercial de la colonie. En échange, celles-ci s'engagent à stimuler le peuplement. Face aux faibles résultats, l'État français prend le contrôle de la colonisation en 1663 et met en place un Conseil souverain.

ÉGLISE

L'Église catholique encourage le peuplement de la colonie et prend en charge les écoles et les hôpitaux. Au XVIIIe siècle, elle est au centre de la vie communautaire coloniale et tient un rôle politique.

COMPAGNIE

Dès 1600, des compagnies privées obtiennent le monopole commercial des ressources et fondent des postes de traite de fourrures. Les plus importantes sont la Compagnie des Cent-Associés (1627-1663) et la Compagnie des Indes occidentales (1664-1669).

ÉVANGÉLISATION

En 1635, les Jésuites fondent les premières missions au pays des Hurons-Wendats afin de convertir les Amérindiens aux valeurs chrétiennes. D'autres sont construites plus à l'ouest, d'où sont lancées de nombreuses expéditions d'exploration.

COLONIE

- Première tentative d'établissement : 1541-1543.
- Ère des Compagnies et efforts de l'Église : 1608-1663.
- Prise en charge par l'État français : 1663-1760.

CANADIEN

Une société dite « canadienne » s'adapte au milieu physique et climatique de la colonie.

Cette population habite surtout dans la vallée du Saint-Laurent.

PEUPLEMENT

Les colons français s'installent depuis 1608, mais la population est surtout amérindienne. Dès 1663, une politique de peuplement et le système seigneurial favorisent l'immigration. Au XVIIIe siècle, l'augmentation démographique est surtout due à une forte natalité.

COMMERCE

Des compagnies privées s'intéressent au commerce de la pêche et des fourrures dès la fin du XVIe siècle. Des postes de traite sont fondés au début du XVIIe siècle et la fourrure devient le produit le plus exporté vers la France. Malgré les efforts de diversification (agriculture, mines, fabriques), la fourrure reste, en 1760, le moteur de l'économie coloniale.

UNE AUTRE COLONIE

2 › Reproduisez le schéma ci-dessous et complétez-le pour montrer les impacts des programmes de colonisation sur l'organisation de la société et du territoire du Brésil, des Indes françaises, des Moluques ou de la Virginie à la même époque.

ÉTAT
- Quel est le rôle de l'État métropolitain dans la colonisation ?
- Quelles sont les actions entreprises par cet État ?

ÉGLISE
- Quel est le rôle de l'Église dans la colonie ?
- Influence-t-elle le peuplement et l'administration coloniale ?

COMPAGNIE
- Y a-t-il une ou plusieurs compagnies impliquées dans la colonisation ?
- Si oui, quel est leur rôle et quelles sont leurs réalisations ?

ÉVANGÉLISATION
- L'Église tente-t-elle d'évangéliser les peuples autochtones ?
- Si oui, quels sont les moyens utilisés pour y parvenir ?

COLONIE
- Quels sont les moments importants de la colonisation de ce territoire ?
- Quelles sont les principales caractéristiques de cette colonie ?

SOCIÉTÉ COLONIALE
- Une nouvelle population naît-elle de la colonisation ?
- Si oui, quelles en sont les principales caractéristiques ?
- Quelle est l'organisation sociale de la colonie ?

PEUPLEMENT
- Quelles sont les caractéristiques des peuples autochtones ?
- Est-ce que l'État encourage l'installation de colons ? Si oui, quels moyens utilise-t-il ?

COMMERCE
- Quels sont les principaux produits destinés au commerce ?
- Comment ces activités économiques influencent-elles le développement colonial ?

3 › Les programmes de colonisation de l'État, de l'Église et des compagnies privées ont un impact sur l'organisation de la société et du territoire d'une colonie.

- Classez les renseignements que vous avez relevés dans le schéma que vous avez construit au numéro 2 selon leur aspect social et territorial.

- Dans un court texte, comparez la colonisation de la Nouvelle-France avec celle de la société de votre choix. Assurez-vous de bien démontrer les liens entre les programmes de colonisation et les impacts sur l'organisation de la société et du territoire de ces colonies.

LES DÉFIS DU QUÉBEC EN AMÉRIQUE DU NORD

Au XVIIᵉ siècle, la Nouvelle-France est une colonie dépendante de la France. L'État français réglemente son développement économique et dicte ses décisions politiques. Après la Conquête, la société dite « canadienne » est coupée de sa métropole française et devient une colonie britannique. Aujourd'hui, la société québécoise est-elle toujours aussi dépendante d'une puissance extérieure ?

PRÉSENT

Dans cette section, vous découvrirez des textes explicatifs et des documents vous permettant de faire le point sur la relation de dépendance du Québec avec ses voisins nord-américains.

LEXIQUE

PIB – Produit intérieur brut. Le PIB est la valeur totale des biens et des services produits dans un pays au cours d'une période donnée.

1 UN CLIMAT TENDU

« Ottawa refuse que le Québec prenne la parole à la douzième conférence de l'ONU sur les changements climatiques, à Nairobi, au Kenya. La ministre fédérale de l'Environnement, Rona Ambrose, l'a confirmé hier […]. Le Québec est donc relégué à la diplomatie parallèle et aux corridors.

Déçu, le ministre québécois de l'Environnement, Claude Béchard, a reconnu hier qu'il n'avait pas réussi à obtenir de Mᵐᵉ Ambrose le temps de parole de 45 secondes qu'il avait réclamé (sur les trois minutes accordées au Canada lors des plénières). »

Antoine Robitaille, « Nairobi : Ottawa muselle le Québec », *Le Devoir*, 10 novembre 2006.

2 LE TOP 10 MUSICAL D'UNE STATION DE RADIO MONTRÉALAISE POUR 2006

TITRES	ARTISTES
1. *Hips Don't Lie*	Shakira
2. *I Think of You*	Gregory Charles
3. *Dégénérations*	Mes Aïeux
4. *Crazy*	Gnarls Barkley
5. *Love Generation*	Bob Sinclar
6. *Maria*	QBanito
7. *Goodbye My Lover*	James Blunt
8. *Sorry*	Madonna
9. *SexyBack*	Justin Timberlake
10. *Temperature*	Sean Paul

Station radiophonique CKOI-FM.

3 CINÉMA : UNE EXCEPTION À LA SUPRÉMATIE ÉTATS-UNIENNE

En 2006, le film *Bon Cop Bad Cop* est au premier rang du box-office québécois, avec 10 638 568 $ de recettes. Le film états-unien *Pirates des Caraïbes : le coffre du mort* est second avec des recettes de 8 255 044 $. Au Québec, huit des dix films les plus rentables en 2006 sont états-uniens.

Cinéac.

COMPÉTENCE 3

Consolider l'exercice de sa citoyenneté.

1 > Précisez les domaines dans lesquels le Québec est dépendant de ses voisins nord-américains.

2 > Ces domaines sont-ils les mêmes qu'à l'époque de la Nouvelle-France ?

3 > Quelles actions le gouvernement du Québec peut-il entreprendre pour augmenter son autonomie dans ces domaines ?

4 > Choisissez un domaine et dites, en tant que citoyen ou citoyenne, quelles actions vous pouvez entreprendre pour augmenter l'autonomie du Québec dans ce secteur.

4 L'EXTRACTION DE SABLES BITUMINEUX EN ALBERTA

La raffinerie de Syncrude Canada à Fort McMurray, en Alberta.

« Le Canada compte 19 raffineries de pétrole exploitées par 11 sociétés pétrolières. Dans l'Ouest, la plupart des raffineries utilisent du pétrole brut produit au pays même ; les raffineries du centre et de l'est du pays (dont le Québec), quant à elles, s'approvisionnent en brut canadien et en brut importé. Mais pourquoi donc ces dernières importent-elles du pétrole brut ? […] Souvent, il est plus rentable pour les producteurs de l'Ouest d'exporter leur pétrole vers le Midwest américain que de l'expédier dans l'est du Canada […]. »

Bernard M. Wolf, professeur d'économie, « Comment s'établit le prix de l'essence », *La revue de l'Impériale*, printemps 2001.

6 LES VENTES DE BOIS D'ŒUVRE AUX ÉTATS-UNIS

« La dépendance du Québec au marché américain est importante car la quasi-totalité des exportations québécoises de bois résineux, soit 3,9 milliards de mille pieds mesure planche (MPMP) sur les 4 milliards vendus à l'étranger, aboutissent aux États-Unis. »

Industrie Canada.

5 LES EXPORTATIONS QUÉBÉCOISES, UNE DÉPENDANCE DANGEREUSE

« Avec presque 40 % de son **PIB** et un quart de ses emplois dépendant des exportations, le Québec a l'une des économies les plus ouvertes du monde. C'est excellent, mais cela comporte aussi des risques. […] Au début des années 1990, 80 % de nos exportations [allaient] vers ce marché. Dix ans plus tard, cette proportion atteint des niveaux extrêmes jamais vus, soit près de 90 % ! Cette réalité s'explique bien sûr par le grand pouvoir d'attraction du marché états-unien […]. »

André Carrier *et al.*, « Le Québec dans une Amérique qui se mondialise », Conseil québécois pour l'Amérique latine.

7 UN GÉANT QUI DIT NON.

« [Les États-Unis] sont les plus grands producteurs d'émissions de gaz à effet de serre du monde (20 tonnes de CO_2 par habitant par an, contre 10 tonnes par Allemand et 2,3 tonnes par Chinois) […]

Le 29 mars 2001, [George W. Bush] annonce que les États-Unis ne ratifieront pas le protocole de Kyoto parce qu'il ne va pas dans le sens de leurs intérêts économiques. Le président préfère travailler avec ses alliés à un plan qui exigerait des pays en développement qu'ils se conforment eux aussi à certaines normes environnementales. »

Barbara Debay et Isabelle Montpetit, « Le protocole de Kyoto », Radio-Canada, février 2005.

LA RECHERCHE D'AUTONOMIE ET LES RAPPORTS DE DÉPENDANCE

La société québécoise a développé sa propre identité, marquée par le fait français depuis l'époque de la Nouvelle-France. Intégrée à l'Amérique du Nord, elle n'échappe pas à l'influence de ses voisins. Pour protéger son caractère original et imposer ses visions, la société québécoise doit faire preuve d'autonomie.

ENQUÊTE

Une importante maison de production télévisuelle vous engage en tant que scénaristes pour écrire le scénario d'un reportage intitulé *Une place à prendre pour le Québec*.

En équipe, élaborez le plan de votre scénario en présentant plusieurs aspects du sujet et différents acteurs.

1 CULTIVER DES LIENS AVEC LA CHINE

« Le Québec vient de décider de porter de trois à sept l'effectif de ses bureaux à Pékin et à Shanghai qui fonctionnent dans le cadre de l'ambassade du Canada […]. Ces efforts restent malgré tout modestes. La Suède, un pays à peine plus populeux que le Québec, anime une délégation de 22 personnes en Chine.

[…] La région de Shandong présente de belles occasions d'affaires puisque les coûts d'exploitation y sont moins élevés qu'à Canton, Pékin ou Shanghai. C'est un bassin de près de 100 millions d'habitants, avec fenêtre sur mer.

[Le président de Ligne directe Québec-Chine] Pierre Racicot est […] d'avis que le Québec doit renforcer ses liens avec la province de Shandong. Il propose même la tenue d'un forum Québec-Shandong. Cela aurait l'avantage de mieux faire connaître les besoins de cet interlocuteur aux entreprises. »

Rudy Le Cours, « Harper n'aide pas les entreprises au Québec », *La Presse*, 21 novembre 2006.

2 UNE IDENTITÉ FRANCOPHONE EN AMÉRIQUE DU NORD

« Au moment où le taux de doublage des films en salle est à la baisse, passant de 78 % à 73 %, qu'à peine 7 % des DVD offerts en version doublée en français depuis 2003 sont doublés au Québec et que seulement 17 % des titres disponibles sur DVD sont en langue française, nous nous interrogeons sur l'inertie du gouvernement. "En refusant de légiférer en matière de doublage, le gouvernement refusait également de poser une première pierre dans une politique qui met la langue française en valeur. Nous sommes en droit de nous demander comment le gouvernement entend défendre la spécificité culturelle et linguistique du Québec en laissant presque entièrement le marché du DVD aux autres langues que le français. En réclamant une loi sur le doublage, nous revendiquons surtout le respect de notre 'nord-américanité', a affirmé Raymond Legault, président de l'Union des artistes." »

Union des artistes, Montréal, 24 avril 2007.

3 UN LEADER AU CANADA

« Peu importe ce que le gouvernement fédéral pense de Kyoto. Nous portons notre plan, et nous prenons le leadership au sein du Canada. […] Les groupes environnementaux comme Greenpeace nous ont appuyés. D'autres provinces veulent s'en inspirer. Et nous travaillons avec la Californie et une douzaine d'États du nord-est des États-Unis, très pro-Kyoto. Nous allons réduire de 4,8 % les émissions de gaz à effet de serre sur les 6 % nécessaires pour atteindre les objectifs de Kyoto. »

Claude Béchard, ministre du Développement durable du Québec, cité dans Sylvie Briet, « Kyoto : le Québec sur un air différent », *Libération*, 3 octobre 2006.

4 LE CIRQUE DU SOLEIL RÉINVENTE LE CIRQUE.

Martin Boisvert et Jennifer Kimberley Haight voltigent dans une scène du spectacle *KA* du Cirque du Soleil présenté à Las Vegas, aux États-Unis.

Depuis sa création au Québec en 1984, le Cirque du Soleil produit des spectacles qui intègrent de manière innovatrice le théâtre, la danse et la musique aux divers aspects du cirque. Ses représentations ont attiré près de 60 millions de spectateurs et spectatrices.

5 TÉLÉVISION : LES TENTATIONS AMÉRICAINES

« Au Canada, les télédiffuseurs privés conventionnels investissent maintenant plus dans les programmes étrangers, essentiellement américains, que dans les programmes canadiens. […] [Selon] Luc Wiseman, producteur chez Avanti, "[…] la recette est facile : on achète à l'étranger et on fait [des profits]", plutôt que d'investir dans des productions locales plus risquées.

[…] Le défi consiste à maintenir aujourd'hui une production locale représentative de notre identité et de notre culture spécifique, alors que les télédiffuseurs peuvent maintenant acheter des concepts télévisuels internationaux passe-partout qui leur permettent de ne pas investir à long terme auprès de leurs propres créateurs. »

Paul Cauchon, « Les tentations américaines », *Le Devoir*, 10 avril 2007.

6 MANIFESTATION À OTTAWA

Des activistes québécois et québécoises de Greenpeace, accompagnés de la mascotte O. Polaire, demandent au gouvernement fédéral de respecter les engagements du Canada envers le protocole de Kyoto.

Activités complémentaires

● La première séance
du Conseil souverain, 1663.

(Charles Huot, 1910-1913. Salle du Conseil législatif,
Québec, Canada.)

Le Conseil souverain est le plus haut tribunal de justice
de la Nouvelle-France. Son pouvoir politique consiste
à émettre les ordonnances de police.

Vous pouvez vous
servir des connais-
sances acquises dans
d'autres domaines
pour bien comprendre
la société de la
Nouvelle-France des
XVIIᵉ et XVIIIᵉ siècles.
Voici quelques
activités qui vous
permettront de
faire appel à vos
connaissances.

THÉÂTRE

À la fin du XVIIᵉ siècle, vous êtes membres
du Conseil souverain de Nouvelle-France,
composé du gouverneur, de l'intendant, de
l'évêque et d'un groupe de conseillères et
de conseillers issus de la population locale.
Le roi Louis XIV vous demande de faire
état de la situation coloniale sur le plan
social, territorial, militaire et économique.

En équipe, préparez une scène dans
laquelle vous discutez de ce que contiendra
ce rapport à présenter à Sa Majesté.
Assurez-vous qu'il soit complet et détaillé :
vos postes en dépendent !

ARTS

À l'aide de documents iconographiques
ou écrits décrivant des scènes de la vie
quotidienne en Nouvelle-France,
choisissez un aspect de la société
canadienne de la première moitié
du XVIIIᵉ siècle.

Réalisez une illustration représentant
le thème choisi.

FRANÇAIS

La correspondance écrite des colons de
Nouvelle-France est riche en information
sur tous les aspects de la vie de la colonie.

Endossez le rôle d'un de ces personnages :
• un militaire ;
• une « fille du roi » ;
• un missionnaire ;
• un religieux ou une religieuse ;
• un seigneur ;
• un ou une censitaire❻.

Écrivez une lettre à votre correspondant
ou correspondante en France dans
laquelle vous décrivez votre vie en
Nouvelle-France.

SCIENCE ET TECHNOLOGIE

Fondée en 1733, la Compagnie des Forges de
Saint-Maurice est la première industrie lourde du
Canada. Jusqu'aux années 1840, elle utilise des
procédés technologiques révolutionnaires.

Faites une recherche pour déterminer les activités
de cette industrie. Décrivez les matériaux utilisés,
leurs propriétés, ainsi que les produits issus de ces
forges. La technologie employée est-elle à l'origine
de la fermeture de cette industrie ?

Présentez le résultat de vos recherches à votre classe.

PATRIMOINE ARCHITECTURAL

Le toit en pente des premières maisons de Nouvelle-France empêche l'accumulation de neige.

La maison Saint-Gabriel aujourd'hui. RC

Lieu d'accueil des «filles du roi» à Ville-Marie (Montréal) de 1668 à 1773, la maison Saint-Gabriel devient ensuite une petite école, puis une maison de ferme. Le bâtiment est déclaré monument d'intérêt national en 1965. Il devient un musée en 1966.

L'ANALYSE D'UN ÉDIFICE HISTORIQUE

Faites une recherche sur cette maison historique.

1. Avec quels matériaux les maisons de la Nouvelle-France sont-elles construites ?

2. Quelles caractéristiques architecturales françaises retrouve-t-on dans ce bâtiment historique ?

3. Comment le climat de la Nouvelle-France influence-t-il la construction des maisons canadiennes ?

LES  **DE L'HISTOIRE**

Dès 1663, les efforts de peuplement du gouvernement français jouent un rôle déterminant dans le développement de la Nouvelle-France. L'arrivée des « filles du roi » marque la société de cette époque et suscite encore aujourd'hui beaucoup d'intérêt.

T4 Sur Internet, on peut trouver de nombreux témoignages sur les filles du roi. Relevez suffisamment de renseignements pour écrire un texte en histoire relatant la vie d'une de ces centaines de jeunes filles.

CHAPITRE 3

LE CHANGEMENT D'EMPIRE

LES RUINES DE LA VILLE DE QUÉBEC EN 1761

(Richard Short, *Vue de l'évêché et des ruines de la ville, depuis la côte entre la haute-ville et la basse-ville de Québec.* Bibliothèque et Archives Canada.)

Les dommages subis par la ville de Québec, la capitale de la Nouvelle-France, qui capitule en 1760 après un long siège de l'armée britannique.

SOMMAIRE

Repères	**152**
Présent	**154**
La dualité des institutions publiques au Québec	
Passé	**156**
Points de vue sur le changement d'empire	
Savoirs	
La période de transition vers la colonie britannique	158
L'instauration d'un nouveau régime politique	160
Les enjeux politiques dans la colonie	162
La révolution américaine	164
Une nouvelle constitution pour la colonie	166
Les conséquences de la révolution américaine	168
Les répercussions de la Conquête	170
Synthèse	**172**
Les coulisses de l'histoire	**176**
Ailleurs	**178**
Les changements d'empire	
La Dominique	180
Inde	186
Louisiane	192
Synthèse et comparaison	**198**
Retour au présent	**200**
La diversité linguistique du Québec	
Consolider l'exercice de sa citoyenneté	**202**
Différences, intérêts et coexistence	
Activités complémentaires	**204**

1760 ▸ 1791 ◦ LE CHANGEMENT D'EMPIRE

Les documents de cette double page vous permettront de situer le changement d'empire dans le temps et dans l'espace. Sur la ligne du temps, on indique en rouge les événements importants du chapitre et, en noir, les réalités sociales étudiées au premier cycle du secondaire.

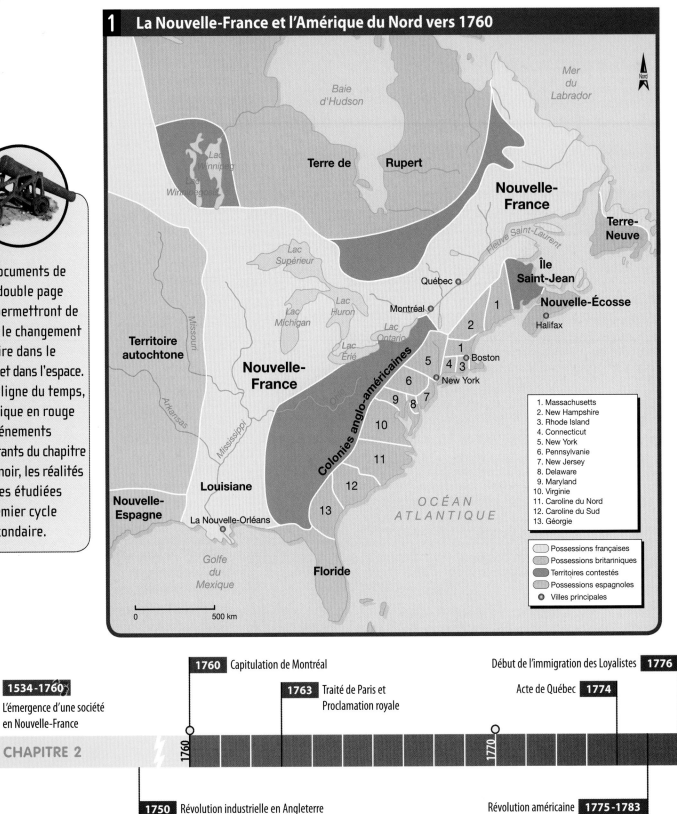

1 La Nouvelle-France et l'Amérique du Nord vers 1760

Mer du Labrador

Baie d'Hudson

Terre de Rupert

Nouvelle-France

Terre-Neuve

Lac Winnipeg
Lac Winnipegosis

Fleuve Saint-Laurent

Île Saint-Jean

Québec

Nouvelle-Écosse

Lac Supérieur

Montréal

Halifax

Territoire autochtone

Lac Huron
Lac Michigan

Lac Ontario

Lac Érié

1

2

Missouri

1
Boston

5
4 3

Nouvelle-France

6

New York

Colonies anglo-américaines

9
8 7

Arkansas

10

Mississippi

11

Louisiane

12

OCÉAN ATLANTIQUE

Nouvelle-Espagne

13

La Nouvelle-Orléans

Golfe du Mexique

Floride

1. Massachusetts
2. New Hampshire
3. Rhode Island
4. Connecticut
5. New York
6. Pennsylvanie
7. New Jersey
8. Delaware
9. Maryland
10. Virginie
11. Caroline du Nord
12. Caroline du Sud
13. Géorgie

Possessions françaises
Possessions britanniques
Territoires contestés
Possessions espagnoles
○ Villes principales

0   500 km

Nord

1760 Capitulation de Montréal

Début de l'immigration des Loyalistes **1776**

1534-1760
L'émergence d'une société en Nouvelle-France

1763 Traité de Paris et Proclamation royale

Acte de Québec **1774**

1760

1770

CHAPITRE 2

1750 Révolution industrielle en Angleterre

Révolution américaine **1775-1783**

2 L'Amérique du Nord britannique vers 1791

Île de Baffin

Mer du Labrador

Baie d'Hudson

Lac du Caribou

Lac Winnipeg

Lac Winnipegosis

Terre de Rupert

Terre-Neuve

Bas-Canada

Fleuve Saint-Laurent

Golfe du Saint-Laurent

Nouveau-Brunswick

Lac Nipigon

Québec

Halifax

Nouvelle-Écosse

Lac Supérieur

Haut-Canada

Montréal

Territoire autochtone

Lac Huron

Lac Michigan

Ontario

Lac Érié

Boston

New York

OCÉAN ATLANTIQUE

Louisiane

États-Unis d'Amérique

0   450 km

	Possessions britanniques
	Colonies britanniques
	Possession espagnole
	Territoire indépendant
●	Villes principales

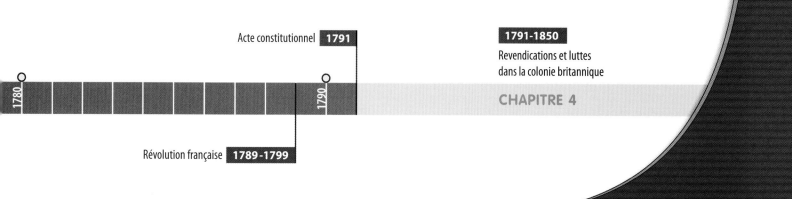

Acte constitutionnel **1791**

1780

1790

Révolution française **1789-1799**

LA DUALITÉ DES INSTITUTIONS PUBLIQUES AU QUÉBEC

Les institutions sont des formes ou des structures sociales établies par la loi ou par les coutumes d'une société. Les écoles, les hôpitaux et les médias sont des exemples d'institutions publiques. Au Québec, on remarque une **dualité** des institutions publiques. Quelles en sont les caractéristiques?

Les activités de cette double page vous permettront de vous interroger sur la dualité des institutions publiques aujourd'hui au Québec.

LEXIQUE

Dualité – Fait d'être double, coexistence de deux choses différentes.

1 L'ÉCOLE SECONDAIRE GÉRARD-FILION

Cette école secondaire francophone de la Commission scolaire Marie-Victorin est située à Longueuil, au Québec.

2 CHAMPLAIN COLLEGE

Ce collège anglophone est situé dans la municipalité de Saint-Lambert, au Québec.

3 DEUX MODES D'ORGANISATION DU TERRITOIRE DANS LA RÉGION DE L'ESTRIE

En Estrie, le territoire est divisé en cantons (*townships*, en anglais), héritage de l'organisation territoriale du régime britannique, eux-mêmes divisés en rangs, héritage de l'organisation territoriale du régime français.

4 LA BASILIQUE NOTRE-DAME DE MONTRÉAL

Cette imposante église catholique a été construite entre 1824 et 1829.

✦ COMPÉTENCE 1
Interroger le présent.

1 › Expliquez la fonction des institutions présentées dans ces documents.

2 › Pourquoi dit-on qu'il y a « dualité » des institutions publiques québécoises aujourd'hui ?

✦ COMPÉTENCE 3
Exercer sa citoyenneté.

3 › À votre avis, comment s'explique cette dualité des institutions publiques au Québec ?

5 LA DUALITÉ DU SYSTÈME JUDICIAIRE QUÉBÉCOIS

Le palais de justice de Montréal.

Le système judiciaire québécois est fondé sur deux codes de lois. En droit civil, le Québec applique un code de loi dont l'origine remonte au droit français. En droit criminel, le Québec applique le code de loi anglais.

6 LA CATHÉDRALE HOLY TRINITY À QUÉBEC

Cette église construite entre 1800 et 1804 est la première cathédrale anglicane (protestante) érigée à l'extérieur de la Grande-Bretagne.

POINTS DE VUE SUR LE CHANGEMENT D'EMPIRE

À la fin du XVIIIe siècle, les métropoles⊙ anglaise et française s'affrontent pour obtenir le contrôle des colonies. La victoire de l'Angleterre en Nouvelle-France marque la fin de la colonisation française en Amérique et le début d'une nouvelle colonie anglaise.

Dans cette double page, vous comparerez trois points de vue sur les conséquences de la Conquête pour les Canadiens français. Cette comparaison vous permettra de vous interroger sur ce changement d'empire.

CONCEPT CENTRAL

Conquête

Une *conquête* est l'action de prendre possession d'un pays ou d'un territoire et de soumettre un peuple par la force ou par des traités politiques.

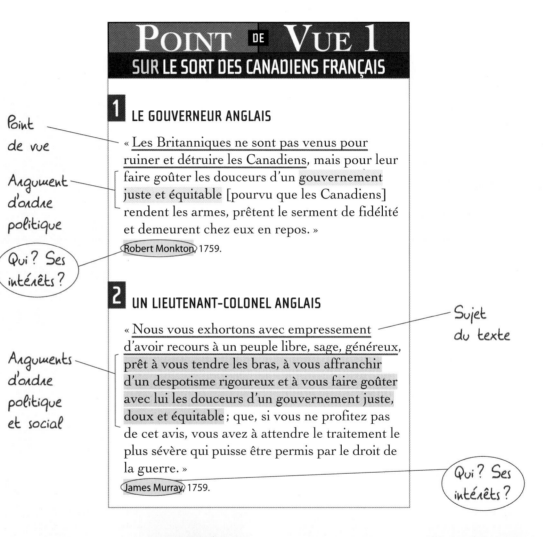

POINT DE VUE 1
SUR LE SORT DES CANADIENS FRANÇAIS

1 LE GOUVERNEUR ANGLAIS

Point de vue

Argument d'ordre politique

« Les Britanniques ne sont pas venus pour ruiner et détruire les Canadiens, mais pour leur faire goûter les douceurs d'un gouvernement juste et équitable [pourvu que les Canadiens] rendent les armes, prêtent le serment de fidélité et demeurent chez eux en repos. »
Robert Monkton, 1759.

Qui? Ses intérêts?

2 UN LIEUTENANT-COLONEL ANGLAIS

Sujet du texte

« Nous vous exhortons avec empressement d'avoir recours à un peuple libre, sage, généreux, prêt à vous tendre les bras, à vous affranchir d'un despotisme rigoureux et à vous faire goûter avec lui les douceurs d'un gouvernement juste, doux et équitable ; que, si vous ne profitez pas de cet avis, vous avez à attendre le traitement le plus sévère qui puisse être permis par le droit de la guerre. »
James Murray, 1759.

Arguments d'ordre politique et social

Qui? Ses intérêts?

Robert Monkton (1726-1782)

Militaire britannique, il est gouverneur général de l'Acadie en 1754. Il ordonne la déportation des Acadiens en 1755. En 1759, il est blessé sur les plaines d'Abraham.

(J. Keenan. Bibliothèque et Archives Canada.)

James Murray (1720-1794)

Militaire britannique, il combat aux côtés du général Wolfe sur les plaines d'Abraham. Il est gouverneur de Québec sous le régime militaire de 1760 à 1763, puis gouverneur général de la colonie britannique de 1763 à 1766.

(Anonyme, vers 1770. Bibliothèque et Archives Canada.)

♦ COMPÉTENCE 1
Interroger le passé.

D'après les auteurs cités dans ces documents, quels sont les enjeux de la Conquête pour les Canadiens français ?

POINT DE VUE 2
SUR LE SORT DES CANADIENS FRANÇAIS

3 UN ADMINISTRATEUR COLONIAL

Sujet du texte

« Il s'agit de maintenir dans la paix et l'harmonie et de fusionner pour ainsi dire en une seule, deux races* qui pratiquent actuellement des religions différentes, parlent des langues qui leur sont réciproquement étrangères et sont par leurs instincts portées à préférer des lois différentes. La masse des habitants est composée ou de Français originaires de la vieille France ou de Canadiens nés dans la colonie, parlant la langue française seulement […]. Le reste des habitants se compose de natifs de la Grande-Bretagne ou d'Irlande ou des possessions britanniques de l'Amérique du Nord […]. Néanmoins, si la province est administrée de manière à donner satisfaction aux habitants, ce nombre s'accroîtra chaque jour par l'arrivée de nouveaux colons […] en sorte qu'avec le temps il pourra devenir égal, même supérieur à celui de la population française. »

Constat sur les deux sociétés dans la colonie

Argument d'ordre politique et démographique

Baron Francis Masère, 1773.

* Au XVIIIe siècle, le terme « race » avait le sens de « groupe ethnique, peuple ».

Qui ? Ses intérêts ?

Baron Francis Masère (1734-1824)

Protestant français vivant en Grande-Bretagne, il occupe des postes importants dans l'administration de la colonie britannique.

(Charles Hayter, XVIIIe siècle. Bibliothèque et Archives Canada.)

Savoirs

1760 ▸ 1763 La période de transition vers la colonie britannique

Après la capitulation de Montréal en 1760, il faut attendre la fin des hostilités en Europe pour connaître le sort de la colonie. Le changement de métropole affecte l'organisation de la société canadienne-française.

Dans cette section, vous découvrirez des textes explicatifs et des documents qui vous aideront à comprendre les conséquences de la Conquête sur l'organisation de la société et du territoire.

CONCEPTS

- *Conquête**
- Droit
- Langue
- Religion
- Société
- Territoire

LEXIQUE
Élite – Groupe social qui détient des pouvoirs politiques, économiques ou culturels et qui tente d'orienter les choix de société.

LE RÉGIME MILITAIRE BRITANNIQUE PROVISOIRE

À partir de 1760, l'armée britannique instaure un régime militaire dirigé par le général Jeffrey Amherst. Afin de maintenir l'ordre dans la colonie, Amherst demande à la population de rendre les armes et de cesser les combats. Il maintient les lois civiles et criminelles françaises mais oblige la population à prêter le serment d'allégeance à la couronne britannique.

LE TRAITÉ DE PARIS: LA FIN DE LA COLONISATION FRANÇAISE

En 1763, la signature du traité de Paris, qui met fin à la guerre de Sept Ans, a des conséquences sur le territoire et l'organisation sociale de la colonie. La France cède la Nouvelle-France, qui devient alors une colonie britannique (*doc.* **3**). Le traité reconnaît aux Canadiens le droit de pratiquer leur religion pourvu qu'ils respectent les lois britanniques. S'ils le désirent, les habitants sont autorisés à quitter la colonie et à vendre leurs biens, à condition que les acheteurs soient des sujets britanniques.

Parmi les habitants de langue française, des membres de l'**élite** (hauts fonctionnaires, marchands, représentants des compagnies métropolitaines et Français fortunés) retournent en France, mais la majorité de la population canadienne-française demeure dans la nouvelle colonie (*doc.* **2**).

LA RÉSISTANCE AUTOCHTONE

Peu avant la signature du traité de Paris, des Autochtones alliés des Français résistent à l'occupation britannique (*doc.* **1** *et* **4**). Ils reprochent aux Britanniques de violer les ententes commerciales qui avaient été conclues avec les Français, de les traiter injustement et de les exploiter.

En avril 1763, le chef Pontiac (*voir la p. 173*) tente de rallier les Outaouais, les Saulteaux et les Canadiens français pour combattre les nouveaux occupants (*doc.* **1**). En mai, des guerriers attaquent les forts britanniques de la vallée de l'Ohio. Quelques Canadiens aident les résistants autochtones dans leur lutte, mais la plupart demeurent neutres. Les autorités britanniques font appel aux Canadiens pour former une milice❺ et les aider à soumettre les Autochtones rebelles, leurs anciens alliés.

1 EN 1763, UN CHEF AUTOCHTONE TENTE DE SE TROUVER DES ALLIÉS.

« Frères ! Ce n'est point pour ma seule vengeance que je fais la guerre aux Anglais. C'est aussi pour vous venger, mes frères ! Quand les Anglais vous ont offensés, ils nous ont offensés aussi. Je sais qu'ils vous ont désarmés et vous ont contraints de signer un traité qui vous laisse sans défense. Maintenant je veux sauver votre cause et la mienne ensemble. Je veux détruire les Anglais et n'en laisser aucun sur vos terres […] ; je suis un Français et je veux mourir comme tel […]. Je ne vous demande pas votre concours direct, car vous ne pouvez me l'apporter : je ne demande que des provisions pour mes combattants. »

Pontiac s'adressant aux Canadiens établis dans la région de Détroit, juillet 1763.

Pontiac (entre 1712 et 1725-1769)

(Illustration, XVIIIe siècle.)

Chef des Outaouais, il convainc des nations autochtones alliées des Français de se soulever contre la conquête britannique. Sa tentative de rallier les Canadiens français se solde par un échec. En 1766, les insurgés signent finalement un traité de paix avec les Britanniques.

→ **T3** Comment Pontiac justifie-t-il sa guerre contre les Anglais ?

2 LA POPULATION DE LA COLONIE EN 1760

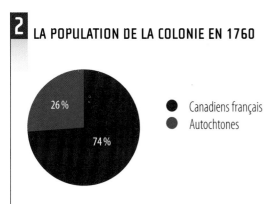

26 % ● Canadiens français
74 % ● Autochtones

En 1760, la population de la colonie est principalement composée d'Autochtones et de Canadiens catholiques descendants de colons français. On trouve aussi quelques esclaves africains.

3 EXTRAITS DE L'ARTICLE 4 DU TRAITÉ DE PARIS, 1763

« Sa Majesté très chrétienne cède et garantit à Sa Majesté britannique, en toute propriété, le Canada avec toutes ses dépendances, ainsi que l'île du Cap-Breton et toutes les autres îles et côtes, dans le golfe et le fleuve Saint-Laurent […]. De son côté, Sa Majesté britannique convient d'accorder aux habitants du Canada la liberté de la religion catholique. En conséquence, elle donnera les ordres les plus précis et les plus effectifs pour que ses nouveaux sujets catholiques romains puissent professer le culte de leur religion selon le rite de l'Église romaine, en tant que le permettent les lois de la Grande-Bretagne. »

⚜ COMPÉTENCE 2
Interpréter le passé.

1 > En 1760, dans quel contexte politique le régime militaire britannique a-t-il été implanté dans l'ex-colonie française ?

2 > Quels étaient les groupes sociaux en présence lors du changement d'empire au Canada ? Quels intérêts défendaient-ils ?

3 > À quelle condition le traité de Paris reconnaît-il aux Canadiens le droit de pratiquer leur religion ?

4 > Expliquez les conséquences de la défaite des plaines d'Abraham en 1759 pour les Canadiens français.

4 DES POURPARLERS DIFFICILES

Pontiac rencontre Sir Frederick Haldimand, le gouverneur britannique de Trois-Rivières. (Charles William Jefferys, vers 1925. Bibliothèque et Archives Canada.)

L'instauration d'un nouveau régime politique

Après la *Conquête*, Londres définit par une Proclamation royale le cadre du nouveau régime politique de la colonie et détermine les règles de son gouvernement et de son administration. Dorénavant, la colonie portera le nom de « *Province of Quebec* ».

CONCEPTS

- *Conquête*
- Droit
- Éducation*
- Langue
- Pouvoir
- Religion
- Territoire

LEXIQUE

Assemblée législative – Institution politique regroupant des représentants élus qui détiennent le pouvoir d'édicter des lois et de les adopter.

LA PROCLAMATION ROYALE DE 1763, UNE PREMIÈRE CONSTITUTION DE LA *PROVINCE OF QUEBEC*

Cette première constitution de la colonie inaugure l'instauration d'un nouveau régime politique. Une politique répressive est imposée aux Canadiens conquis et des **droits** sont accordés aux nations autochtones. La Proclamation royale modifie les frontières de la colonie (*doc.* **1**), impose l'anglais comme seule **langue** d'usage dans l'administration et décrète que les lois civiles et criminelles devront être conformes au droit britannique. Elle reconnaît aux nations autochtones des droits territoriaux sur une grande partie du **territoire** à l'ouest de la colonie. Ce territoire est déclaré « réserve indienne » et personne, à l'exception de la couronne, n'a le droit d'y acheter des terres.

UNE POLITIQUE FAVORISANT L'IMMIGRATION BRITANNIQUE

Londres compte sur une forte immigration de sujets en provenance de Grande-Bretagne et de ses colonies pour donner à la *Province of Quebec* un caractère britannique (*doc.* **3**). Afin de favoriser l'immigration, la métropole promet d'instituer une **assemblée législative** et un système représentatif qui permettront aux colons et aux marchands britanniques de défendre leurs intérêts et leurs droits auprès des instances politiques et du roi. Ce projet exclut la participation des Canadiens français, pourtant fortement majoritaires dans la colonie.

UNE POLITIQUE FAVORISANT L'ASSIMILATION DES CANADIENS FRANÇAIS

Londres préconise une politique d'assimilation des Canadiens français et tente de limiter leur **pouvoir**. La métropole donne ordre au premier gouverneur général de la colonie, James Murray (*voir la p. 173*), de mettre en vigueur les lois britanniques et de promouvoir les écoles et les églises protestantes afin d'encourager les Canadiens à se convertir[6] et à s'angliciser. De plus, ceux qui veulent occuper un poste dans l'administration doivent prêter le serment du Test. Cette loi britannique qui date de 1673 nie l'autorité du pape et des dogmes importants de la **religion** catholique. La plupart des Canadiens français catholiques sont ainsi exclus des fonctions administratives. Toutes ces mesures provoquent le mécontentement des Canadiens français, qui font connaître leur ressentiment dans une pétition adressée au roi (*doc.* **2**).

1 Le territoire de la colonie, modifié par la Proclamation royale de 1763

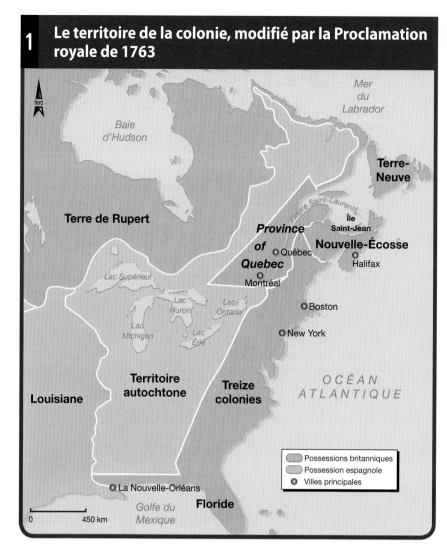

⚜ **COMPÉTENCE 2**
Interpréter le passé.

1 › Quelles sont les conséquences de la Proclamation royale ?

2 › Expliquez pourquoi la métropole veut limiter les pouvoirs des Canadiens français après la Conquête.

3 › Quels sont les objectifs à long terme de la politique de Londres dans la colonie ?

2 PÉTITION DES CANADIENS FRANÇAIS AU ROI GEORGE III POUR LA RECONNAISSANCE DE LEURS DROITS, 1764

« Qui sont ceux qui veulent nous faire proscrire ? Environ trente marchands anglais, dont quinze au plus sont domiciliés [dans la colonie]. Qui sont les proscrits ? Dix mille chefs de famille, qui ne respirent que la soumission aux ordres de Votre Majesté ou de ceux qui la représentent [...].

En effet que deviendrait le bien général de la colonie, si ceux qui en composent le corps principal en devenaient des membres inutiles par la différence de la religion ? Que deviendrait la justice si ceux qui n'entendent point notre langue, ni nos coutumes, en devenaient les juges par le ministère des interprètes ? [...] De sujets protégés par Votre Majesté, nous deviendrons de véritables esclaves ; une vingtaine de personnes que nous n'entendons point deviendraient les maîtres de nos biens et de nos intérêts. »

Documents constitutionnels, 1759-1791.

➡ **T3** D'après les pétitionnaires, qui exerce le pouvoir dans la colonie ?

3 UNE ROMANCIÈRE BRITANNIQUE CRITIQUE LA NOUVELLE COLONIE.

« Les Colonies sont absolument nécessaires à notre commerce. [...] Il est donc essentiel que l'attention du gouvernement se porte sans cesse à en accroître la population et à les rendre plus florissantes. [...] Puissions-nous conserver un si grand nombre de sujets [canadiens-français] ! Il faudrait pour cela gouverner avec bonté, les exciter à parler notre langue, leur faire connaître la douceur de nos lois et leur inspirer l'idée qu'elles sont faites pour rendre un peuple heureux. Il faudrait, en même temps, tourner leur esprit à l'industrie et au commerce. »

Frances Brooke-Moore, *Histoire d'Émilie Montague*, 1770, citée dans B. Dufresne, *Cinq femmes et nous*, Belisle, 1950.

Frances Brooke-Moore (1724-1789)

(Catherine Read, vers 1771. Bibliothèque et Archives Canada.)

Romancière anglaise immigrée à Québec en 1763, on considère qu'elle est l'auteure du premier roman nord-américain.

➡ **T3** Comment les Britanniques devraient-ils traiter les Canadiens français selon l'auteure ?

Les enjeux politiques dans la colonie

Pour calmer le mécontentement suscité chez les Canadiens français par la Proclamation royale, Londres doit trouver un moyen d'assurer la paix et l'ordre dans la colonie. Un débat politique naîtra bientôt sur cette question.

LA POLITIQUE DE CONCILIATION DE MURRAY

Afin de contrôler les Canadiens français et de satisfaire les marchands britanniques, James Murray décide de ne pas instaurer d'assemblée législative❻ élue où ne siégeraient que des représentants de la minorité britannique. Il crée plutôt un Conseil (*doc.* **3**) dont il choisit les membres, des hommes modérés qui tiennent compte de la présence des Canadiens français. Afin de les accommoder, le Conseil instaure deux cours de justice : une cour supérieure qui applique les lois britanniques (*Common Law*) et une cour inférieure pour les Canadiens français qui applique les lois civiles françaises (la coutume de Paris).

LA POLITIQUE DE CONCILIATION NE FAIT PAS L'UNANIMITÉ

Cette politique attise la colère des marchands britanniques de Montréal (nommés les *Montrealers* par les historiens et historiennes) et de Québec, qui souhaitent imposer l'usage de la **langue** anglaise, interdire les coutumes et les lois françaises dans l'administration de la justice et instaurer une assemblée législative où ils pourraient être représentés. Ces marchands accusent Murray d'être trop favorable aux Canadiens français et obtiennent son renvoi en 1766. Le gouverneur général est remplacé en 1768 par Guy Carleton, Lord Dorchester (*voir la p. 173*).

LE DÉBAT ENTRE CARLETON ET LES MARCHANDS BRITANNIQUES

Carleton pratique une politique semblable à celle de son prédécesseur. Il cherche à maintenir les Canadiens français dans une position de **subordination** et de soumission aux Britanniques, mais il leur reconnaît des **droits**. Il considère que les Canadiens français devraient conserver leur **religion**, leur langue, leurs lois et leurs traditions.

LA POLITIQUE DE CONCILIATION DEVIENT UN ENJEU

La politique du nouveau gouverneur général se heurte encore une fois à l'opposition des marchands britanniques, qui continuent de réclamer des institutions et des lois britanniques. Deux groupes se forment : d'une part, les partisans de la conciliation, menés par Murray et Carleton, créent un parti appelé le *French Party* dont l'un des représentants est François Baby (*doc.* **4**) ; d'autre part, les partisans des marchands britanniques fondent un parti appelé le *British Party* dont l'un des représentants est le baron Francis Masère (*doc.* **1**). En 1773, les débats se poursuivent à Londres, où les deux groupes font valoir leurs options respectives devant le gouvernement (*doc.* **1** *et* **2**).

CONCEPTS

- *Conquête**
- Droit
- Enjeu
- Langue
- Religion

LEXIQUE

Conciliation – Fait d'amener des personnes à s'entendre sur des opinions ou des positions divergentes.

Subordination – Fait d'être soumis ou soumise à l'autorité de quelqu'un d'autre, d'être sous son contrôle.

RC

1 UN REPRÉSENTANT DU *BRITISH PARTY* EXPOSE SA POSITION.

« Il pourrait être dangereux dans ces premiers jours de leur soumission d'admettre les Canadiens eux-mêmes à un si haut degré de puissance [leur participation à une assemblée législative]. […] Ne connaissant pas les lois et coutumes de l'Angleterre, et par conséquent ayant des préjugés contre elle, il est très improbable qu'ils favoriseraient avant longtemps des mesures de nature à introduire graduellement la religion protestante ou les lois anglaises. […] Tout cela repousserait à des temps très lointains, peut-être pour toujours, cette coalition des deux nations ou l'absorption de la française par l'anglaise en ce qui concerne la langue, les affections, la religion et les lois, qui est si désirable et pourrait peut-être se réaliser en une ou deux générations, si des mesures appropriées sont adoptées dans ce but. »

Baron Francis Masère (1734-1824)

(Charles Hayter, XVIIIe siècle. Bibliothèque et Archives Canada.)

Mathématicien et écrivain protestant d'origine française, il occupe le poste de procureur général de la *Province of Quebec*. Il est responsable de l'administration de la justice au Conseil et présente la position des marchands britanniques de Montréal à Londres en 1773.

⚜ **COMPÉTENCE 2**
Interpréter le passé.

1 › a) Qui sont les principaux acteurs dans le débat sur les droits des Canadiens français ?

b) T5 Résumez et comparez les points de vue de ces acteurs.

2 › Quelles sont les conséquences de la politique coloniale de Londres après la Conquête ?

⚜ **COMPÉTENCE 3**
Exercer sa citoyenneté.

3 › D'après vous, est-il possible aujourd'hui de concilier des intérêts divergents dans la société québécoise ? Justifiez votre réponse.

---

2 LA POSITION DES CANADIENS FRANÇAIS EN 1773

« La conservation de nos anciennes lois, coutumes, et privilèges, dans leur entier, (et qui ne peuvent être changés ni altérés sans détruire et renverser entièrement nos titres et nos fortunes) est une grâce et un acte de justice que nous espérons de la bonté de Sa Majesté. Nous demandons avec ardeur la participation aux emplois civils et militaires. L'idée d'une exclusion nous effraye. […] Nous représentons humblement que cette colonie […] n'est pas encore en état de payer ses dépenses, et, par conséquent, de former une chambre d'assemblée. Nous pensons qu'un conseil plus nombreux qu'il n'a été jusques ici, composé d'anciens et nouveaux sujets, serait plus à propos. »

Documents constitutionnels, 1759-1791.

➔ **T3** Quelles sont les revendications des Canadiens français en 1773 ?

3 LES INSTITUTIONS POLITIQUES APRÈS LA PROCLAMATION ROYALE, 1763

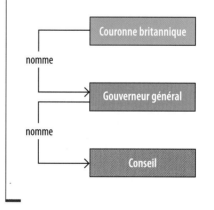

Couronne britannique

nomme

Gouverneur général

nomme

Conseil

4 FRANÇOIS BABY ⟨RC⟩ (1733-1820)

Militaire et seigneur canadien-français, il combat sur les plaines d'Abraham. Il défend la politique de Guy Carleton et présente la pétition des Canadiens à Londres en 1773.

(A.-D. Aubry, 1897. Bibliothèque et Archives Canada.)

La révolution américaine

À la fin du XVIIIᵉ siècle, les colons des Treize colonies britanniques d'Amérique manifestent de plus en plus leur désir de liberté et d'autonomie à l'égard de la métropole. Leurs revendications mèneront à la révolution américaine et à l'indépendance des Treize colonies.

LEXIQUE

Patriote – Personne qui sert son pays avec dévouement. Dans les Treize colonies britanniques d'Amérique, les patriotes s'opposaient au pouvoir de Londres et réclamaient l'indépendance de leurs colonies.

LES ORIGINES DE LA RÉVOLUTION AMÉRICAINE

Après la *conquête* de la Nouvelle-France, Londres prend des décisions qui suscitent la colère dans ses colonies : augmentation des taxes et des impôts pour couvrir les dépenses de la guerre de Sept Ans, interdiction de s'établir à l'ouest des Appalaches et contrôle du commerce des colonies. Certains colons protestent et réclament l'indépendance des colonies (*doc.* **3**).

LES COLONS MANIFESTENT LEUR MÉCONTENTEMENT

À partir des années 1770, Londres adopte des mesures pour accroître son contrôle sur le commerce colonial et envoie des soldats pour protéger les percepteurs de taxes. Les colons entreprennent le boycottage❻ des produits britanniques et provoquent des émeutes à Boston (*doc.* **1**). Londres riposte en suspendant les droits civils des habitants du Massachusetts et en dépêchant des troupes pour réprimer les manifestations. C'est le début d'une escalade qui aboutira à l'affrontement entre les colons et la métropole.

LES DÉLÉGUÉS DES COLONIES SE RÉUNISSENT EN CONGRÈS

Le 5 septembre 1774, 56 délégués choisis par les assemblées législatives des colonies se rassemblent à Philadelphie pour trouver des solutions au conflit. Ils présentent une déclaration de leurs droits et de leurs doléances au roi d'Angleterre. Les colons, qui estiment avoir les mêmes droits que les autres sujets britanniques, réclament qu'on leur cède le contrôle des taxes et des impôts. Pour Londres, ces délégués sont des rebelles qui contestent le pouvoir de l'État.

LES PATRIOTES DES TREIZE COLONIES PRENNENT LES ARMES

En février 1775, les représentants réunis dans un second congrès continental décident de former un gouvernement et une armée commandée par George Washington pour affronter les troupes britanniques envoyées en renfort dans la colonie. En 1776, le Congrès adopte la Déclaration d'Indépendance des États-Unis d'Amérique (*doc.* **2**). La guerre de l'Indépendance durera encore sept années. Londres reconnaît finalement l'autonomie du nouvel État en 1783, avec la signature du traité de paix à Paris.

COMPÉTENCE 2
Interpréter le passé.

1 › T1 Construisez une ligne du temps représentant les principaux événements de la révolution américaine.

2 › Décrivez une conséquence pour les Treize colonies de la conquête de la Nouvelle-France par les Anglais.

3 › Qui sont les principaux acteurs de la révolution américaine ?

1 LE *BOSTON TEA PARTY*

(Gravure tirée de W. D. Cooper, *History of North America*, Londres, 1789.)

En décembre 1773, dans le port de Boston, 50 colons déguisés en Mohawks jettent à la mer une cargaison de thé. Soutenus par la population, ils protestent contre le monopole⑥ de la Compagnie anglaise des Indes orientales et l'augmentation des taxes.

2 EXTRAIT DE LA DÉCLARATION D'INDÉPENDANCE DES ÉTATS-UNIS D'AMÉRIQUE, 1776

« **Préambule**

[…] Nous tenons pour évidentes pour elles-mêmes les vérités suivantes : tous les hommes sont créés égaux ; ils sont doués par le Créateur de certains droits inaliénables ; parmi ces droits se trouvent la vie, la liberté et la recherche du bonheur. Les gouvernements sont établis parmi les hommes pour garantir ces droits, et leur juste pouvoir émane du consentement des gouvernés. Toutes les fois qu'une forme de gouvernement devient destructive de ce but, le peuple a le droit de la changer ou de l'abolir et d'établir un nouveau gouvernement, en le fondant sur les principes et en l'organisant en la forme qui lui paraîtront les plus propres à lui donner la sûreté et le bonheur. »

3 THOMAS PAINE SUR LES DROITS DES AMÉRICAINS

Thomas Paine (1737-1809)

(William Sharp, d'après George Romney, 1793. Library of Congress, Washington, États-Unis.)

« Les Anglais et les Américains sont égaux, comme tous les hommes le sont ; George III est un tyran qui ne respecte pas les traditions britanniques ; les colonies, opprimées dans leurs droits naturels, doivent sortir de l'Empire et former un État indépendant. »

Thomas Paine, *Le Sens commun*, 1776.

Homme politique et éditeur anglais, il immigre en Pennsylvanie en 1774 et défend l'idée de l'indépendance des Treize colonies britanniques d'Amérique.

Une nouvelle constitution pour la colonie

Pour répondre aux revendications des Canadiens français et pour éviter qu'ils se joignent aux patriotes des Treize colonies, le 22 juin 1774, Londres adopte une nouvelle constitution, l'Acte de Québec, qui transforme l'organisation sociale et modifie le territoire de la colonie.

CONCEPTS

• Droit

• Économie*

• Langue

• Pouvoir

• Société

• Territoire

LES CONSÉQUENCES DE L'ACTE DE QUÉBEC

En 1774, une partie du territoire de l'ex-colonie française essentielle au commerce de la fourrure retourne à la *Province of Quebec* (*doc.* **2**). L'Acte de Québec rétablit le droit civil français mais maintient le droit criminel anglais et permet l'usage de la langue française dans l'administration de la colonie. Le serment du Test est remplacé par un serment de fidélité au roi, ce qui permet aux Canadiens français catholiques d'occuper des postes dans la fonction publique. Toutefois, l'Acte de Québec n'accorde pas le droit de former une assemblée législative⑤.

LES RÉACTIONS DES CANADIENS FRANÇAIS À L'ACTE DE QUÉBEC

Dans l'ensemble, les Canadiens français reçoivent cette constitution avec enthousiasme. La récupération des pouvoirs perdus en 1763 et le refus de Londres d'instaurer une assemblée législative satisfont les seigneurs et le clergé. Cependant, le peuple est déçu du maintien des lois criminelles anglaises.

LES RÉACTIONS DES MARCHANDS BRITANNIQUES

Les marchands britanniques sont mécontents du refus d'instaurer une assemblée législative qu'ils espéraient contrôler, et sont indignés par les pouvoirs accordés à l'élite canadienne-française. En revanche, ils sont ravis de l'extension territoriale vers l'Ouest, qui ouvre de nouveaux territoires à la traite des fourrures.

LES RÉACTIONS DES PATRIOTES DES TREIZE COLONIES

L'Acte de Québec provoque la colère des patriotes des Treize colonies. Londres leur refuse le droit de coloniser le territoire au sud des Grands Lacs et à l'ouest des Appalaches, et accorde des droits aux Canadiens français, leurs anciens ennemis.

Après avoir lancé un appel aux Canadiens en octobre 1774 pour qu'ils se joignent à eux (*doc.* **1**), un détachement de l'armée rebelle envahit la *Province of Quebec* en août 1775 afin de rallier la population par la force. En décembre 1775, les troupes, commandées par le général Benedict Arnold, marchent sur Montréal et assiègent la ville de Québec, sans succès (*doc.* **4**). Elles sont défaites un mois plus tard par les renforts britanniques. La plupart des Canadiens français demeurent neutres dans ce conflit (*doc.* **3**), satisfaits des droits que leur accorde l'Acte de Québec.

1 LETTRE ADRESSÉE AUX HABITANTS [RC] DE LA PROVINCE DE QUÉBEC CI-DEVANT LE CANADA, OCTOBRE 1774

« Saisissez la chance que la Providence elle-même vous offre. C'est la liberté qui va vous conquérir si vous agissez comme vous le devez. [...] La nature a uni votre pays au nôtre. Joignez-y vos intérêts politiques. [...] Soyez persuadés que le bonheur d'un peuple dépend inévitablement de sa liberté et de sa volonté de la conquérir. [...] Nous vous engageons aussi à vous unir à nous par un acte social, fondé sur le principe libéral d'une liberté égale, et entretenu par suite de bons offices réciproques qui puissent le rendre perpétuel. »

→ **T3** De quoi dépend le bonheur d'un peuple selon la lettre adressée aux Canadiens ?

3 SUR LE REFUS D'APPUYER LA CAUSE DES TREIZE COLONIES

La Gazette de Québec (The Quebec [RC] Gazette) *est le premier journal fondé dans la colonie en 1764.*

« L'Acte de Québec non seulement vous permet le libre exercice de la religion catholique, mais [...] vous ouvre une porte aux emplois et aux charges de la province. Voilà ce qui révolte [les Américains] ! Voilà ce qui les fait dire dans les papiers publics que c'est un acte détestable, abominable, qui autorise une religion sanguinaire, qui répand partout l'impiété, les meurtres, la rébellion. [...] Ne serait-ce pas ridicule que de nous déclarer contre un acte qui nous accorde ce que nous demandons : le libre exercice de notre religion, l'usage de nos anciennes lois, l'extension des limites de notre province. »

La *Gazette de Québec*, 1774.

⚜ COMPÉTENCE 2
Interpréter le passé.

1 › Expliquez les causes de l'adoption de l'Acte de Québec en 1774.

2 › Expliquez la position des Canadiens français et leur refus d'appuyer les patriotes des Treize colonies.

3 › **T7** Dressez un tableau comparatif sur les droits accordés aux Canadiens français dans la Proclamation royale de 1763 et dans l'Acte de Québec de 1774.

4 › **T3** Quelles sont les raisons invoquées dans le document 3 pour expliquer la révolte des Américains contre l'Acte de Québec ?

2 L'Amérique du Nord après l'Acte de Québec, 1774

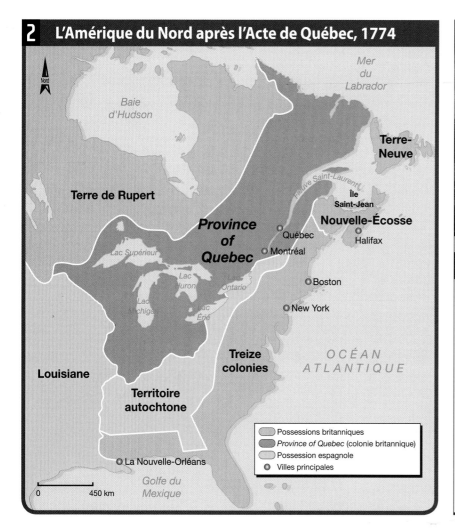

Nord

Baie d'Hudson

Mer du Labrador

Terre de Rupert

Terre-Neuve

Fleuve Saint-Laurent

Île Saint-Jean

Nouvelle-Écosse

Province of Quebec

Québec

Montréal

Halifax

Lac Supérieur

Lac Huron

Lac Michigan

Lac Érié

Ontario

Boston

New York

Treize colonies

OCÉAN ATLANTIQUE

Louisiane

Territoire autochtone

La Nouvelle-Orléans

Golfe du Mexique

0   450 km

Possessions britanniques
Province of Quebec (colonie britannique)
Possession espagnole
○ Villes principales

4 MORT DU GÉNÉRAL MONTGOMERY LORS DE L'ATTAQUE DE QUÉBEC EN AMÉRIQUE SEPTENTRIONALE EN DÉCEMBRE 1775

(John Trumbull, vers 1790. Bibliothèque et Archives Canada.)

Après la défaite de Montréal, le gouverneur général Carleton s'échappe de la ville en se déguisant en paysan et en naviguant sur une petite embarcation vers Québec, où il réunit une armée de 2 000 hommes dont 900 Canadiens français. Le 31 décembre, les troupes de Benedict Arnold et de Richard Montgomery, portant sur leurs casques l'inscription « La liberté ou la mort ! », attaquent la ville de Québec, qui résiste.

Les conséquences de la révolution américaine

La guerre d'indépendance des Treize colonies a des conséquences sur la *Province of Quebec*. L'organisation de la société et du territoire est influencée par l'indépendance des États-Unis.

CONCEPTS

• Droit
• Économie*
• *Loyalistes*
• Société
• Territoire

LES CONSÉQUENCES TERRITORIALES ET ÉCONOMIQUES

Par la signature du traité de Paris en 1783, Londres reconnaît l'indépendance des Treize colonies et lui cède le territoire au sud des Grands Lacs (*doc.* 2). Les trappeurs et les marchands se voient donc contraints de trouver d'autres sources d'approvisionnement en fourrures. Comme la traite des fourrures devient plus risquée et nécessite plus de capitaux, les marchands se regroupent pour former de grandes compagnies comme la Compagnie du Nord-Ouest (*doc.* 3).

LES CONSÉQUENCES POUR LES AUTOCHTONES

Le territoire que la couronne britannique avait concédé aux Autochtones dans la Proclamation royale est grandement diminué par la création des États-Unis. L'expansion du commerce des fourrures vers le nord-ouest favorise le contact avec les Blancs et est avantageuse pour les Autochtones. Par contre, le développement rapide de la traite des fourrures contribue à l'épuisement de la ressource, leur principale source de revenu.

LES CONSÉQUENCES SOCIALES

La révolution américaine fait fuir vers le nord des sujets demeurés fidèles à la couronne britannique. Ces *Loyalistes* (*doc.* 1) sont principalement des habitants d'origine britannique ou autochtone et des esclaves africains qui fuient la guerre. Afin de déterminer qui a droit aux indemnités pour les pertes subies pendant la guerre, la Grande-Bretagne définit les Loyalistes comme étant les personnes nées dans les Treize colonies ou qui y habitaient lorsque la guerre a éclaté, qui ont servi la cause de la couronne britannique et lutté pour la défendre, et qui ont quitté les États-Unis pendant la guerre ou un peu après. La plupart des Loyalistes s'installent dans les Maritimes et dans la partie ouest de la colonie (l'Ontario actuel), où ils reçoivent des terres.

LES LOYALISTES SONT MÉCONTENTS

Attachés aux valeurs et aux institutions britanniques, les Loyalistes sont mécontents du rétablissement du droit civil français et du maintien du régime seigneurial dans la colonie. Ils présentent une pétition au roi George III dans laquelle ils réclament la création d'une nouvelle colonie avec une assemblée législative élue et des lois britanniques. Londres doit encore une fois prendre une décision pour assurer le maintien de l'ordre dans la colonie et satisfaire ses sujets.

1 L'ARRIVÉE DES LOYALISTES, 1783

(Henry Sandham, XIXᵉ siècle.
Bibliothèque et Archives Canada.)

De 1775 à 1784, près de 50 000 Loyalistes émigrent dans les colonies britanniques du nord. Certains d'entre eux qui combattent contre les rebelles sont considérés comme des traîtres par les patriotes des Treize colonies.

✦ COMPÉTENCE 2

Interpréter le passé.

1 › Décrivez une conséquence économique de la guerre de l'Indépendance américaine.

2 › Décrivez une conséquence territoriale de la guerre de l'Indépendance américaine.

3 › Décrivez une conséquence sociale de la guerre de l'Indépendance américaine.

2 L'Amérique du Nord vers 1783

Légende :
- Possessions britanniques
- *Province of Quebec* (colonie britannique)
- Territoire contesté
- Possessions espagnoles
- Territoire indépendant
- ○ Villes principales

3 UN TÉMOIN EXPLIQUE LE SUCCÈS DE LA COMPAGNIE DU NORD-OUEST.

« La Compagnie du Nord-Ouest, qu'on regarde généralement comme une compagnie privilégiée, n'a cependant point de privilèges ; c'est à la grande masse de ses fonds, à la force de son association, aux efforts et au monopole qu'elle a faits en conséquence qu'elle doit la supériorité de ses succès. Son organisation actuelle date de 1782 ; elle fut commencée par la réunion de quelques-uns des principaux négociants, habitués à faire le commerce au-delà du lac Winnipeg, et particulièrement de messieurs Frobisher et McTavish (*voir la p. 173*), demeurant à Montréal. Les succès de cette compagnie éveillèrent l'avidité de quelques autres négociants qui n'y étaient pas compris, et bientôt il se trouva au Grand-Portage trois compagnies différentes, qui se disputaient la préférence des achats, et dont la rivalité ruineuse pour chacune d'elles tourna au profit des Indiens vendeurs. »

François Alexandre Frédéric, duc de La Rochefoucauld et de Liancourt, *Voyages dans l'Amérique*, 1796.

➔ Comment la Compagnie du Nord-Ouest a-t-elle été fondée selon cet auteur ?

➔ **T2** Expliquez en quoi, sur le plan territorial, la révolution américaine a été désavantageuse pour les Canadiens.

1774▸1791   Les répercussions de la Conquête

À la fin du XVIIIᵉ siècle, des groupes sociaux ayant des intérêts différents doivent coexister et se partager le territoire. Londres devra encore une fois prendre une décision pour assurer le contrôle de la colonie et répondre aux demandes de ses sujets.

CONCEPTS

- *Conquête*
- Droit
- Économie
- Éducation*
- Langue
- *Loyalistes*
- Pouvoir
- Religion
- Société
- Territoire

LES SEIGNEURS ET LES MARCHANDS CANADIENS S'ADAPTENT

La plupart des seigneurs, exclus du commerce des fourrures par les marchands britanniques, doivent se rabattre sur l'exploitation de leurs terres pour subsister. À la fin du XVIIIᵉ siècle, le bon rendement de l'agriculture contribue à les enrichir. Certains occupent des postes de pouvoir dans l'administration de la colonie ou dans la milice.

Les marchands canadiens-français ont aussi du mal à concurrencer les grandes compagnies fondées par les marchands britanniques, comme la Compagnie de la baie d'Hudson et la Compagnie du Nord-Ouest. Plusieurs d'entre eux doivent abandonner leurs activités économiques ou travailler pour le compte des marchands britanniques (*doc.* 4). À la fin du XVIIIᵉ siècle, on compte un marchand canadien-français pour quatre marchands britanniques.

L'ÉGLISE AUGMENTE SON POUVOIR

Le clergé, qui défend les intérêts et les droits religieux des Canadiens français, obtient une reconnaissance par l'Acte de Québec de 1774. Les curés sont autorisés à percevoir la dîme, qui constitue leur revenu. L'Église catholique est chargée de l'administration des écoles françaises et catholiques. Elle devient ainsi une force sociale importante dans la société canadienne-française à la fin du XVIIIᵉ siècle.

DES CONSÉQUENCES TERRITORIALES ET SOCIALES

En 1791, une nouvelle constitution entraîne la réorganisation du territoire de la colonie pour satisfaire les demandes des *Loyalistes*. Deux colonies sont ainsi créées : le Haut-Canada et le Bas-Canada (*doc.* 2). Les nouvelles terres inoccupées sont divisées en cantons (*doc.* 1) et octroyées aux colons britanniques.

Les Canadiens français sont pratiquement éliminés du pouvoir politique et comptent très peu de représentants. Le pouvoir est exercé par les Britanniques. Les nouveaux colons installés dans les cantons côtoient les Canadiens français, qui doivent dorénavant cohabiter avec eux. La plupart de ces nouveaux venus sont des protestants de langue anglaise (*doc.* 3), mais au début du XIXᵉ siècle, des immigrants irlandais catholiques viennent aussi s'installer dans la colonie. Les Britanniques anglophones et protestants, les Irlandais catholiques et les Canadiens français cherchent des moyens de faire valoir leurs intérêts auprès du pouvoir politique colonial.

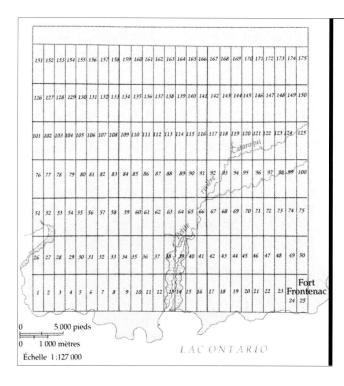

1 MODÈLE DE L'ORGANISATION DU TERRITOIRE EN CANTONS

Le premier cadastre pour la colonisation : l'arpentage du canton n° 1 de Cataraqui, colonie de Québec (le futur Haut-Canada), achevé le 27 octobre 1783.
(R. Louis Gentilcore et Kate Donkin, *Land Surveys in Southern Ontario,* York University, 1973, dans l'*Atlas historique du Canada*.)

Les cantons sont divisés en lots (numérotés sur le modèle) dont la majorité sont octroyés aux colons. Certains lots sont réservés à la couronne et d'autres, au clergé anglican.

⚜ COMPÉTENCE 2
Interpréter le passé.

1 > Décrivez des conséquences de la Conquête pour la société canadienne-française à la fin du XVIIIᵉ siècle.

2 > Quel a été le rôle des marchands anglais dans la transformation de la société de la colonie après la Conquête ?

⚜ COMPÉTENCE 3
Exercer sa citoyenneté.

3 > D'après vous, un groupe minoritaire peut-il influer sur la transformation d'une société ? Expliquez votre réponse.

2 Le territoire de la vallée du Saint-Laurent au XIXᵉ siècle

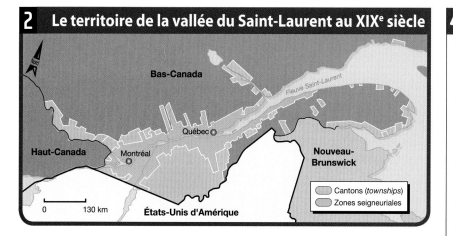

4 DEUX HISTORIENS SUR LES TRANSFORMATIONS ÉCONOMIQUES DANS LA COLONIE

« L'arrivée de commerçants anglophones, après la *Conquête* et surtout après la révolution américaine, changea la pratique des affaires au Québec. Les marchands les plus puissants, qui avaient des liens solides avec des firmes britanniques et qui disposaient de sources de crédit, forcèrent beaucoup de commerçants plus modestes, tant francophones qu'anglophones, à se retirer des affaires […]. Les marchands francophones conservèrent leur importance dans le commerce local et comme propriétaires fonciers dans les centres urbains en croissance, mais ils n'étaient plus au sommet de la hiérarchie capitaliste. »

John A. Dickinson et Brian Young, *Brève histoire socioéconomique du Québec,* trad. H. Filion, Septentrion, 1992.

→ **T3** Comment les auteurs expliquent-ils le déclin des marchands francophones ?

3 L'ÉVOLUTION DES GROUPES ETHNIQUES, 1760-1790

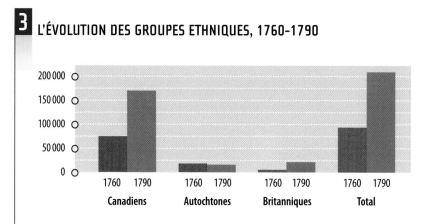

Estimations d'après l'*Atlas historique du Canada*.

1 RÉSUMÉ
1760 1791

Dans les pages 172 à 175, vous trouverez des documents qui constituent la synthèse des savoirs de ce chapitre : un résumé, une galerie d'acteurs importants, une chronologie et des activités qui vous permettront de faire un retour sur l'angle d'entrée.

LA TRANSITION VERS LA COLONIE BRITANNIQUE

En 1760, l'armée britannique instaure un **régime militaire** dans l'ancienne colonie française. Le général Jeffrey Amherst doit gouverner en s'assurant de la collaboration des Canadiens. Les lois civiles et criminelles françaises sont maintenues, mais la population doit prêter un serment d'allégeance au roi d'Angleterre.

UN NOUVEAU RÉGIME POLITIQUE

En 1763, après la signature du traité de Paris, la métropole britannique instaure un **nouveau régime politique** et une nouvelle constitution, la Proclamation royale, qui nie les **droits linguistiques et religieux** des Canadiens français. Ceux-ci sont exclus de l'administration de la colonie. Les lois criminelles britanniques sont en vigueur, l'anglais devient la langue officielle de l'administration de la colonie et le **territoire** ne couvre plus que la vallée du Saint-Laurent.

L'ACTE DE QUÉBEC

Dans les années 1760 et 1770, la révolution gronde dans les Treize colonies britanniques. Afin d'éviter que les colons canadiens-français se joignent aux patriotes des Treize colonies, Londres accepte d'adoucir sa politique coloniale et reconnaît les droits linguistiques et religieux des Canadiens français. L'**Acte de Québec** de **1774** rétablit une partie du territoire de l'ancienne colonie de la Nouvelle-France et les lois civiles françaises, mais l'instauration d'une assemblée législative réclamée par les marchands britanniques de Montréal est refusée. Cette nouvelle constitution soulève le **mécontentement des marchands de Montréal** et la colère des habitants des Treize colonies. **En 1776**, l'indépendance des États-Unis d'Amérique est proclamée.

LE TERRITOIRE ET LA SOCIÉTÉ APRÈS LE TRAITÉ DE PARIS DE 1783

En 1783, par le **traité de Paris**, Londres reconnaît l'indépendance des États-Unis. Le territoire de la *Province of Quebec* est de nouveau restreint à la vallée du Saint-Laurent et à la région au nord des Grands Lacs. Les **Loyalistes**, colons états-uniens fidèles à la couronne britannique qui se sont réfugiés dans la colonie, contribuent à modifier la **composition sociale**. Les Canadiens français, **exclus du pouvoir politique**, doivent maintenant partager le territoire de la colonie avec de nouveaux colons anglophones, protestants et catholiques, installés sur de nouvelles terres divisées en cantons.

James Murray
(1720-1794)

Militaire britannique, il participe à la bataille des Plaines d'Abraham. Il est gouverneur de Québec sous le régime militaire de 1760 à 1763, puis premier gouverneur général de la colonie anglaise de 1763 à 1766. Il propose aux Canadiens une politique d'accommodement. Murray est destitué en 1766 à la suite des pressions des marchands anglais, mécontents de ses politiques.

(Anonyme, vers 1770. Bibliothèque et Archives Canada.)

Sir Guy Carleton, Lord Dorchester
(1724-1808)

Militaire britannique en poste lors du siège de Québec en 1759 et gouverneur général (1768 à 1778 et 1786 à 1796), il propose une politique de conciliation avec les Canadiens français et fait adopter par Londres l'Acte de Québec de 1774 et l'Acte constitutionnel de 1791.

(Anonyme, 1782. Bibliothèque et Archives Canada.)

Pontiac
(entre 1712 et 1725-1769)

Chef des Outaouais de la région de Détroit, son vrai nom est Obwandiyag. Il combat les Anglais et soutient les Français en 1745 et en 1755. Après la conquête de la Nouvelle-France en 1763, il regroupe plusieurs nations autochtones pour attaquer le fort de Détroit. Sa tentative de soulever une armée et de reprendre le contrôle de la colonie échoue. Il ne réussit pas à rallier suffisamment de Canadiens à sa cause.

(Illustration, XVIIIe siècle.)

François Baby RC
(1733-1820)

Militaire et marchand, il combat dans la milice canadienne lors du siège de Québec en 1760. Après la Conquête, il devient un marchand de fourrures prospère. François Baby occupe des postes importants dans l'administration coloniale. Il signe la pétition de 1773 et est délégué à Londres pour participer à l'élaboration de l'Acte de Québec de 1774. Ses contemporains l'accusent de s'être anglicisé.

(A.-D. Aubry, 1897. Bibliothèque et Archives Canada.)

Simon McTavish
(1750-1804)

Loyaliste d'origine écossaise, il émigre à New York en 1772 et fuit les Treize colonies en 1774. Il s'établit à Montréal en 1775 et épouse une Canadienne française. McTavish est l'un des fondateurs de la Compagnie du Nord-Ouest. En 1802, il acquiert la seigneurie de Terrebonne.

(Anonyme, vers 1800. Bibliothèque et Archives Canada.)

Frances Brooke-Moore
(1724-1789)

Romancière, traductrice, journaliste, dramaturge et poète anglaise, elle a fondé le journal *The Old Maid* lorsqu'elle vivait en Angleterre. Sous un pseudonyme, elle rédige des articles dans lesquels elle expose ses idées sur la condition des femmes. En 1763, elle accompagne son mari, le révérend John Brooke, à Québec. Ils y habitent jusqu'en 1768. Son roman, l'*Histoire d'Émilie Montague*, est considéré comme le premier roman nord-américain.

(Catherine Read, vers 1771. Bibliothèque et Archives Canada.)

Capitulation de la Nouvelle-France.

1760

Soulèvement mené par Pontiac, chef des Outaouais.
Traité de Paris et Proclamation royale.

1763

Instauration du gouvernement civil. Fondation de la *Gazette de Québec*, le premier journal bilingue de la colonie.

1764

James Murray est démis de ses fonctions de gouverneur général.

1766

Les territoires du sud de l'Ohio sont retirés aux Autochtones pour favoriser la colonisation vers l'Ouest. Guy Carleton, Lord Dorchester, devient gouverneur général.

1768

Acte de Québec.

1774

Les patriotes des Treize colonies envahissent la colonie britannique.

1775

Début de l'immigration des Loyalistes.

1776

Fleury Mesplet fonde la *Gazette littéraire*, le premier journal de langue française de la colonie.

1778

Fondation de la Compagnie du Nord-Ouest.

1783

Pétition adressée à la couronne britannique pour la création d'une assemblée législative.

1784

Guy Carleton, Lord Dorchester, redevient gouverneur général du Canada.

1786

Acte constitutionnel.

1791

AU MÊME MOMENT

1762 Jean-Jacques Rousseau écrit *Du contrat social* et *Émile*.

1764 Les Jésuites sont expulsés de la France.

1768
1771 James Cook entreprend son premier voyage autour du monde.

1773 *Boston Tea Party* à Boston, au Massachusetts.

1775
1783 Révolution américaine.

1776 Déclaration d'Indépendance des États-Unis.

1783 Par le traité de Paris, Londres reconnaît l'indépendance des États-Unis.

1784 En Angleterre, James Watt invente la machine à vapeur.

1785 Invention du métier à tisser mécanique.

1789 En France, états généraux et début de la Révolution française.

ANGLE D'ENTRÉE ⚜

Les conséquences de la Conquête sur l'organisation de la société et du territoire.

✤ COMPÉTENCE 2
Interpréter le passé.

À l'aide des documents présentés dans cette page et de ce que vous avez appris dans ce chapitre, expliquez les conséquences de la Conquête sur l'organisation de la société et du territoire.

1 DES CONSÉQUENCES SUR L'ORGANISATION SOCIALE

« Toute cette organisation [judiciaire de la Nouvelle-France], en une heure, nous l'avons renversée par l'ordonnance du 17 septembre 1761, et des lois inconnues qui n'ont pas été publiées, et qui étaient contraires au tempérament des Canadiens, à la situation de la colonie et aux intérêts de la Grande-Bretagne, furent introduites à la place. Si je ne me trompe, aucun conquérant n'a eu recours dans le passé à des procédés aussi sévères, même lorsque des populations se sont rendues à discrétion et soumises à la volonté du vainqueur sans les garanties d'une capitulation. »

Sir Guy Carleton, Lord Dorchester, s'adressant au comte de Shelburne, 24 décembre 1767, cité dans Robert Lahaise et Noël Vallerand, *Le Québec sous le régime anglais, 1760-1867*, Lanctôt, 1999.

2 LES VOYAGEURS

Des Voyageurs sont accueillis par des Autochtones de la nation des Saulteaux à l'embouchure de la rivière Rouge en 1821. (Peter Rindisbacher, 1821. Bibliothèque et Archives Canada.)

On appelait « Voyageurs » les aventuriers qui parcouraient le réseau de navigation en canots d'écorce et qui faisaient la traite des fourrures avec les Autochtones pour les grandes compagnies fondées par les marchands britanniques. La chasse effrénée des castors a épuisé la ressource et comme il n'était plus possible, à partir de 1784, de s'approvisionner et de faire la traite dans la région du sud des Grands Lacs, il fallait trouver de nouveaux territoires de chasse.

3 EXTRAIT DE LA PÉTITION DES CANADIENS FRANÇAIS EXPRIMANT LEURS VŒUX À LONDRES, 1773

« La colonie, telle qu'elle est fixée maintenant par la ligne de quarante-cinq degrés, est trop resserrée dans ses limites. Cette ligne, qui la borne, passe à environ quinze lieues au-dessus de Montréal : et cependant c'est de ce seul côté que les terres se trouvent fertiles, et que peut s'étendre avec plus d'avantages l'agriculture. Nous supplions que, comme sous le temps du gouvernement français, on laisse à notre colonie tous les pays d'en haut connus sous les noms de Michilimackinac, du Détroit, et autres adjacents jusques au fleuve du Mississippi. Nous désirons aussi qu'il plût à Sa Majesté de réunir à cette colonie la côte de Labrador (qui en a été aussi soustraite), telle qu'elle y était autrefois. »

Documents constitutionnels, 1759-1791.

SCIENCE ET TECHNOLOGIE

Une frégate anglaise à 38 canons.
(W. F. Mitchell, vers 1770. Bibliothèque et Archives Canada.)

LA MARINE BRITANNIQUE

Au moment du déclenchement de la guerre de Sept Ans, la *Royal Navy* britannique domine les mers du monde. Son organisation militaire, ainsi que le nombre et la qualité de ses navires lui assurent un avantage certain sur ses adversaires. Dès le déclenchement des hostilités en 1756, la marine britannique inflige de lourdes pertes à la marine marchande française, ce qui ralentit et même empêche le ravitaillement de la Nouvelle-France. La supériorité technique de la marine britannique a largement contribué à la victoire de la Grande-Bretagne sur la France et à la conquête de la Nouvelle-France.

Arts et culture

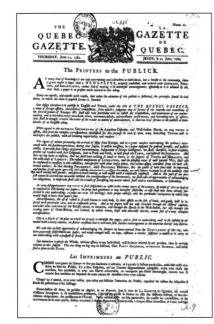

La première page du premier numéro de la *Gazette de Québec*, un journal bilingue, le 21 juin 1764.

LA *GAZETTE DE QUÉBEC* `RC`

Le premier journal de la colonie, la *Gazette de Québec*, est fondé en 1764. À cette époque, les journaux ne sont publiés qu'une fois ou deux par semaine. Ils sont produits grâce à des presses manuelles en bois.

CONTES ET LÉGENDES DU CANADA

Les contes et les légendes sont un élément très important de la culture aux XVIIIe et XIXe siècles. Plusieurs des légendes racontées par les « conteurs », des spécialistes de ces histoires fantastiques, s'inspirent d'anciennes légendes françaises qui ont été adaptées au Canada, souvent en faisant des emprunts aux légendes autochtones. La légende de la Chasse-galerie, par exemple, tire ses origines d'une légende française à propos d'un seigneur nommé Gallery qui aurait été condamné à errer dans le ciel pour avoir chassé un dimanche. En sol canadien, cette histoire s'est mêlée à une légende autochtone à propos d'un canot volant : à la suite d'un pacte avec le diable, des Voyageurs sont autorisés à aller voir leur épouse en canot volant, à condition de ne pas prononcer le nom de Dieu et de ne pas accrocher les clochers des églises.

La Chasse-galerie.
(Henri Julien, 1906. Musée national des beaux-arts du Québec, Québec, Canada.)

La place du marché à Montréal.
(Paul Sandby Junior, 1790. Bibliothèque et Archives Canada.)

UNE NOUVELLE MÉTROPOLE

Après la Conquête, des marchands britanniques s'installent dans les villes de Montréal et de Québec pour y faire du commerce et fonder des compagnies. Favorisée par son emplacement géographique, Montréal devient un centre économique important de la colonie. Les marchands montréalais, que les historiens et historiennes ont nommés les *Montrealers*, contribuent à sa prospérité.

L'ESCLAVAGE RC

Dans la *Gazette de Québec* du 6 novembre 1783, on pouvait lire cette annonce : « À vendre. Jeune fille noire d'environ 18 ans, arrivée récemment de New York avec des Loyalistes. Elle a eu la petite vérole. Cette jeune fille possède un bon caractère et n'est à vendre que parce que son propriétaire n'en a aucun usage actuellement. »

⚽ SPORTS ET LOISIRS

LE MARQUOIR

La broderie de marquoirs est une activité pratiquée par les femmes et les jeunes filles. Elle consiste à broder divers points sur un canevas, avec des fils de soie ou de laine. On peut y représenter une histoire ou encore une prière. Cette activité est plus qu'un passe-temps : en l'exerçant, les jeunes filles apprennent l'art de la broderie et s'exercent à la lecture et à l'écriture. Les marquoirs sont des composantes importantes du trousseau qu'elles amassent avant leur mariage. Ils deviennent, à partir du XVIIᵉ siècle, de véritables œuvres d'art.

Le marquoir dit « Mary Sheepy », le plus ancien marquoir connu du Canada. On peut y lire la prière au Seigneur. (1764. Musée McCord d'histoire canadienne, Montréal, Canada.)

1757 › 1858 • LES CHANGEMENTS D'EMPIRE

Dans cette section, vous pourrez comparer le changement d'empire en Nouvelle-France avec le changement d'empire dans d'autres pays dans le monde.

La Louisiane
‹ p. 192 à 197 ›

LA CATHÉDRALE SAINT-LOUIS À LA NOUVELLE-ORLÉANS

Construite de 1792 à 1794, cette cathédrale catholique est située dans le quartier français de La Nouvelle-Orléans, en Louisiane, aux États-Unis.

La Dominique
‹ p. 180 à 185 ›

LA CATHÉDRALE OUR LADY OF FAIR HAVEN À ROSEAU

Construite de 1799 à 1916, cette cathédrale catholique est située dans le quartier français de Roseau, la capitale de la Dominique.

AMÉRIQUE

OCÉAN ATLANTIQUE

OCÉAN PACIFIQUE

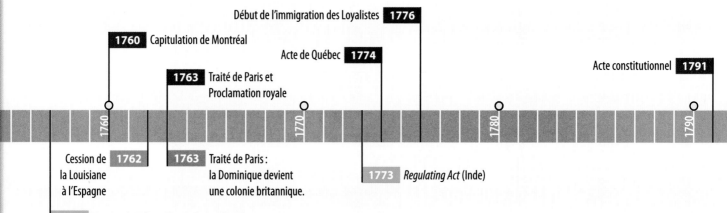

Début de l'immigration des Loyalistes **1776**

1760 Capitulation de Montréal

Acte de Québec **1774**

Acte constitutionnel **1791**

1763 Traité de Paris et Proclamation royale

1760   1770   1780   1790

Cession de la Louisiane à l'Espagne **1762**

1763 Traité de Paris : la Dominique devient une colonie britannique.

1773 Regulating Act (Inde)

1757 Victoire de Robert Clive à Plassey (Inde)

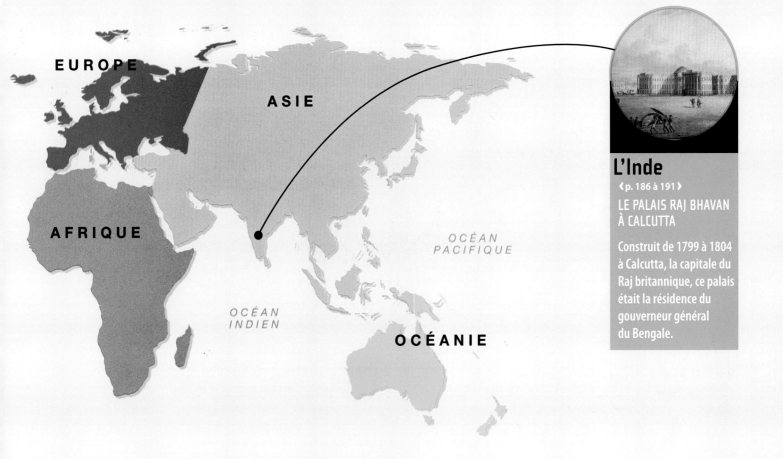

EUROPE

ASIE

AFRIQUE

OCÉAN
PACIFIQUE

OCÉAN
INDIEN

OCÉANIE

L'Inde
‹ p. 186 à 191 ›
LE PALAIS RAJ BHAVAN
À CALCUTTA

Construit de 1799 à 1804
à Calcutta, la capitale du
Raj britannique, ce palais
était la résidence du
gouverneur général
du Bengale.

1800

1810

1850

1860

1803 Vente de la Louisiane
aux États-Unis

1814 Prise de possession officielle de la
Dominique par les Britanniques

1858 L'Inde devient une
colonie britannique.

1635>1814 LE CHANGEMENT D'EMPIRE À LA DOMINIQUE

1635>1660 Les premiers temps de la colonisation française

Aux XVe et XVIe siècles, les métropoles européennes entreprennent la colonisation des îles de la mer des Caraïbes. Ces territoires sont convoités pour leurs gisements d'or, et pour la culture du coton et de la canne à sucre. Au début de la colonisation, les Européens sont bien reçus par les nations indigènes☉, mais leurs relations se détériorent rapidement.

Dans les pages 180 à 185, vous prendrez connaissance de textes explicatifs et de documents qui vous permettront de comparer les changements d'empire à la Dominique et en Nouvelle-France.

CONCEPTS

- Droit*
- Économie
- Langue
- Religion
- Société
- Territoire

LEXIQUE

Créole – Personne blanche née dans les colonies intertropicales et langue mixte issue du contact entre la langue des colons, celle des esclaves africains et celle des Autochtones.

Nègre – Du mot espagnol *negro*, « noir ». Ce mot, qui désignait autrefois un esclave noir, est aujourd'hui péjoratif.

LA COLONISATION FRANÇAISE DE LA DOMINIQUE

En 1635, les Français revendiquent la Dominique (*doc.* ■). Des missionnaires envoyés pour évangéliser les Autochtones sont suivis par des colons français venus exploiter les ressources **économiques** de l'île.

À partir de 1654, les Français développent la culture de la canne à sucre. Ils ont besoin d'une main-d'œuvre servile bon marché. Les planteurs utilisent d'abord des esclaves autochtones, puis des Africains (*doc.* ■). Selon la loi édictée par le Code noir, ces esclaves doivent être convertis à la **religion** catholique (*doc.* ■). Venus de diverses régions d'Afrique, ils parlent des **langues** différentes. Pour communiquer entre eux, ils développent une langue **créole** en empruntant des éléments du français et de leurs diverses langues maternelles africaines ou autochtones.

LA RÉSISTANCE À LA COLONISATION DE L'ÎLE

Les esclaves africains évadés et réfugiés dans les **territoires** habités par les Indiens Caraïbes (les Caribes) (*doc.* ■) s'allient à ces derniers pour lutter contre les colons français. Une communauté métissée☉ émerge alors dans la **société** autochtone. Au XVIIe siècle, les Caraïbes rouges (les Autochtones) et les Caraïbes noirs (les Métis) de la Dominique se révoltent contre les colons et les attaquent à plusieurs reprises. Ils parviennent même à les repousser jusqu'à la mer.

1 L'île de la Dominique

Canal de la Dominique

Nord

Portsmouth

Île de la Dominique

AMÉRIQUE DU SUD

Morne Diablotin (1 447 m)

Colihaut

Morne Raquette

Salisbury

Saint-Joseph

Mahaut

Île de la Dominique

Marigot

Réserve des Indiens Caraïbes

Castle Bruce

OCÉAN ATLANTIQUE

Mer des Caraïbes

Morne Trois Pitons (1 342 m)

Roseau

Pointe-Michel

Soufrière

Berekua

Canal de la Martinique

▲ Sommets principaux
⊙ Villes principales

0   8 km

RC

COMPÉTENCE 2
Interpréter le passé.

1 › Quels peuples composent la société de la Dominique à l'origine ?

2 › Pourquoi les Européens sont-ils intéressés à prendre possession de la Dominique ?

3 › T6 Analysez l'image du document 4 et relevez les éléments qui révèlent la condition sociale des personnages.

2 EXTRAIT DU CODE NOIR, 1685

« **Article 2**

Tous les esclaves qui seront dans nos îles seront baptisés et instruits dans la religion catholique, apostolique et romaine. Enjoignons aux habitants qui achètent des **nègres** nouvellement arrivés d'en avertir dans huitaine* au plus tard les gouverneurs et intendant des dites îles, à peine d'amende arbitraire, lesquels donneront les ordres nécessaires pour les faire instruire et baptiser dans le temps convenable. »

* Période de huit jours.

4 LA RÉCOLTE DE LA CANNE À SUCRE ‹RC›

Des esclaves africains récoltent la canne à sucre dans une colonie française des Antilles au XVIIIe siècle.

3 UNE DANSE TRADITIONNELLE DES INDIENS CARAÏBES ‹RC›

(Théodore de Bry, 1593.)

Avant l'arrivée des Européens, cette nation occupe les îles des Antilles avec la nation des Arawaks. Les Indiens Caraïbes sont des navigateurs et les Arawaks, des sédentaires. Pendant la colonisation européenne, les Arawaks sont exterminés.

La Dominique

Une nouvelle métropole

Les Français et les Britanniques s'affrontent à plusieurs reprises pour obtenir le contrôle des îles des Antilles. La guerre de Sept Ans (1756-1763), qui oppose les métropoles et les colonies françaises et britanniques, entraîne un changement d'empire dans l'île de la Dominique.

CONCEPTS

- *Conquête*
- Économie
- Éducation
- Pouvoir
- Religion
- Société
- Territoire

LEXIQUE

Flibustier – Membre de l'une des associations de pirates, qui, du XVIᵉ au XVIIIᵉ siècle, pillent les navires marchands dans la mer des Caraïbes.

UNE TRÊVE DANS LA GUERRE CONTRE LES INDIENS CARAÏBES

Au XVIIᵉ siècle, les Caraïbes rouges et les Caraïbes noirs continuent de résister à la colonisation dans les Antilles. En 1660, incapables de les contrôler, les Français et les Britanniques signent un traité de paix avec eux. Les métropoles décident de reconnaître la souveraineté des Caraïbes sur les îles de la Dominique et de Saint-Vincent, et déportent dans ces deux îles tous les Caraïbes des autres îles antillaises.

LA COLONISATION FRANÇAISE SE POURSUIT

Les Autochtones se joignent à une petite communauté française et catholique (*doc.* 4) qui continue à se développer dans l'île et qui exploite des ressources économiques comme le bois de construction, le café et le sucre pour la métropole. En 1727, la communauté compte une soixantaine de familles. On trouve aussi sur l'île des marchands venus faire fortune et des **flibustiers** de passage venus se ravitailler (*doc.* 1). Les habitants de la Dominique forment une population relativement autonome qui défend ses intérêts avant tout, le roi de France ayant peu d'autorité sur elle.

UNE NOUVELLE COLONIE BRITANNIQUE

En 1756, au début de la guerre de Sept Ans, les Britanniques font la *conquête* de l'île. En 1763, après le traité de Paris, la France renonce à toute prétention territoriale sur la Dominique. Les Britanniques en prennent possession et y construisent des fortifications (*doc.* 3). Conscients que les plantations de leurs prédécesseurs français contribuent de façon importante au développement de l'économie, ils décident de ne pas déporter les colons. Toutefois, ceux-ci sont contraints de prêter un serment de fidélité au roi d'Angleterre. La plupart des colons se soumettent à cette obligation.

LES TRANSFORMATIONS SOCIALES

Les Britanniques occupent les postes de pouvoir et établissent leurs institutions dans la nouvelle colonie. L'éducation est confiée aux institutions religieuses catholiques françaises, qui sont maintenues, et aux nouvelles institutions protestantes. En 1768, l'Angleterre instaure une assemblée législative❶ réservée aux Blancs (*doc.* 2) et réorganise le territoire. Les esclaves et les Autochtones sont exclus de l'administration coloniale. Les Indiens Caraïbes sont confinés dans une réserve, leurs terres fertiles étant convoitées par les colons.

1 DES FEMMES PIRATES

(B. Cole, 1724, illustration dans *Histoire générale des plus fameux pyrates* de Daniel Defoe, Amsterdam, 1725.)

Les pirates, ou flibustiers, anglais, français, espagnols et hollandais jettent souvent l'ancre dans les îles des Antilles pour s'y réfugier ou s'y approvisionner. Certains d'entre eux s'établissent dans ces îles et deviennent paysans. Anne Bonny, une Irlandaise, et Mary Read, une Anglaise, s'habillent de façon masculine et font partie de l'équipage du célèbre pirate Jack Rackham. Capturées en 1720, elles sont déclarées coupables de piraterie et emprisonnées sur l'île de la Jamaïque.

2 EXTRAIT DE LA PROCLAMATION ROYALE BRITANNIQUE DE 1775

En 1775, une proclamation royale établit les règles de l'élection de l'assemblée législative de la Dominique.

« Et c'est notre bon plaisir que tout homme blanc, de religion chrétienne, étant sujet de Grande-Bretagne, et ayant atteint l'âge de 21 ans, qui posséderait dix acres de terre… ou des maisons, magasins ou toutes autres propriétés situés dans l'une ou l'autre des villes de la Dominique, d'une valeur locative à Roseau ou Portsmouth de £ 20 par an, ou de £ 10 seulement s'ils sont situés dans l'arrière-pays, soit déclaré propriétaire foncier et électeur de ladite Assemblée dans chacune des paroisses où se trouvent situés ses biens. »

3 LES BRITANNIQUES FORTIFIENT LEUR COLONIE.

De vieux canons surplombent les ruines du fort Shirley, une garnison britannique construite au XVIIIe siècle à Portsmouth, sur l'île de la Dominique.

Après leur prise de possession de la Dominique en 1763, les Britanniques y envoient des renforts et entreprennent la construction de forteresses pour se défendre.

◆ COMPÉTENCE 2

Interpréter le passé.

1 › Pourquoi est-il dans l'intérêt des Français et des Anglais de proposer un pacte de paix aux Indiens Caraïbes en 1660 ?

2 › Pourquoi les Britanniques ne déportent-ils pas les colons français de la Dominique après la conquête de l'île ?

3 › Quels nouveaux groupes se joignent à la société de la Dominique après le changement d'empire ?

4 › **T5** Comparez les institutions politiques de l'île de la Dominique après 1768 avec celles de la *Province of Quebec* après 1763. Relevez des similitudes et des différences.

4 UNE ÉGLISE CATHOLIQUE DE L'ÎLE DE LA DOMINIQUE

Les colons français établissent des institutions catholiques dans la colonie de la Dominique. L'Église est responsable de l'éducation des enfants des colons mais aussi de celle des Indiens Caraïbes et des esclaves africains.

La Dominique

La colonisation britannique

Après la *conquête* de l'île, des colons britanniques viennent s'y installer pour développer la culture de la canne à sucre. Ils doivent cohabiter avec les colons français, les esclaves africains et les derniers Indiens Caraïbes.

CONCEPTS

- *Conquête*
- Économie
- Langue
- Pouvoir
- Religion
- Société*
- Territoire

LEXIQUE

Traite négrière – Commerce des esclaves africains entre l'Europe, les Amériques et les Antilles.

L'ARRIVÉE DE NOUVEAUX COLONS

Bon nombre de ces colons sont des exilés de la métropole britannique : des catholiques expulsés par les protestants anglais, des prisonniers et des criminels contraints d'émigrer dans les Antilles. Ils reçoivent des terres qu'ils doivent défricher et cultiver. Certains s'installent dans les régions déjà occupées par les colons français.

L'ÉCONOMIE DE PLANTATION SE POURSUIT

L'augmentation de la consommation de sucre dans la métropole britannique (*doc.* **1**) contribue à l'accroissement de la production dans les îles sucrières comme la Dominique. Pour répondre à la demande croissante, il faut augmenter la main-d'œuvre. Les planteurs de la Dominique contribuent ainsi au développement de la **traite négrière**. La population d'esclaves devient plus nombreuse que la population blanche (*doc.* **3**).

LA RÉVOLUTION AMÉRICAINE DE 1775-1783 ET LA LUTTE POUR LE POUVOIR

À la fin du XVIIIᵉ siècle, les colons des Treize colonies britanniques d'Amérique entreprennent une guerre contre la métropole anglaise. Les Français en profitent pour déclarer la guerre à la Grande-Bretagne dans l'espoir de récupérer les territoires des Antilles perdus en 1763.

En 1778, la France reprend le contrôle de l'île de la Dominique. Les colons britanniques sont forcés de quitter l'île avec leurs biens, entraînant ainsi une crise économique et agricole. En 1782, les Britanniques voient leurs chances de reprendre l'île se concrétiser (*doc.* **5**). Les Français tentent de reprendre l'île une dernière fois en 1814 après avoir incendié la capitale, Roseau, mais ils sont repoussés par les Britanniques.

EN RÉSUMÉ : UNE SOCIÉTÉ MARQUÉE PAR UN CHANGEMENT D'EMPIRE

Après le traité de paix de 1814, la Dominique appartient à la Grande-Bretagne. La majorité de la population, constituée de Blancs, de Métis et de quelques centaines d'Autochtones (*doc.* **4**), est de religion catholique et parle le français et le créole, même si l'anglais est la langue officielle. Aujourd'hui, les traces de la culture française catholique sont encore présentes dans la toponymie de la Dominique et dans les coutumes de sa population.

1 LA CONSOMMATION DE SUCRE EN GRANDE-BRETAGNE AU XVIIIE SIÈCLE

ANNÉE	KILOS DE SUCRE PAR HABITANT
1700	1,8
1809	8,2

D'après Jean-Paul Barbiche, *Les Antilles britanniques, de l'époque coloniale aux indépendances*, L'Harmattan, 1989.

2 L'ÉVOLUTION DE LA POPULATION EN GRANDE-BRETAGNE AU XVIIIE SIÈCLE

ANNÉE	POPULATION
1700	5 000 000
1801	8 000 000

3 L'ÉVOLUTION DE LA POPULATION DANS L'ÎLE DE LA DOMINIQUE

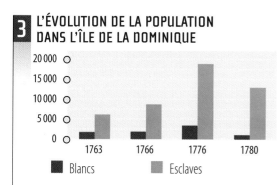

■ Blancs   ■ Esclaves

D'après Eric Williams, *De Christophe Colomb à Fidel Castro. L'histoire des Caraïbes, 1492-1969*, Présence africaine, 1998.

4 UNE MAISON CARAÏBE TRADITIONNELLE (RC)

Les Indiens Caraïbes ont presque tous disparu de la Dominique au XIXe siècle. Quelques centaines de descendants des Caraïbes noirs préservent, encore aujourd'hui, les traditions de leurs ancêtres.

❖ COMPÉTENCE 2
Interpréter le passé.

1 ▸ T7 T8 À l'aide des documents 1, 2 et 3, analysez les relations entre la production de sucre et les transformations sociales dans l'île de la Dominique.

2 ▸ Quels sont les apports des colons britanniques à la société de la Dominique ?

3 ▸ T5 Comparez les conséquences du changement d'empire sur la société de la Dominique avec les conséquences sur la société canadienne au XVIIIe siècle. Relevez des similitudes et des différences.

5 LA BATAILLE DES SAINTES, 1782

(Thomas Whitcombe, 1782. Musée maritime national, Angleterre.)

Cette bataille a lieu pendant la guerre d'Indépendance américaine. Commandée par l'amiral George Rodney, la flotte anglaise remporte la victoire sur la flotte française, commandée par le comte de Grasse. Les Britanniques reprennent possession de la Dominique.

La Dominique

1646›1858 LE CHANGEMENT D'EMPIRE EN INDE

1646›1757 La société indienne sous l'Empire moghol

Au XVIIᵉ siècle la société de l'Inde⊕ est constituée d'une population hindoue majoritaire, dominée par les Moghols, des conquérants musulmans venus de Perse au XVIᵉ siècle. À la fin du XVIIIᵉ siècle, l'Empire moghol fait face à la contestation des princes indiens. Ces luttes favorisent la *conquête* et l'expansion des possessions européennes en Inde.

Dans les pages 186 à 191, vous prendrez connaissance de textes explicatifs et de documents qui vous permettront de comparer le changement d'empire en Inde avec le changement d'empire en Nouvelle-France.

CONCEPTS

• *Conquête*

• Éducation*

• Pouvoir

• Religion

• Société

• Territoire

LEXIQUE

Persécution – Traitement cruel infligé à un individu ou à une population.

LA PRÉSENCE EUROPÉENNE EN INDE

Les Portugais sont les premiers Européens à s'installer en Inde. Dès le XVIᵉ siècle, ils fondent des comptoirs commerciaux à Goa et sur la côte ouest. L'Angleterre s'installe à Madras en 1639 et à Calcutta en 1654. La France possède des comptoirs à Pondichéry, à Chandernagor et à Mahé. La politique coloniale française menée par Joseph François Dupleix (*voir les p. 128-129*) contribue à l'expansion de l'influence française sur l'ensemble de la péninsule. L'Inde devient alors le théâtre d'une concurrence commerciale et coloniale entre la France et l'Angleterre (*doc.* **1**).

L'EMPIRE MOGHOL

Les Moghols occupent les postes administratifs de l'Empire, mais engagent des fonctionnaires hindous⊕. L'aristocratie moghole adopte les mœurs hindoues et fonde des écoles où l'on enseigne les cultures hindoue, persane et musulmane. Les empereurs font preuve de tolérance religieuse, permettant aux hindous de pratiquer leur religion. Aurangzeb (*doc.* **3**), le dernier des Grands Moghols, met fin, au XVIIᵉ siècle, à cette politique de tolérance.

LA RÉBELLION DES MARATHES

Les Marathes deviennent les défenseurs des hindous, victimes de persécution religieuse. Cette société est organisée en castes⊕ (*doc.* **2**). En 1646, un chef de clan marathe, Shivaji Bhonsle, entreprend d'unir les forces hindoues pour lutter contre l'empereur Aurangzeb. Shivaji fonde un empire qui imposera son pouvoir sur la région du Dekkan. Les Européens, présents dans la région depuis le XVIᵉ siècle, profitent de ce contexte politique troublé pour étendre leur emprise sur le territoire indien.

RC

1 L'Inde au XVIIIe siècle

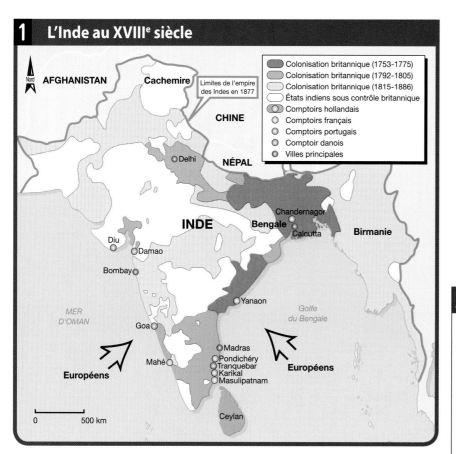

Légende :
- Colonisation britannique (1753-1775)
- Colonisation britannique (1792-1805)
- Colonisation britannique (1815-1886)
- États indiens sous contrôle britannique
- Comptoirs hollandais
- Comptoirs français
- Comptoirs portugais
- Comptoir danois
- Villes principales

Limites de l'empire des Indes en 1877

AFGHANISTAN, Cachemire, CHINE, NÉPAL, Delhi, Bengale, Chandernagor, Calcutta, Birmanie, INDE, Diu, Damao, Bombay, Yanaon, MER D'OMAN, Golfe du Bengale, Goa, Madras, Mahé, Pondichéry, Tranquebar, Karikal, Masulipatnam, Européens, Européens, Ceylan

0   500 km

⚜ COMPÉTENCE 2
Interpréter le passé.

1 › Quels sont les principaux groupes composant la société indienne avant l'arrivée des Européens ?

2 › Pour quelles raisons les Européens s'intéressent-ils à l'Inde ?

3 › **T2** Expliquez la situation géographique de la Confédération marathe.

3 L'EMPEREUR MOGHOL AURANGZEB (1618-1707) ET SA COUR

L'empereur Aurangzeb implante une véritable politique de discrimination contre les hindous. Il promulgue des lois interdisant la construction de temples hindous et abandonne, dans le rituel de sa cour, des coutumes d'origine hindoue. En 1679, il rétablit un impôt spécial pour les non-musulmans.

(Peinture attribuée à Bhawani Das, vers 1710. Chester Beatty Library, Dublin, Irlande.)

2 UN SYSTÈME DE CASTES DÉFINI DANS UN TEXTE SACRÉ, LE *BHAGAVAD-GÎTÂ*

« Les devoirs des brâhmanes, kshatriya, vaishya, shoudra
Se répartissent en fonction des qualités primordiales
D'où vient leur nature propre ;

Sérénité, maîtrise de soi, ascèse, pureté, patience,
Et rectitude, connaissance, discernement et foi,
Tels sont les devoirs du brâhmane selon sa nature.

La vaillance, la gloire, la constance et l'adresse,
Le refus de la fuite, le don et la seigneurie,
Tels sont les devoirs du kshatriya selon sa nature.
Soin des champs et du bétail, négoce,
Tels sont les devoirs du vaishya selon sa nature.
Servir est le devoir du shoudra selon sa nature. »

Bhagavad-Gîtâ, XVIII, 41-44.

Une nouvelle métropole

En 1757, à Plassey, une victoire importante des Britanniques contre le souverain moghol du Bengale, allié des Français (*doc.* **3**), met fin aux prétentions françaises en Inde. Cette victoire marque le début de l'expansion anglaise en Inde.

CONCEPTS

- *Conquête*
- Droit
- Économie
- Langue
- Pouvoir
- Territoire

LEXIQUE

Charia – Ensemble de règles de conduite applicables aux musulmans et musulmanes.

Hindi – Langue parlée par la majorité hindoue.

Ourdou – Langue de l'Empire moghol, un mélange du persan et de l'hindi.

UNE ARMÉE PUISSANTE

En 1790, quelques milliers de marchands et d'administrateurs britanniques habitent la colonie, contre une population de 180 millions d'Indiens. Pour assurer leur **pouvoir** sur la population, les Britanniques disposent de l'armée la plus forte et la mieux entraînée du monde à cette époque. Cette armée est constituée de 115 000 soldats dont la majorité, les cipayes (*doc.* **1**), sont des Indiens recrutés dans les régions *conquises*.

LA FONDATION DE L'EMPIRE BRITANNIQUE EN INDE

Avec l'aide de la Compagnie anglaise des Indes orientales⊙, Londres transforme peu à peu les structures administratives mogholes et les remplace par des structures britanniques (*doc.* **4**). Les sujets britanniques occupent les principaux postes liés au pouvoir administratif et **économique**. Warren Hastings (*doc.* **2**) devient le premier gouverneur général de l'Inde britannique en 1773. L'**ourdou** demeure la **langue** de l'administration jusqu'en 1835. Le **droit** musulman, la **charia**, est encore appliqué au Bengale, mais les juges sont britanniques.

RC

LA FIN DE L'OPPOSITION MARATHE ET LA CONSOLIDATION DE L'EMPIRE

L'expansion des Britanniques rencontre l'opposition des Marathes, qui les affrontent à plusieurs reprises au XVIIIe siècle. La Confédération marathe est vaincue en 1818. La Compagnie anglaise des Indes orientales (*doc.* **3**) prend alors le contrôle de l'administration civile et militaire des régions conquises.

Les institutions mogholes sont maintenues jusqu'en 1857, mais elles n'auront plus qu'un pouvoir symbolique. En 1857, le prince moghol, Bahâdur Châh, et l'héritier des princes marathes, Nana Sahib, prennent le commandement d'une première révolution indienne (*doc.* **1**). Cette révolte marque la fin définitive de la dynastie moghole et du pouvoir marathe, et le démantèlement de la Compagnie anglaise des Indes orientales.

En 1858, l'Inde devient une colonie administrée par la couronne d'Angleterre. La reine Victoria devient impératrice des Indes.

3 LE GOUVERNEUR DE LA COMPAGNIE ANGLAISE DES INDES ORIENTALES EXPLIQUE LES CONFLITS AVEC LA FRANCE.

« Nous devons reconnaître que si les Européens n'étaient pas intervenus dans ces affaires, mais avaient laissé les princes indiens vider seuls leurs querelles, cela eut infiniment mieux valu pour le commerce. Mais comme les Français se sont mis en possession de plusieurs districts étendus et qu'ils ont hissé leur drapeau jusqu'aux limites de notre territoire et qu'ils s'efforcent d'entourer nos établissements de telle manière que nous ne puissions plus recevoir ni provisions ni marchandises, il a été jugé nécessaire d'essayer d'entraver leurs projets [...] Les Français tâchent de s'établir dans les places les plus convenables de la côte et jettent les bases d'un commerce avantageux sans le moindre égard pour les intérêts de leurs voisins. »

Lord Saunders, 18 février 1751.

♦ COMPÉTENCE 2
Interpréter le passé.

1 › Dans quel contexte les Britanniques conquièrent-ils l'Inde ?

2 › Quels sont les effets de l'expansion de l'Empire britannique sur la Confédération marathe ?

3 › T5 Comparez l'organisation politique de la colonie britannique en Inde avec l'organisation politique de la *Province of Quebec*. Relevez des similitudes et des différences.

1 LES CIPAYES SE REBELLENT.

Le lieutenant britannique Frederick Robertson Aikman et un soldat rebelle s'affrontent pendant la mutinerie indienne. (Louis-William Desanges, vers 1860. Musée de l'armée nationale, Londres, Angleterre.)

En 1857, les cipayes, soldats indiens hindous ou musulmans servant dans les armées européennes en Inde, se révoltent contre leurs commandants britanniques. En 1858, après 14 mois de rébellion, les Britanniques remportent la victoire grâce à leur supériorité technique. L'ordre social est rétabli.

2 WARREN HASTINGS RC (1732-1818)

En 1769, Lord Hastings, administrateur du Bengale pour la Compagnie anglaise des Indes orientales, entreprend une réforme judiciaire et financière, et une codification des lois locales. Ses réformes jettent les bases de la colonie britannique au Bengale. Il adopte des mesures pour protéger la langue et la culture indiennes. Il devient le premier gouverneur général de l'Inde britannique en 1774.

(Gravure d'après Joshua Reynolds, 1767-1768. National Portrait Gallery, Londres, Angleterre.)

4 L'ORGANISATION POLITIQUE DU RAJ (EMPIRE) BRITANNIQUE

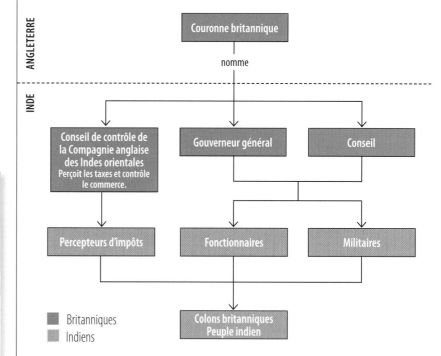

En 1773, le *Regulating Act* permet à l'État britannique d'administrer la Compagnie anglaise des Indes orientales ❻.

Inde

La société indienne sous l'Empire britannique des Indes

La colonisation britannique de l'Inde affecte l'organisation sociale et la culture indiennes traditionnelles. L'éducation est un facteur important de cette transformation.

CONCEPTS

• *Conquête**
• Éducation
• Langue
• Religion
• Société

L'ORGANISATION SOCIALE

Les Britanniques n'abolissent pas l'organisation sociale indienne fondée sur le système des castes⊙. Ils l'utilisent plutôt à leur avantage. En effet, les administrateurs coloniaux constituent une nouvelle classe sociale, exerçant ainsi un plus grand pouvoir sur la société indienne.

L'ÉDUCATION ET LA LANGUE

Les postes de fonctionnaires deviennent un moyen de promotion important pour les Indiens, mais pour y accéder, ils doivent étudier dans des écoles britanniques et recevoir une éducation anglaise. L'administration coloniale, soutenue par l'élite indienne, développe un réseau d'établissements scolaires (*doc.* **2**) pour former des fonctionnaires indiens anglophones et protestants. L'élite indienne y apprend la religion, les sciences, la philosophie occidentale et l'anglais.

En 1835, l'anglais devient la langue officielle de l'administration et de la justice, remplaçant l'ourdou⊙. Aujourd'hui, la Constitution de l'Inde reconnaît 22 langues nationales ; les deux langues officielles sont l'anglais et l'hindi⊙.

LA RELIGION

Au début de la colonisation, les administrateurs de la Compagnie anglaise des Indes orientales accordent leur soutien aux institutions indiennes et découragent les missionnaires chrétiens européens qui souhaitent évangéliser les Indiens. À partir de 1813, la fin du monopole⊙ de la Compagnie permet aux missions chrétiennes de développer un réseau d'évangélisation (*doc.* **3**). Aujourd'hui, moins de 3 % des Indiens sont chrétiens, mais le christianisme a stimulé le développement de religions traditionnelles comme l'hindouisme (*doc.* **1**).

EN RÉSUMÉ : UNE SOCIÉTÉ TRANSFORMÉE PAR LA CONQUÊTE BRITANNIQUE

Le changement d'empire en Inde met fin à l'État marathe et à l'Empire moghol. L'imposition de la culture anglaise et de la religion chrétienne contribue à transformer peu à peu la culture et la religion indiennes. Les postes de pouvoir sont réservés aux Britanniques, mais certains Indiens peuvent accéder aux postes de fonctionnaires s'ils fréquentent les écoles anglaises.

1 LE BAIN DANS LE GANGE

(Valentine Cameron Prinsep, XIXᵉ siècle.)

Les traditions et les rituels de l'hindouisme, l'une des plus vieilles religions du monde, perdurent depuis des millénaires. L'un de ces rituels consiste à se baigner dans le Gange pour se laver de ses péchés. De nombreux ghâts RC (« marches ») sont érigés le long des rives de ce fleuve sacré pour permettre aux croyants et croyantes d'y accéder.

La religion hindoue et les autres religions de l'Inde ont été tolérées sous l'Empire britannique. Elles ont connu un renouveau et se sont développées en réaction à l'évangélisation et au christianisme.

⚜ COMPÉTENCE 2
Interpréter le passé.

1 › Quels sont les intérêts des missionnaires en Inde ?

2 › Pourquoi certains Indiens souhaitent-ils fréquenter les écoles britanniques ?

3 › T5 Comparez les conséquences du changement d'empire en Inde avec celles du changement d'empire en Nouvelle-France. Relevez des similitudes et des différences.

2 L'ÉLITE INDIENNE DU BENGALE INSTAURE UN SYSTÈME D'ÉDUCATION EUROPÉEN.

« [L'élite indienne], pour permettre à ses fils d'accéder aux emplois du gouvernement par une formation à l'anglaise, comme les générations antérieures l'avaient fait en se formant au persan, avait créé de sa propre initiative, dès 1818, le Hindu College de Calcutta, première institution universitaire indienne de type européen. Nombre d'autres virent le jour ensuite dans les capitales des trois présidences (Bombay, Madras, Calcutta) à l'instigation du gouvernement ou de congrégations missionnaires, formant ainsi la base du plus précoce des systèmes d'enseignement supérieur modernes du monde non occidental. »

Jacques Pouchepadass, *L'Inde : le premier siècle colonial*, cité dans Marc Ferro (dir.), *Le livre noir du colonialisme*, Hachette, 2003.

3 L'ÉVANGÉLISATION PAR UN MISSIONNAIRE ANGLAIS

(Anonyme, vers 1800.)

Les chrétiens évangélistes s'opposent à la tolérance religieuse des administrateurs de la Compagnie anglaise des Indes orientales. Ils ouvrent des écoles où ils évangélisent les Indiens.

Inde

1682>1803 LE CHANGEMENT D'EMPIRE EN LOUISIANE

1682>1755 La colonisation française

À la fin du XVIIᵉ siècle, des explorateurs français et canadiens parcourent l'Amérique du Nord et prennent possession d'un vaste territoire qu'ils nomment « Louisiane » en l'honneur du roi de France, Louis XIV. Ils contribuent ainsi à étendre le territoire de la Nouvelle-France.

LES DÉBUTS DE LA COLONIE FRANÇAISE

En 1682, Robert Cavelier de La Salle (*doc.* 4) est le premier explorateur à descendre le fleuve Mississippi. Il tisse des liens sociaux et économiques avec les Autochtones qui occupent ce **territoire**.

CONCEPTS

• Économie
• Langue*
• Religion*
• Territoire

En 1718, Jean-Baptiste Lemoyne de Bienville fonde La Nouvelle-Orléans, qui deviendra la capitale de la Louisiane (*doc.* 1). Des colons français, mais surtout canadiens, viennent s'installer dans la nouvelle colonie et développent des relations **économiques** et commerciales avec les Autochtones (*doc.* 2) grâce à la traite des fourrures. Ils établissent aussi des plantations de coton et de canne à sucre. Ce type d'économie nécessite une importante main-d'œuvre d'esclaves que l'on fait venir d'Afrique.

LEXIQUE

Bayou – Bras marécageux du fleuve Mississippi en Louisiane.

La population de la colonie se compose de Français métropolitains et de Créoles⊕ blancs, de colons venus du Canada, de Noirs et de Métis⊕ libres, d'esclaves africains et d'Autochtones (*doc.* 3). À partir de 1755, des Acadiens exilés s'établissent dans la colonie. La plupart des Louisianais sont francophones et catholiques.

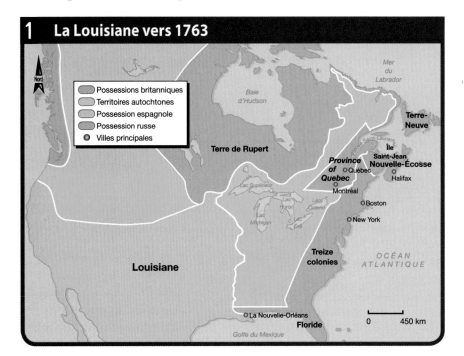

1 La Louisiane vers 1763

Possessions britanniques
Territoires autochtones
Possession espagnole
Possession russe
○ Villes principales

Mer du Labrador

Baie d'Hudson

Terre-Neuve

Terre de Rupert

Province of Quebec ○ Québec
○ Montréal

Île Saint-Jean
Nouvelle-Écosse
Halifax

○ Boston
○ New York

Louisiane

Treize colonies

OCÉAN ATLANTIQUE

○ La Nouvelle-Orléans
Floride

0   450 km

Golfe du Mexique

COMPÉTENCE 2

Interpréter le passé.

1 > À ses débuts, quels groupes sociaux composent la colonie louisianaise ?

2 > Quel est l'apport de l'économie de plantation à la société louisianaise ?

3 > Qui sont les principaux acteurs de la colonisation française en Louisiane ? Précisez le rôle de chacun.

2 INDIENS LOUISIANAIS MARCHANT LE LONG DU BAYOU

(Alfred Boisseau, 1847. New Orleans Museum of Art, États-Unis.)

Des peuples autochtones comme les Chactas, les Houmas et les Chicasas entretiennent des liens commerciaux avec les colons de la Louisiane. Certains apprennent le français et sont évangélisés par les missionnaires français. Les Houmas prennent le parti de la Nouvelle-France dans la guerre de Sept Ans. Après la défaite française de 1760, ils migrent vers le sud et s'installent le long de la rivière Larouche, dans la région des **bayous**, avec les colons francophones.

4 UN EXPLORATEUR FRANÇAIS PREND POSSESSION DE LA LOUISIANE.

« Sur l'assurance que nous avons de ces nations [autochtones] que nous sommes les premiers Européens qui aient descendu ou remonté le fleuve Colbert [Mississippi], je proteste contre ceux qui voudraient à l'avenir entreprendre de s'emparer de tous ou aucuns des dits pays, peuples, terres, ci-devant spécifiés, au préjudice du droit que Sa Majesté acquiert du consentement des dites nations. »

Extrait du procès-verbal de la prise de possession de la Louisiane par Robert Cavelier de La Salle, 1682.

Robert Cavelier de La Salle (1643-1687)

(Bibliothèque et Archives Canada.)

Explorateur français, il arrive à Montréal en 1667. Deux ans plus tard, il part à la recherche d'un passage vers l'Asie en descendant le Mississippi. Il prend possession de la Louisiane au nom du roi de France, Louis XIV.

3 LA HIÉRARCHIE SOCIALE EN LOUISIANE

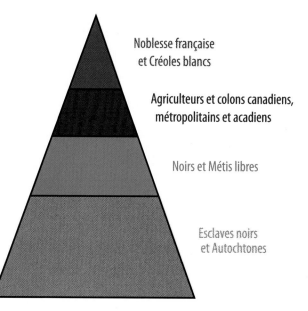

Noblesse française et Créoles blancs

Agriculteurs et colons canadiens, métropolitains et acadiens

Noirs et Métis libres

Esclaves noirs et Autochtones

Louisiane

Une nouvelle métropole

En 1756, la France et son allié, le roi d'Espagne, entrent en guerre contre l'Angleterre et ses alliés en Europe et dans les colonies américaines. Ce conflit, la guerre de Sept Ans, a des conséquences importantes sur la société louisianaise.

LA COLONIE DEVIENT ESPAGNOLE

En 1762, la France est sur le point de perdre la guerre. Elle décide de céder secrètement la Louisiane à son allié espagnol par un traité qui ne sera rendu public qu'en 1764 (*doc.* **1**). La Louisiane, devenue colonie espagnole, est administrée par des Français. La prise de possession devient officielle en 1766.

Un nouveau gouverneur, Antonio Ulloa, s'installe à La Nouvelle-Orléans avec ses fonctionnaires et ses ministres. Il conserve les institutions françaises, dont le Conseil supérieur constitué de Créoles blancs, de Français et d'Espagnols.

LA CONTESTATION DES LOUISIANAIS

En 1767, des marchands français de la Louisiane, insatisfaits de la nouvelle administration coloniale, organisent une rébellion. Ils sont mécontents du décret qui interdit le commerce avec la France et de la perte des **territoires** de traite des fourrures. En effet, par le traité de Paris de 1763, les Britanniques reçoivent les territoires du nord de la Louisiane et ceux à l'est du Mississippi. Les marchands français chassent le gouverneur espagnol et rédigent une pétition adressée au roi de France et au ministre des Affaires étrangères, le duc de Choiseul (*doc.* **1** *et* **2**). Ils proclament l'indépendance de la république de la Louisiane et demandent qu'elle soit rattachée à la France.

En avril 1769, des délégués se rendent à la cour de Versailles pour présenter leurs revendications au roi de France, Louis XV. Celui-ci ne veut pas froisser son allié espagnol et refuse d'entendre les délégués.

L'ESPAGNE RÉTABLIT L'ORDRE

Le roi d'Espagne, Charles III, envoie Alexander O'Reilly rétablir l'ordre dans la colonie. Le militaire arrive à La Nouvelle-Orléans avec plus de 3 000 soldats. À la suite d'une proclamation royale, il fait arrêter les marchands français républicains. Certains sont déportés en France, d'autres sont exécutés. Le nouveau gouverneur, Luis de Unzaga, réforme les institutions coloniales (*doc.* **3**). Dorénavant, le gouverneur détient le **pouvoir** avec un conseil formé uniquement d'Espagnols.

CONCEPTS

- *Conquête**
- Pouvoir
- Territoire

LEXIQUE

Alcade – Fonctionnaire qui administre les colonies espagnoles.

RC

RC

1 EXTRAIT DE L'ACTE D'ACCEPTATION DE LA LOUISIANE PAR LE ROI D'ESPAGNE, EN RÉPONSE AU PACTE DE FAMILLE

Conclu entre les rois de France, d'Espagne et de Parme (en Italie), tous issus de la famille des Bourbons, le pacte de Famille a été scellé à l'instigation du duc de Choiseul pour prévenir la supériorité britannique.

Étienne-François, duc de Choiseul RC **(1719-1785)**

(Nicolas de Launay, gravure d'après Louis Michel Van Loo, XVIIIe siècle. Bibliothèque et Archives Canada.)

Ministre français des Affaires étrangères sous Louis XV, il dirige la diplomatie française pendant la guerre de Sept Ans (1756-1763).

« Le marquis de Grimaldi, mon ambassadeur extraordinaire [...] et le duc de Choiseul, son ministre d'État, [signent] une note par laquelle, dès l'instant même, la couronne de France cède à celle d'Espagne le pays connu sous le nom de la Louisiane, ainsi que La Nouvelle-Orléans et l'île dans laquelle cette ville est située. »

Don Carlos, roi d'Espagne, 1762.

2 EXTRAITS DE LA PÉTITION DES MARCHANDS DE LA LOUISIANE AU ROI DE FRANCE EN 1768

« Pour rendre plus sensible le premier motif de nos plaintes, il convient d'observer que la traite qui se fait dans les nations sauvages est une des principales branches du commerce. [...] Les traiteurs sont encore allés, cette année dans les villages, avec cette différence qu'ils ont été réduits à un certain nombre : mais c'étaient les derniers efforts de leurs privilèges expirants, et M. Ulloa, environ

Jean-Baptiste Lemoyne de Bienville (1689-1768)

(J. C. Buttre, XIXe siècle. Library of Congress, Washington, États-Unis.)

Né à Montréal, il fonde la ville de La Nouvelle-Orléans en 1718. Il est gouverneur de la Louisiane de 1702 à 1724 et de 1733 à 1743. Il soutient la rébellion des marchands français de 1767.

dans le même temps, accordait à cinq ou six particuliers une traite exclusive dans ces pays. [...] C'est à Sa Majesté bienfaisante que nous, habitants, négociants et colons de la Louisiane, adressons nos très humbles prières pour qu'elle reprenne incessamment la colonie. »

⚜ COMPÉTENCE 2
Interpréter le passé.

1 > Quels nouveaux groupes s'ajoutent à la société louisianaise après 1766 ?

2 > Dans quel contexte historique la Louisiane devient-elle espagnole ?

3 > Comparez les circonstances du changement d'empire en Louisiane avec celles du changement d'empire en Nouvelle-France. Relevez des similitudes et des différences.

3 L'ÉDIFICE DU CABILDO À LA NOUVELLE-ORLÉANS

(Carte postale de la Detroit Publishing Company, 1900-1902. New York Public Library, New York, États-Unis.)

Cabildo est un terme espagnol désignant une assemblée ou un conseil municipal. En 1769, le Conseil supérieur est remplacé par le *Cabildo*, formé de six directeurs, deux **alcades**, un procureur général et un commis. Luiz de Unzaga, gouverneur de la Louisiane de 1769 à 1777, impose les lois espagnoles à la colonie. Construit de 1795 à 1799, l'édifice du Cabildo est le siège du gouvernement colonial espagnol et de la Cour suprême louisianaise.

Louisiane

La société louisianaise sous le régime espagnol

La société louisianaise souffre peu du changement d'empire. Les Espagnols respectent les colons et ne réussissent pas à imposer leur langue et leur culture.

UNE REPRISE ÉCONOMIQUE

Les Louisianais francophones sont exclus du pouvoir et des postes administratifs, mais ils conservent la majeure partie de leurs privilèges et de leurs libertés. Les Espagnols lèvent les restrictions sur le commerce extérieur. La métropole autorise le commerce avec la France et ses colonies, avec les colonies britanniques et avec les autres colonies espagnoles, stimulant ainsi l'économie louisianaise.

LA CULTURE ET L'ÉDUCATION

Des journaux français font leur apparition dans la colonie et un réseau scolaire francophone se développe. Les Espagnols ne réussissent pas à imposer leur langue ni la fréquentation de leurs écoles. Les francophones préfèrent que leurs enfants soient éduqués dans les écoles françaises tenues par l'Église.

DE NOUVEAUX GROUPES SOCIAUX

Des colons issus des colonies espagnoles d'Amérique et des *Loyalistes* fuyant la révolution américaine viennent s'installer dans la colonie. La plupart de ces nouveaux colons s'intègrent aux communautés francophones et apprennent leur langue. De 20 000 habitants en 1762, la population atteint 50 000 habitants en 1803.

À partir de 1758, des Acadiens déportés commencent à quitter leurs lieux d'exil dans les colonies américaines pour venir s'installer en Louisiane (*doc.* **1**). En 1802, après l'indépendance de Saint-Domingue, aujourd'hui Haïti et la République Dominicaine, plusieurs planteurs créoles⊕ blancs se réfugient en Louisiane avec leur famille et leurs esclaves (*doc.* **2**), et contribuent à la croissance de la communauté francophone.

En 1803, la Louisiane devient états-unienne (*doc.* **3**). En 1900, 85 % de la population du sud-ouest de la Louisiane est francophone. En 1950, ce pourcentage passe à 50 % et aujourd'hui, il n'est plus que de 7 %.

CONCEPTS
- *Conquête**
- Économie
- Éducation
- Langue
- *Loyalistes*
- Pouvoir
- Société
- Territoire*

RC

EN RÉSUMÉ : LE CHANGEMENT D'EMPIRE ET LA SOCIÉTÉ LOUISIANAISE

Colonie française à la fin du XVIIe siècle, la Louisiane est cédée à la métropole espagnole en 1762. L'économie de la colonie est d'abord fondée sur la traite des fourrures, puis sur la culture du coton et de la canne à sucre. Le pouvoir dans la nouvelle colonie est détenu par les colons espagnols ; les francophones sont exclus des institutions administratives. Toutefois, la culture francophone réussit à subsister.

1 L'EXPULSION DES ACADIENS EN 1755

(D'après Henri Beau, XXᵉ siècle. Musée acadien de l'Université de Moncton, Moncton, Canada.)

À partir de 1755, les Acadiens déportés par l'armée britannique s'exilent en Europe et dans les Treize colonies britanniques d'Amérique. Plusieurs s'installent en Louisiane. Ils sont les ancêtres des Cajuns qui habitent encore cette région.

⚜ COMPÉTENCE 2

Interpréter le passé.

1 › Expliquez les conséquences du changement d'empire sur l'organisation de la société louisianaise.

2 › **T5** Comparez les conséquences du changement d'empire en Louisiane avec celles du changement d'empire en Nouvelle-France. Relevez des similitudes et des différences.

2 L'ESCLAVAGE EN LOUISIANE SOUS LE RÉGIME ESPAGNOL

(Eli Whitney, 1793. Collection particulière.)

On trouve des esclaves africains dès les débuts de la colonisation en Louisiane. En 1763, on recense 4 652 esclaves africains et 61 esclaves amérindiens. Les Espagnols continuent à développer la culture de la canne à sucre et du coton dans la colonie.

3 LA CÉRÉMONIE DU CHANGEMENT DE DRAPEAU, LE 20 DÉCEMBRE 1803

(Thure de Thulstrup, 1903. Louisiana Historical Society, La Nouvelle-Orléans, États-Unis.)

En 1800, la France signe un nouveau traité avec l'Espagne et récupère la Louisiane. Napoléon Bonaparte est en guerre pour étendre son empire en Europe. En 1803, il a besoin d'argent pour mener son projet à bien. Il décide donc de vendre la Louisiane aux États-Unis.

Louisiane

1760 1791 — LE CHANGEMENT D'EMPIRE

1 › Le schéma ci-dessous résume ce que vous avez appris au sujet du changement d'empire en Nouvelle-France et des conséquences de la Conquête sur l'organisation de la société et du territoire.

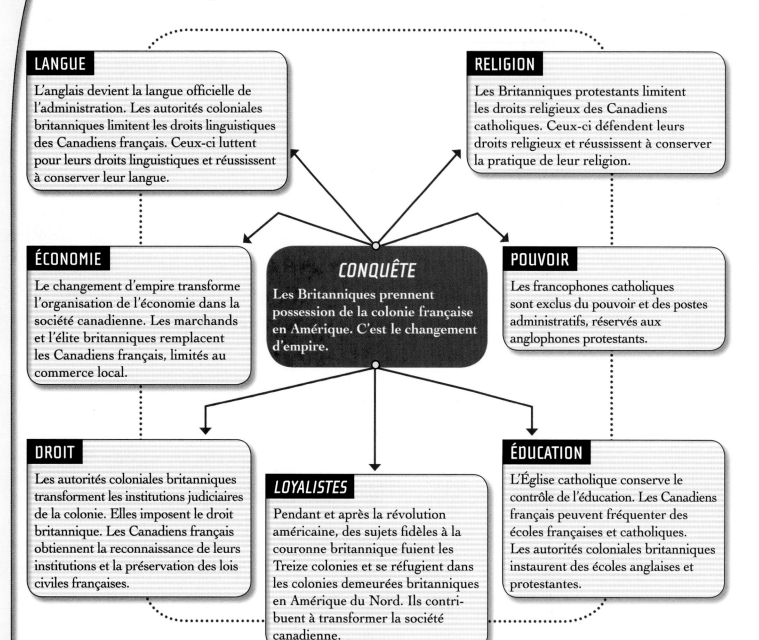

LANGUE

L'anglais devient la langue officielle de l'administration. Les autorités coloniales britanniques limitent les droits linguistiques des Canadiens français. Ceux-ci luttent pour leurs droits linguistiques et réussissent à conserver leur langue.

RELIGION

Les Britanniques protestants limitent les droits religieux des Canadiens catholiques. Ceux-ci défendent leurs droits religieux et réussissent à conserver la pratique de leur religion.

ÉCONOMIE

Le changement d'empire transforme l'organisation de l'économie dans la société canadienne. Les marchands et l'élite britanniques remplacent les Canadiens français, limités au commerce local.

CONQUÊTE

Les Britanniques prennent possession de la colonie française en Amérique. C'est le changement d'empire.

POUVOIR

Les francophones catholiques sont exclus du pouvoir et des postes administratifs, réservés aux anglophones protestants.

DROIT

Les autorités coloniales britanniques transforment les institutions judiciaires de la colonie. Elles imposent le droit britannique. Les Canadiens français obtiennent la reconnaissance de leurs institutions et la préservation des lois civiles françaises.

LOYALISTES

Pendant et après la révolution américaine, des sujets fidèles à la couronne britannique fuient les Treize colonies et se réfugient dans les colonies demeurées britanniques en Amérique du Nord. Ils contribuent à transformer la société canadienne.

ÉDUCATION

L'Église catholique conserve le contrôle de l'éducation. Les Canadiens français peuvent fréquenter des écoles françaises et catholiques. Les autorités coloniales britanniques instaurent des écoles anglaises et protestantes.

UN AUTRE CHANGEMENT D'EMPIRE

2 › Reproduisez le schéma ci-dessous et complétez-le pour montrer les conséquences du changement d'empire sur l'organisation sociale et territoriale dans l'île de la Dominique, en Inde ou en Louisiane.

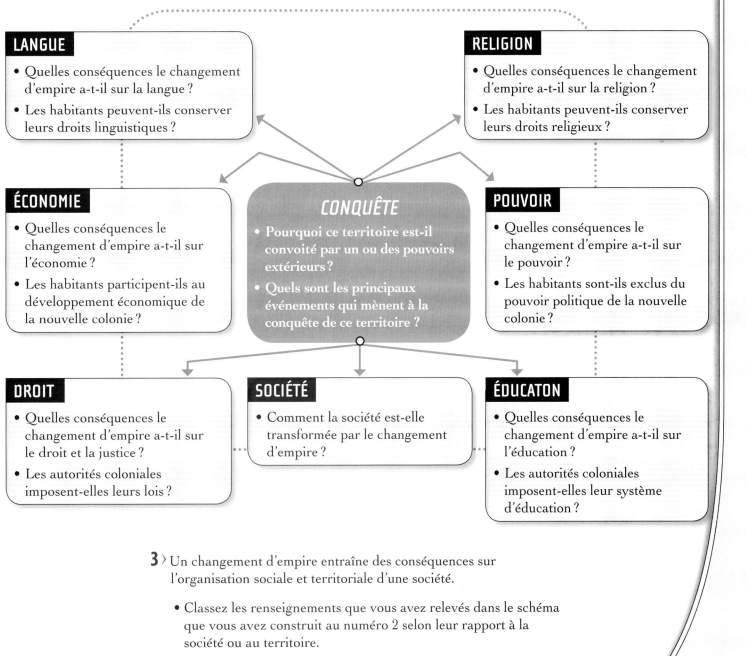

LANGUE
- Quelles conséquences le changement d'empire a-t-il sur la langue ?
- Les habitants peuvent-ils conserver leurs droits linguistiques ?

RELIGION
- Quelles conséquences le changement d'empire a-t-il sur la religion ?
- Les habitants peuvent-ils conserver leurs droits religieux ?

ÉCONOMIE
- Quelles conséquences le changement d'empire a-t-il sur l'économie ?
- Les habitants participent-ils au développement économique de la nouvelle colonie ?

CONQUÊTE
- Pourquoi ce territoire est-il convoité par un ou des pouvoirs extérieurs ?
- Quels sont les principaux événements qui mènent à la conquête de ce territoire ?

POUVOIR
- Quelles conséquences le changement d'empire a-t-il sur le pouvoir ?
- Les habitants sont-ils exclus du pouvoir politique de la nouvelle colonie ?

DROIT
- Quelles conséquences le changement d'empire a-t-il sur le droit et la justice ?
- Les autorités coloniales imposent-elles leurs lois ?

SOCIÉTÉ
- Comment la société est-elle transformée par le changement d'empire ?

ÉDUCATON
- Quelles conséquences le changement d'empire a-t-il sur l'éducation ?
- Les autorités coloniales imposent-elles leur système d'éducation ?

3 › Un changement d'empire entraîne des conséquences sur l'organisation sociale et territoriale d'une société.

- Classez les renseignements que vous avez relevés dans le schéma que vous avez construit au numéro 2 selon leur rapport à la société ou au territoire.
- Dans un court texte, comparez le changement d'empire en Nouvelle-France avec le changement d'empire dans cette société. Relevez des similitudes et des différences. Assurez-vous de bien montrer les liens entre les conséquences de la conquête sur l'organisation sociale ou territoriale de ces deux sociétés.

Retour au présent

LA DIVERSITÉ LINGUISTIQUE DU QUÉBEC

L'usage de la langue française et de la langue anglaise est un exemple de la dualité des institutions publiques au Québec aujourd'hui. La situation actuelle de la langue témoigne de l'héritage du changement d'empire.

PRÉSENT

Dans cette section, vous découvrirez des textes explicatifs et des documents vous permettant de faire le point sur l'état actuel de la langue au Québec.

1 LES ORIGINES ETHNIQUES DE LA POPULATION DU QUÉBEC, 1996

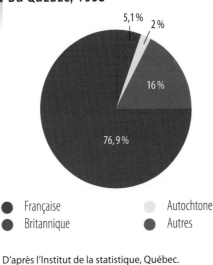

- 5,1 %
- 2 %
- 16 %
- 76,9 %

● Française   ○ Autochtone
● Britannique   ● Autres

D'après l'Institut de la statistique, Québec.

2 EXTRAIT DE LA LOI MODIFIANT LA CHARTE DE LA LANGUE FRANÇAISE, ENTRÉE EN VIGUEUR LE 18 JUIN 2001

« L'Office doit reconnaître, à sa demande :

1. une municipalité, lorsque plus de la moitié des résidants de son territoire sont de langue maternelle anglaise ;

2. un organisme relevant de l'autorité d'une ou de plusieurs municipalités et participant à l'administration de leur territoire, lorsque chacune de ces municipalités est déjà reconnue ;

3. un établissement de services de santé et de services sociaux visé à l'Annexe, lorsqu'il fournit ses services à des personnes en majorité d'une langue autre que le français. »

Office québécois de la langue française.

3 LA RÉPARTITION DE LA POPULATION DU QUÉBEC SELON LA LANGUE MATERNELLE EN 2001

POPULATION TOTALE	7 125 580
Français	5 761 765
Anglais	557 040
Italien	124 695
Arabe	76 285
Espagnol	70 095
Chinois	43 745
Grec	41 980
Portugais	33 355
Vietnamien	21 640
Allemand	17 690
Polonais	17 155
Cri	11 810
Pendjabi	9 900
Tagalog (pilipino)	9 550
Inuktitut (esquimau)	8 620
Ukrainien	5 125
Néerlandais	3 220
Autres langues	214 550

D'après Statistique Canada, *Recensement de la population, 2001.*

4 LA RÉPARTITION DE LA POPULATION DU QUÉBEC SELON LA LANGUE PARLÉE À LA MAISON, 1991

	FRANÇAIS	ANGLAIS	AUTRE LANGUE
Ensemble du Québec	81,4 %	8,3 %	10,3 %
Île de Montréal	53,2 %	17,7 %	29,1 %

D'après Statistique Canada.

5 EXTRAIT DU PRÉAMBULE DE LA CHARTE DE LA LANGUE FRANÇAISE DU QUÉBEC

« Langue distinctive d'un peuple majoritairement francophone, la langue française permet au peuple québécois d'exprimer son identité.

L'Assemblée nationale reconnaît la volonté des Québécois d'assurer la qualité et le rayonnement de la langue française. Elle est donc résolue à faire du français la langue de l'État et de la Loi aussi bien que la langue normale et habituelle du travail, de l'enseignement, des communications, du commerce et des affaires.

L'Assemblée nationale entend poursuivre cet objectif dans un esprit de justice et d'ouverture, dans le respect des institutions de la communauté québécoise d'expression anglaise et celui des minorités ethniques, dont elle reconnaît l'apport précieux au développement du Québec.

L'Assemblée nationale reconnaît aux Amérindiens et aux Inuits du Québec, descendants des premiers habitants du pays, le droit qu'ils ont de maintenir et de développer leur langue et culture d'origine. »

7 L'ÉCOLE IGUARSIVIK À PUVIRNITUK DANS LE GRAND NORD QUÉBÉCOIS

⚜ COMPÉTENCE 3
Consolider l'exercice de sa citoyenneté.

1 › Relevez des caractéristiques de la réalité linguistique du Québec aujourd'hui. Que remarquez-vous sur cette réalité ?

2 › D'après vous, est-ce que cette réalité linguistique est la même dans toutes les régions du Québec ?

6 La répartition de l'anglais comme langue maternelle dans la région de Montréal, 2001

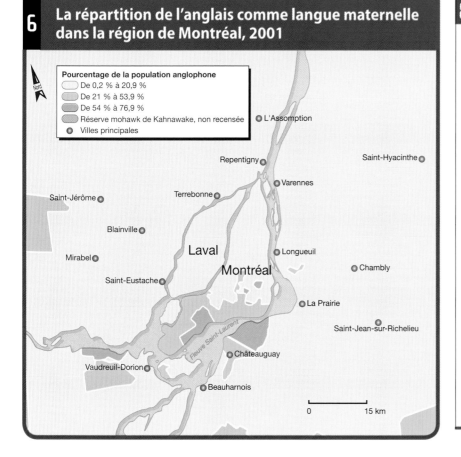

Pourcentage de la population anglophone
- De 0,2 % à 20,9 %
- De 21 % à 53,9 %
- De 54 % à 76,9 %
- Réserve mohawk de Kahnawake, non recensée
- ● Villes principales

L'Assomption
Repentigny
Saint-Hyacinthe
Varennes
Saint-Jérôme
Terrebonne
Blainville
Laval
Longueuil
Mirabel
Montréal
Chambly
Saint-Eustache
La Prairie
Saint-Jean-sur-Richelieu
Fleuve Saint-Laurent
Châteauguay
Vaudreuil-Dorion
Beauharnois

0   15 km

8 UNE COMMISSION SCOLAIRE INUITE DANS LE GRAND NORD

« La commission scolaire Kativik fut créée par la Convention de la baie James et du Nord québécois en 1975 pour servir la population des 14 villages du Nunavik (Québec arctique, au nord du 55e parallèle) et pour permettre aux Inuits de diriger leur propre éducation. […] L'inuktitut, langue maternelle de la grande majorité de la population, est la langue d'enseignement de la maternelle à la deuxième année inclusivement. À partir de la troisième année, les parents ont le choix de faire éduquer leurs enfants en anglais ou en français (le début de l'enseignement en langue seconde peut varier au choix de la communauté). […] La commission scolaire Kativik met tout en œuvre pour atteindre son objectif, le bilinguisme équilibré, qui accorde à l'inuktitut un statut prédominant. »

Commission scolaire Kativik.

DIFFÉRENCES, INTÉRÊTS ET COEXISTENCE

La société québécoise est diversifiée. Cette diversité existe dans plusieurs domaines comme la religion, la langue et la culture. Les individus et les groupes ont des intérêts parfois divergents. Comment parviennent-ils à concilier différences, intérêts et coexistence dans notre société ?

ENQUÊTE

Une commission gouvernementale est chargée d'étudier la proposition de retirer le crucifix de l'Assemblée nationale. En tant que citoyens et citoyennes représentant différents groupes socioculturels, vous devez rédiger un mémoire qui sera lu et débattu devant cette commission. Présentez votre mémoire à votre classe et défendez vos arguments.

LEXIQUE

Laïcité – Système politique selon lequel il y a séparation de l'État et de l'Église. L'État est non confessionnel et neutre en matière de religion.

1 UNE DÉPUTÉE MUSULMANE S'OPPOSE AU RETRAIT DU CRUCIFIX DE L'ASSEMBLÉE NATIONALE DU QUÉBEC.

« Ce serait comme effacer une page de l'histoire du Québec. Pourquoi faudrait-il arracher ce petit symbole qui nous rappelle que cette institution qu'est le Parlement de Québec, plus que bicentenaire, qui nous fait honneur, a été fondée par un peuple canadien-français moderne et catholique ? Les jeunes qui viennent faire des visites à l'Assemblée pourraient voir tous les autres symboles référant à ce passé – et il y en a beaucoup – mais pas celui-là ? [...] J'ai toujours défendu les droits des minorités. Mais cela n'a jamais, à mes yeux, impliqué que la majorité nie son identité. »

Fatima Houda-Pepin, députée libérale depuis 1994.

Antoine Robitaille, « Musulmane, Houda-Pepin tient au crucifix à l'Assemblée nationale », *Le Devoir*, 20 janvier 2007.

2 LE SALON BLEU DE L'ASSEMBLÉE NATIONALE DU QUÉBEC

Un crucifix, symbole du christianisme, est accroché au-dessus du siège du président de l'Assemblée.

3 EXTRAITS DE LA CHARTE DES DROITS ET LIBERTÉS DE LA PERSONNE

« **Chapitre I**

[...] Libertés fondamentales.

3. Toute personne est titulaire des libertés fondamentales telles la liberté de conscience, la liberté de religion, la liberté d'opinion, la liberté d'expression, la liberté de réunion pacifique et la liberté d'association.

[...] Discrimination interdite.

10. Toute personne a droit à la reconnaissance et à l'exercice, en pleine égalité, des droits et libertés de la personne, sans distinction, exclusion ou préférence fondée sur la race, la couleur, le sexe, la grossesse, l'orientation sexuelle, l'état civil, l'âge sauf dans la mesure prévue par la loi, la religion, les convictions politiques, la langue, l'origine ethnique ou nationale, la condition sociale, le handicap ou l'utilisation d'un moyen pour pallier ce handicap. »

Qu'en pensent certains acteurs ?

4 MARIO DUMONT

Mario Dumont est le chef de l'Action démocratique du Québec et, depuis mars 2007, le chef de l'opposition officielle au Parlement de Québec.

« Les accommodements consentis aux minorités ethniques et religieuses dépassent les limites du bon sens. On glisse complètement dans des abus de la Charte et cela commence à m'inquiéter. Qu'une majorité de citoyens défende les valeurs qui lui sont propres n'est ni une attitude raciste ni une singularité dans le monde moderne. »

5 LE CONSEIL NATIONAL DU MOUVEMENT LAÏQUE QUÉBÉCOIS

« Les chartes garantissent la liberté d'expression qui consiste à pouvoir exprimer une opinion sans risque de représailles ou de discriminations. En matière de religion, cela équivaut à pouvoir afficher ses convictions religieuses par des signes distinctifs et des rites sans risquer de souffrir de persécution. […]

Mais l'exercice de ce droit d'expression n'implique pas nécessairement de modifier les règlements et les normes de fonctionnement des institutions communes. Or, les accommodements raisonnables consistent précisément à modifier les règlements et les normes afin de favoriser la participation maximale et ne sont donc pas assimilables à la simple liberté d'expression. […]

Par ailleurs, la défense de la laïcité n'est pas une négation de la sensibilité religieuse. La laïcité des institutions civiles démocratiques est pleinement compatible avec la liberté religieuse des personnes. »

Mouvement laïque québécois, «Les demandes d'accommodements religieux sont irrecevables», *Cité laïque*, n° 8, hiver 2007.

6 MICHEL C. AUGER

Michel C. Auger est chroniqueur politique aux quotidiens *La Presse* et *Le Soleil*.

« La notion d'accommodement raisonnable n'est pas un déni du droit, elle fait partie du droit. Tout comme on permet à un aveugle d'entrer dans un restaurant avec son chien-guide, même si les animaux sont interdits, on a permis à un jeune sikh de porter son petit kirpan à l'école à la condition qu'il soit scellé dans son fourreau et cousu dans ses vêtements, bref qu'il ne puisse plus constituer un danger. […] Le principe d'un accommodement raisonnable, c'est de permettre à un individu – pas à un groupe, à un individu seulement – d'exercer, dans la mesure où cela est raisonnable, un droit garanti par la Constitution comme la liberté de religion. […]

La laïcité est un droit de la personne. Le droit pour un individu de savoir que l'État ne prendra pas position pour une religion – probablement celle de la majorité – contre toutes les autres. En passant, la loi française, qui interdit les signes religieux distinctifs, fait précisément cela : elle prend position pour les religions chrétiennes – qui n'exigent pas de porter de signes extérieurs de sa religion – contre toutes celles qui l'exigent. »

Michel C. Auger, «Deux dérapages», *Le Soleil*, 22 janvier 2007.

Activités complémentaires

TOUCHE-À-TOUT

Vous pouvez vous servir des connaissances acquises dans d'autres domaines pour bien comprendre le changement d'empire en Nouvelle-France. Voici quelques activités qui vous permettront de faire appel à vos connaissances.

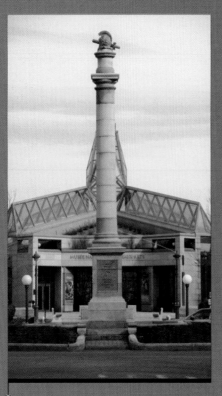

Le monument dédié au général britannique James Wolfe dans la ville de Québec.

Ce monument a été érigé à l'endroit précis où le général vainqueur de la bataille des Plaines d'Abraham est mort. Sur la plaque commémorative on peut lire : « Ici mourut Wolfe le treize septembre 1759. »

FRANÇAIS

L'usage de la langue anglaise en Amérique du Nord a influencé la culture québécoise. On appelle « anglicisme » un mot, une expression ou une syntaxe propre à la langue anglaise.

Dressez une liste d'expressions courantes qui viennent de l'anglais. Remplacez chacun de ces anglicismes par le terme correct en français.

GÉOGRAPHIE

Relevez des signes de la présence, au XVIIIe siècle, des Autochtones, des Britanniques et des Loyalistes dans votre région. Indiquez sur une carte de votre ville ou de votre région les lieux où se trouvent ces signes. Expliquez comment ces groupes ont vécu ensemble.

FRANÇAIS

Choisissez un roman ou un film traitant du changement d'empire au Québec. Présentez une critique personnelle de l'œuvre à votre classe, en soulignant le sujet de l'œuvre choisie et la façon dont le changement d'empire est traité.

ARTS

Vous êtes une équipe de bédéistes. Créez une bande dessinée racontant l'arrivée d'une famille de Loyalistes dans la *Province of Quebec*. Créez au moins trois personnages : une personne canadienne-française, un ou une Autochtone et un ou une Loyaliste. Montrez les relations entre ces trois personnages dans le contexte du changement d'empire.

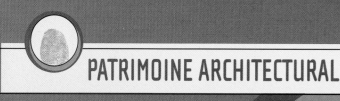

PATRIMOINE ARCHITECTURAL

Une esse fixée dans la muraille de la chapelle Cuthbert.

Les esses, dont certaines sont de véritables chefs-d'œuvre de ferronnerie, servent à tenir ouverts les volets et les contrevents.

La chapelle des Cuthbert à Berthierville. **RC**

Cette chapelle est la plus ancienne église protestante du Québec. James Cuthbert, ancien aide de camp du général Wolfe, achète la seigneurie de Berthierville en 1765 et fait ériger cette chapelle en 1786. Elle est classée monument historique.

L'ANALYSE D'UN ÉDIFICE HISTORIQUE

Faites une recherche sur ce bâtiment historique.

1. Dans quelle région est située Berthierville ?

2. Pourquoi considère-t-on cette chapelle comme un lieu patrimonial et historique ?

3. Quelle était sa fonction autrefois ?

4. Quelle est sa fonction aujourd'hui ?

Trouvez, dans votre région, un lieu patrimonial qui se rapporte au changement d'empire ou un musée dont les artéfacts y sont liés.

Effectuez une recherche sur ce lieu ou ce musée afin de montrer en quoi il se rapporte à cette réalité sociale.

LES TIC TAC DE L'HISTOIRE

T6 Les églises et les écoles sont des institutions importantes du Québec. Sur Internet, choisissez des photographies d'églises et d'écoles anglophones, francophones et autochtones de votre région.

Créez un diaporama dans lequel vous ferez ressortir les similitudes et les différences entre les églises et les établissements scolaires des trois communautés. Utilisez un logiciel de présentation pour votre exposé.

MINI-ATLAS

Volet historique

Dans ce premier volet, vous trouverez des cartes qui présentent le monde politique à différentes époques, ainsi que l'évolution du territoire canadien de 1655 à 1999.

Le monde vers 1492

Le monde vers 1648

Le monde vers 1789

Le monde vers 1830

Le monde vers 1914

Le monde vers 1945

De la Nouvelle-France au Québec (1655-1927)

L'évolution du territoire canadien de 1867 à 1999

Volet géographique

Dans ce second volet, vous pourrez consulter des cartes de géographie contemporaine pour situer les lieux où se sont produits les événements liés aux réalités historiques étudiées dans votre manuel.

Le monde politique en 2007

Le relief et les principaux réseaux hydrographiques du monde

La répartition de la population et les grandes métropoles en 2005

Le relief et les principaux réseaux hydrographiques du Canada

Le Canada politique en 2007

Les régions administratives du Québec en 2007

208
209
210
211
212
213
214
216
218
220
222
224
225
225

Volet historique

Le monde vers 1492

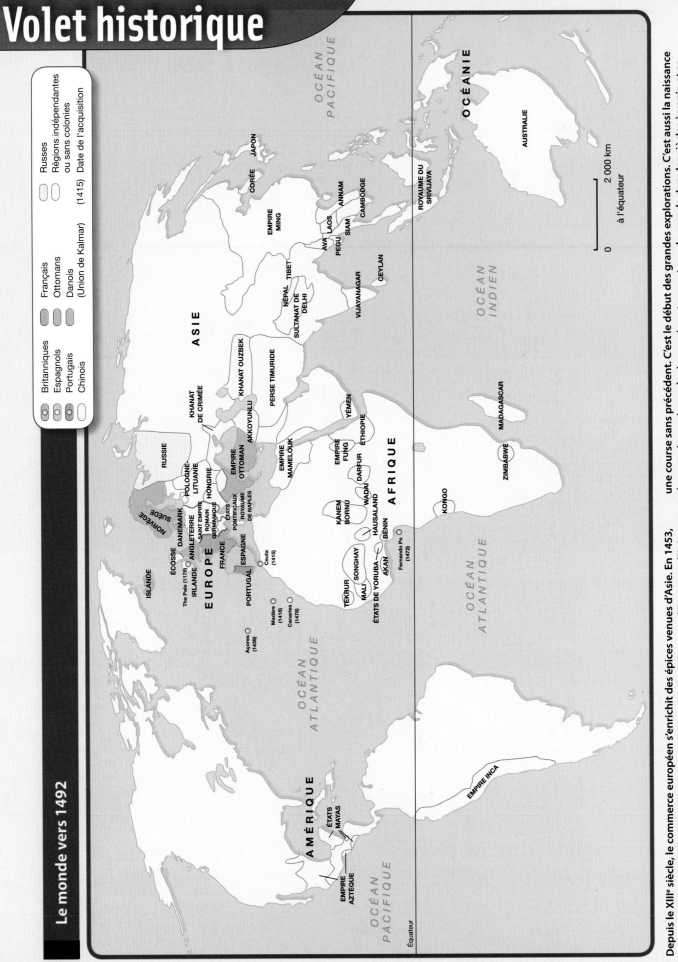

Britanniques	Français	Russes		
Espagnols	Ottomans	Régions indépendantes ou sans colonies		
Portugais	Danois			
Chinois	(Union de Kalmar)	(1415) Date de l'acquisition		

Depuis le XIIIe siècle, le commerce européen s'enrichit des épices venues d'Asie. En 1453, la chute de Constantinople vient nuire aux routes commerciales entre l'Europe et l'Asie. Dans l'espoir de trouver une nouvelle route, notamment vers l'Ouest, les puissances européennes (l'Angleterre, la France, le Portugal et l'Espagne en tête) se lancent dans une course sans précédent. C'est le début des grandes explorations. C'est aussi la naissance des grands empires coloniaux qui vont se partager le monde dans les siècles à venir, et se développer aux dépens des peuples autochtones des territoires découverts.

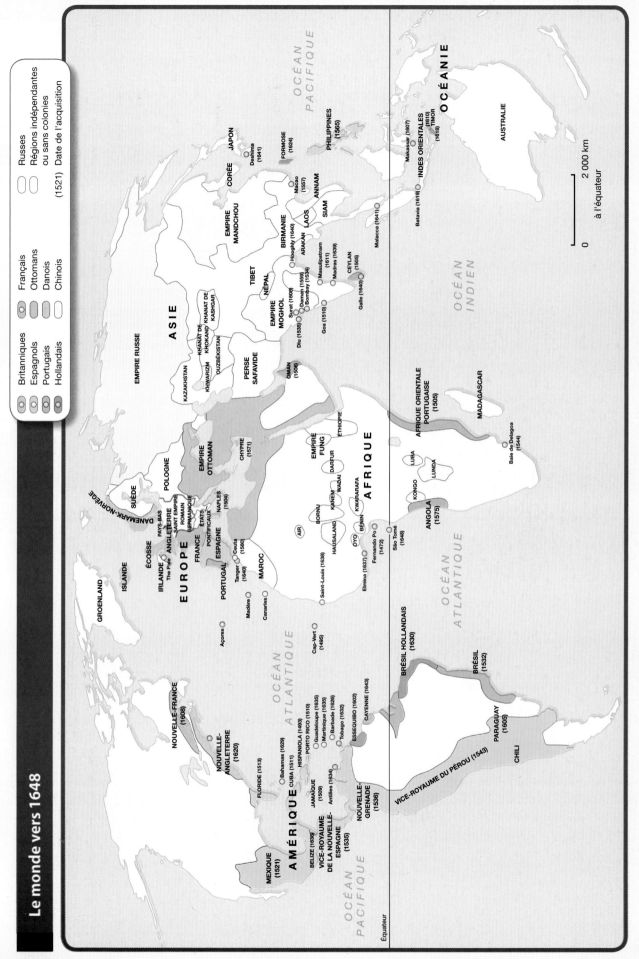

Britanniques
Espagnols
Portugais
Hollandais

Français
Ottomans
Danois
Chinois

Russes
Régions indépendantes ou sans colonies
(1521) Date de l'acquisition

OCÉAN PACIFIQUE

GROENLAND

ISLANDE

ÉCOSSE

IRLANDE
PAYS-BAS
The Pale
ANGLETERRE
SUÈDE
DANEMARK-NORVÈGE

EUROPE
FRANCE
ÉTATS PONTIFICAUX
SAINT EMPIRE ROMAIN GERMANIQUE
POLOGNE
EMPIRE RUSSE

PORTUGAL
ESPAGNE
NAPLES (1504)

ASIE

Açores

Madère
Canaries

MAROC
Tanger (1640)
Ceuta (1580)

KAZAKHSTAN
KHANAT DE KHOKAND
KHWARIZM
OUZBÉKISTAN
KHANAT DE KASHGAR

EMPIRE OTTOMAN

CHYPRE (1571)

PERSE SAFAVIDE

OMAN (1508)

TIBET

NÉPAL

EMPIRE MOGHOL

ÉTHIOPIE
EMPIRE FUNG
DARFUR
WADAI

CEYLAN (1505)
Galle (1640)

Diu (1535)
Damân (1534)
Surat (1609)
Bombay (1534)
Goa (1510)
Masulipatnam (1611)
Madras (1639)

EMPIRE MANDCHOU

CORÉE

JAPON
Deshima (1641)

FORMOSE (1624)
Macao (1557)
ANNAM

BIRMANIE
Hooghly (1640)
ARAKAN
LAOS
SIAM

PHILIPPINES (1565)

Malacca (1641)

OCÉANIE

AUSTRALIE

Makassar (1607)
INDES ORIENTALES (1610) TIMOR (1618)
Batavia (1619)

2 000 km
0
à l'équateur

OCÉAN PACIFIQUE

Équateur

AMÉRIQUE

MEXIQUE (1521)

VICE-ROYAUME DE LA NOUVELLE-ESPAGNE (1535)
BELIZE (1639)

FLORIDE (1513)

NOUVELLE-ANGLETERRE (1620)

NOUVELLE-FRANCE (1608)

Bahamas (1629)
CUBA (1511)
HISPANIOLA (1493)
JAMAÏQUE (1509)
PORTO RICO (1510)
Antilles (1634)
Guadeloupe (1635)
Martinique (1635)
Barbade (1626)
Tobago (1632)

NOUVELLE-GRENADE (1536)

ESSEQUIBO (1602)
CAYENNE (1643)

OCÉAN ATLANTIQUE

Cap-Vert (1495)

OCÉAN ATLANTIQUE

VICE-ROYAUME DU PÉROU (1543)

BRÉSIL HOLLANDAIS (1630)

BRÉSIL (1532)

PARAGUAY (1605)

CHILI

AFRIQUE

Saint-Louis (1638)

HAUSALAND
BORNOU
KANEM
AIR
BENIN
OYO
KWARARAFA

Elmina (1637)
Fernando Po
São Tomé (1472)

KONGO
LUBA
LUNDA
ANGOLA (1575)

AFRIQUE ORIENTALE PORTUGAISE (1505)

MADAGASCAR

Baie de Delagoa (1544)

OCÉAN INDIEN

Si les empires européens connaissent une expansion coloniale impressionnante au XVIe siècle alors que l'Amérique est partagée entre les puissances d'Europe, la seconde moitié du XVIe siècle et la première moitié du XVIIe siècle sont des périodes troublées. La naissance du protestantisme, les guerres de religion, la guerre de Trente Ans (1618-1648) et les grandes famines mettent l'Europe à feu et à sang. L'Espagne perd sa prédominance, le Saint Empire romain germanique est déchiré. En Orient, l'Empire ottoman souffre de plusieurs révoltes internes, la Chine des Ming est confrontée aux attaques des Mongols et des Japonais ainsi qu'à des révoltes paysannes et militaires.

Le monde vers 1789

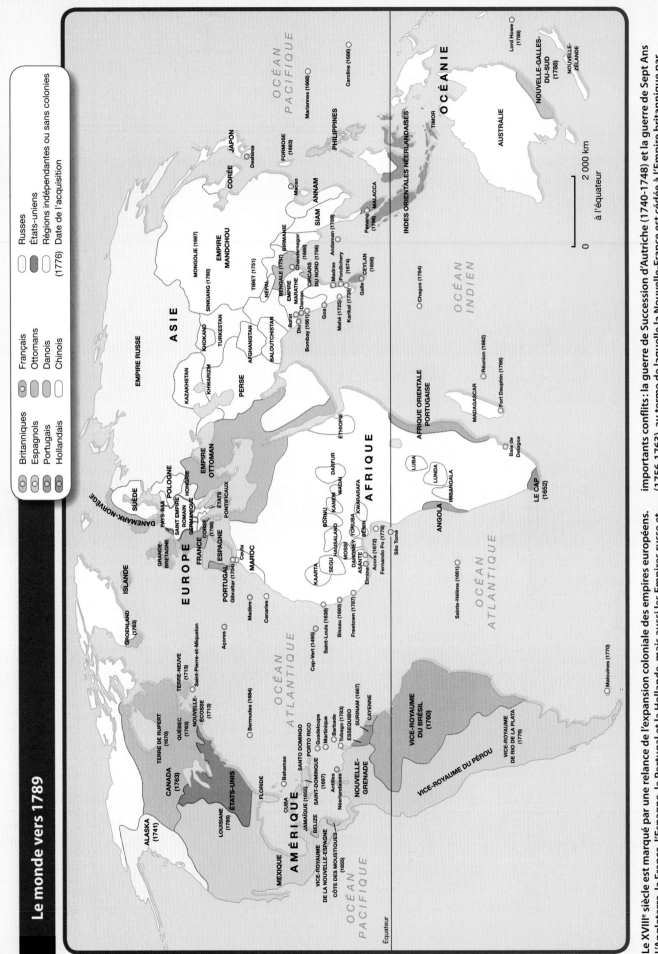

Légende:

- Britanniques
- Espagnols
- Portugais
- Hollandais
- Français
- Ottomans
- Danois
- Chinois
- Russes
- États-uniens
- Régions indépendantes ou sans colonies
- (1776) Date de l'acquisition

OCÉAN PACIFIQUE

OCÉAN ATLANTIQUE

OCÉAN INDIEN

AMÉRIQUE

ALASKA (1741)
MEXIQUE
VICE-ROYAUME DE LA NOUVELLE-ESPAGNE
CÔTE DES MOUSTIQUES (1655)
LOUISIANE (1785)
CANADA (1763)
TERRE DE RUPERT (1670)
QUÉBEC (1763)
NOUVELLE-ÉCOSSE (1713)
TERRE-NEUVE (1713)
Saint-Pierre-et-Miquelon
ÉTATS-UNIS
FLORIDE
CUBA
Bahamas
SANTO DOMINGO
PORTO RICO
JAMAÏQUE (1655)
BELIZE
SAINT-DOMINGUE (1697)
Antilles Néerlandaises
Guadeloupe
Martinique
Barbade
Tobago (1763)
ESSEQUIBO
NOUVELLE-GRENADE
SURINAM (1667)
CAYENNE
VICE-ROYAUME DU PÉROU
VICE-ROYAUME DU BRÉSIL (1760)
VICE-ROYAUME DE RIO DE LA PLATA (1776)
Malouines (1770)

GROENLAND (1763)
ISLANDE
Açores
Bermudes (1684)
Madère
Canaries
Cap-Vert (1495)

EUROPE

GRANDE-BRETAGNE
SUÈDE
DANEMARK-NORVÈGE
PAYS-BAS
POLOGNE
SAINT EMPIRE ROMAIN GERMANIQUE
HONGRIE
FRANCE
CORSE (1768)
ÉTATS PONTIFICAUX
ESPAGNE
PORTUGAL
Gibraltar (1704)
Ceuta
MAROC

AFRIQUE

EMPIRE OTTOMAN
ÉTHIOPIE
DARFUR
WADAI
KANEM
BORNU
HAUSALAND
KAARTA
SEGU
MOSSI
DAHOMEY
YORUBA
ASANTE
BENIN
KWARARAFA
Accra (1672)
Elmina
Fernando Po (1778)
São Tomé
ANGOLA
LUBA
LUNDA
IMBANGALA
AFRIQUE ORIENTALE PORTUGAISE
LE CAP (1652)
Baie de Delagoa
MADAGASCAR
Fort Dauphin (1766)
Réunion (1662)
Chagos (1784)
Sainte-Hélène (1661)
Ascension
Saint-Louis (1638)
Bissau (1693)
Freetown (1787)

ASIE

EMPIRE RUSSE
KAZAKHSTAN
KHWARIZM
TURKESTAN
KHOKAND
SINKIANG (1760)
MONGOLIE (1697)
EMPIRE MANDCHOU
CORÉE
JAPON
Deshima
FORMOSE (1683)
Macao
PHILIPPINES
AFGHANISTAN
PERSE
BALOUTCHISTAN
TIBET (1751)
NEPAL
BENGALE (1757)
EMPIRE MARATHE
BIRMANIE
CIRCARS DU NORD (1756)
SIAM
ANNAM
MALACCA
Penang (1786)
Chandernagor
Madras (1639)
Pondichery (1674)
Karikal (1739)
Mahé (1725)
CEYLAN
Galle (1658)
Andaman (1789)
Bombay (1661)
Surat
Diu
Damar
Goa
INDES ORIENTALES NÉERLANDAISES

OCÉANIE

AUSTRALIE
TIMOR
NOUVELLE-GALLES-DU-SUD (1788)
NOUVELLE-ZÉLANDE
Lord Howe (1788)
Caroline (1686)
Marianne (1668)

Marianne (1668)

0   2 000 km
à l'équateur

Équateur

Le XVIIIe siècle est marqué par une relance de l'expansion coloniale des empires européens. L'Angleterre, la France, l'Espagne, le Portugal et la Hollande, mais aussi les Empires russe et mandchou connaissent une croissance importante de leurs territoires, de leur population et de leur économie. Les relations entre la France et l'Angleterre sont marquées par deux importants conflits : la guerre de Succession d'Autriche (1740-1748) et la guerre de Sept Ans (1756-1763), au terme de laquelle la Nouvelle-France est cédée à l'Empire britannique par le Traité de Paris de 1763.

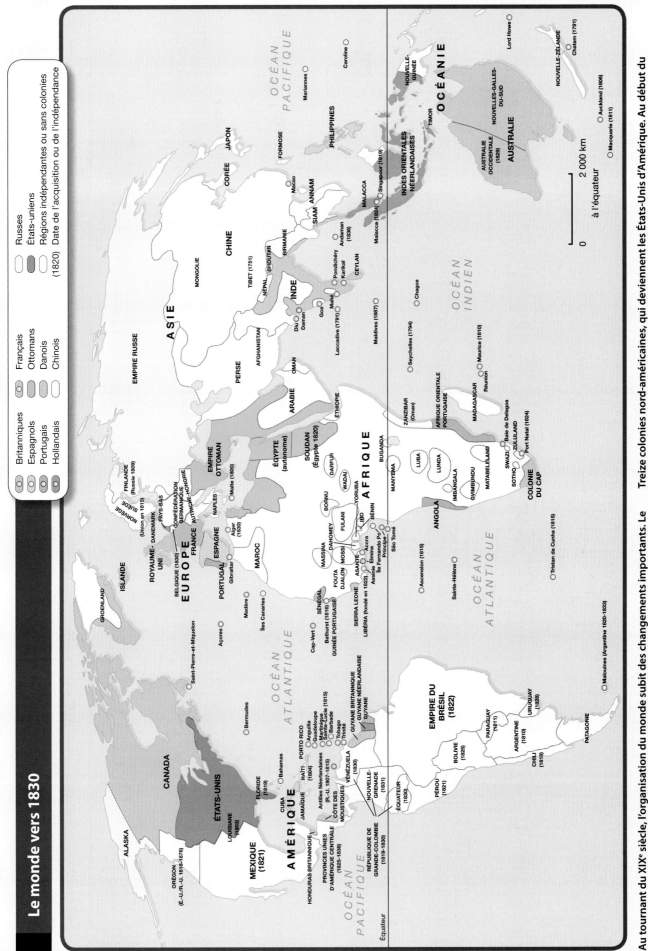

Le monde vers 1830

Légende:

Britanniques	Français	Russes	
Espagnols	Ottomans	États-uniens	
Portugais	Danois	Régions indépendantes ou sans colonies	
Hollandais	Chinois	(1820) Date de l'acquisition ou de l'indépendance	

Au tournant du XIXe siècle, l'organisation du monde subit des changements importants. Le Congrès de Vienne (1814-1815) scelle le sort de l'Empire français de Napoléon et modifie de façon importante les frontières des nations d'Europe. Le partage du monde entre les puissances européennes est remis en question. Dès 1776, l'Empire britannique perd ses

Treize colonies nord-américaines, qui deviennent les États-Unis d'Amérique. Au début du XIXe siècle, l'Espagne et le Portugal perdent leurs colonies en Amérique du Sud et en Amérique centrale à la suite des guerres d'indépendance menées par une partie des peuples de ce continent.

Le monde vers 1914

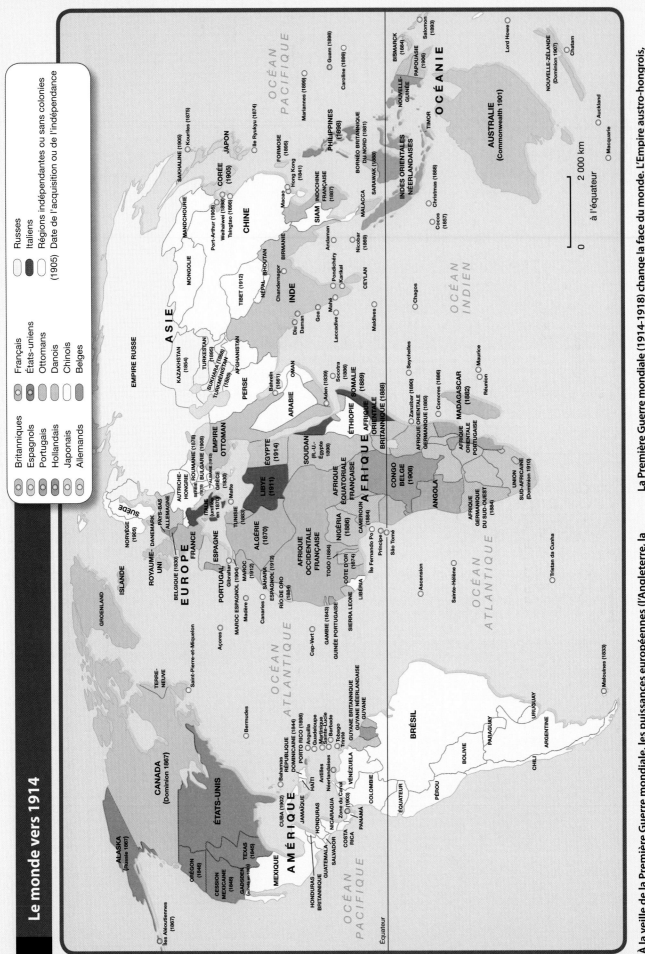

À la veille de la Première Guerre mondiale, les puissances européennes (l'Angleterre, la France, l'Allemagne, la Hollande, la Belgique et l'Italie) continuent à étendre leurs empires coloniaux. Elles se partagent l'Afrique, principal lieu de leurs rivalités. L'Empire russe s'étend vers l'Inde et vers la Chine. Les États-Unis s'affirment comme une grande puissance politique et économique, et le Japon montre ses visées expansionnistes en contrôlant la Corée.

La Première Guerre mondiale (1914-1918) change la face du monde. L'Empire austro-hongrois, allié de l'Empire allemand, est démantelé, tout comme l'Empire ottoman, dont les territoires sont partagés entre l'Angleterre et la France. À la suite de la révolution bolchevique de 1917, l'Empire russe est amputé d'une partie de son territoire.

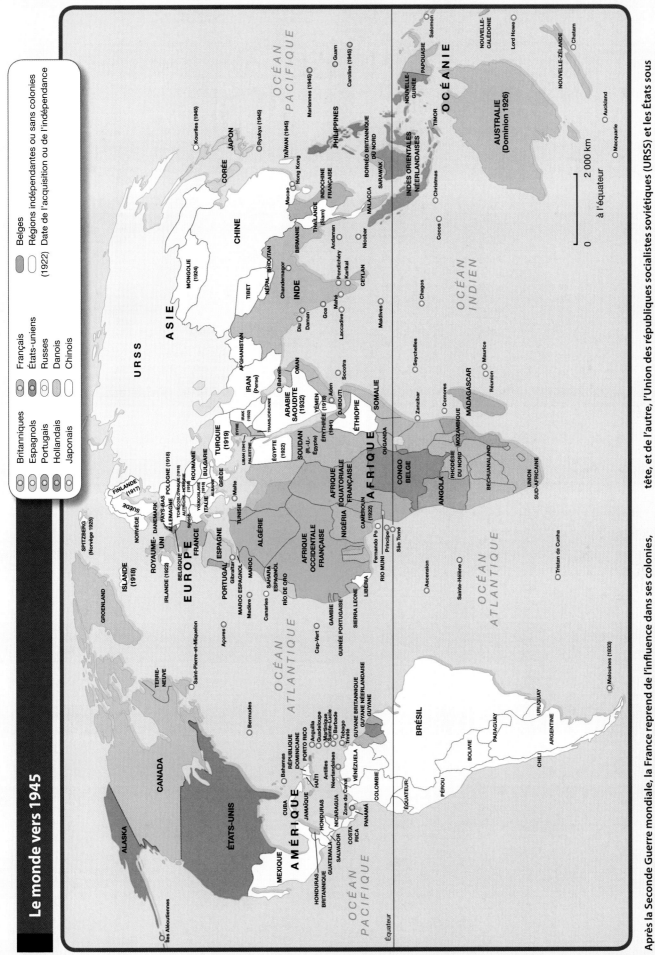

Le monde vers 1945

Britanniques
Espagnols
Portugais
Hollandais
Japonais
Français
États-uniens
Russes
Danois
Chinois
Belges
Régions indépendantes ou sans colonies
(1922) Date de l'acquisition ou de l'indépendance

ALASKA
Îles Aléoutiennes

CANADA
TERRE-NEUVE
Saint-Pierre-et-Miquelon
GROENLAND
Bermudes

ÉTATS-UNIS
OCÉAN PACIFIQUE

MEXIQUE
AMÉRIQUE
CUBA
Bahamas
RÉPUBLIQUE DOMINICAINE
PORTO RICO
JAMAÏQUE
HAÏTI
HONDURAS
GUATEMALA
SALVADOR
HONDURAS BRITANNIQUE
NICARAGUA
COSTA RICA
PANAMÁ
Zone du Canal
Antilles Néerlandaises
Arguilla
Guadeloupe
Martinique
Barbade
Tobago
Trinité
VENEZUELA
COLOMBIE
ÉQUATEUR
GUYANE BRITANNIQUE
GUYANE NÉERLANDAISE
GUYANE

PÉROU
BRÉSIL
BOLIVIE
PARAGUAY
CHILI
URUGUAY
ARGENTINE

OCÉAN ATLANTIQUE

Malouines (1833)

Équateur

OCÉAN PACIFIQUE

ISLANDE (1918)
SPITZBERG (Norvège 1925)
NORVÈGE
SUÈDE
FINLANDE (1917)
ROYAUME-UNI
IRLANDE (1922)
DANEMARK
PAYS-BAS
BELGIQUE
ALLEMAGNE (1918)
POLOGNE (1918)
TCHÉCOSLOVAQUIE (1918)
AUTRICHE-HONGRIE (1918)
EUROPE
FRANCE
SUISSE
YOUGOSLAVIE
ITALIE (1918)
ROUMANIE
BULGARIE
ALBANIE
GRÈCE
Malte
ESPAGNE
PORTUGAL
Açores
Madère
Gibraltar

MAROC
MAROC ESPAGNOL
SAHARA ESPAGNOL
RIO DE ORO
Canaries
ALGÉRIE
TUNISIE
Cap-Vert
GAMBIE
GUINÉE PORTUGAISE
SIERRA LEONE
LIBÉRIA
AFRIQUE OCCIDENTALE FRANÇAISE
AFRIQUE ÉQUATORIALE FRANÇAISE
NIGÉRIA
CAMEROUN (1922)
RIO MUNI
Fernando Po
São Tomé
Principe
AFRIQUE
ANGOLA
CONGO BELGE
OUGANDA
RHODÉSIE DU NORD
BECHUANALAND
MOZAMBIQUE
UNION SUD-AFRICAINE
MADAGASCAR
SOMALIE
ÉTHIOPIE
DJIBOUTI
ÉRYTHRÉE (1918)
YÉMEN
Aden
SOUDAN (R.-U.-Égypte)
ÉGYPTE (1922)

Ascension
Sainte-Hélène
Tristan da Cunha
OCÉAN ATLANTIQUE

Zanzibar
Seychelles
Comores
Réunion
Maurice
OCÉAN INDIEN
Chagos

URSS
ASIE
TURQUIE (1919)
SYRIE
LIBAN (1941)
PALESTINE
TRANSJORDANIE
IRAK (1932)
ARABIE SAOUDITE (1932)
IRAN (Perse)
Bahreïn
OMAN
Socotra
AFGHANISTAN

MONGOLIE (1924)
TIBET
CHINE
NÉPAL
BHOUTAN
INDE
BIRMANIE
Chandernagor
Pondichéry
Karikal
Mahé
Diu
Daman
Goa
Laccadive
CEYLAN
Maldives
Andaman
Nicobar
THAÏLANDE (Siam)
INDOCHINE FRANÇAISE
MALACCA
SARAWAK
BORNÉO BRITANNIQUE DU NORD
INDES ORIENTALES NÉERLANDAISES
PHILIPPINES
Hong Kong
Macao
TAIWAN (1945)
CORÉE
JAPON
Kouriles (1945)
Ryukyu (1945)
OCÉAN PACIFIQUE
Mariannes (1945)
Guam
Caroline (1945)

TIMOR
NOUVELLE-GUINÉE
PAPOUASIE
Salomon
NOUVELLE-CALÉDONIE
Lord Howe
OCÉANIE
AUSTRALIE (Dominion 1926)
Christmas
Cocos
Macquarie
Auckland
NOUVELLE-ZÉLANDE
Chatam

0 2 000 km
à l'équateur

Après la Seconde Guerre mondiale, la France reprend de l'influence dans ses colonies, surtout concentrées en Afrique. L'Angleterre est toujours à la tête du Commonwealth des Nations. Cependant, le monde est rapidement divisé entre deux puissants rivaux politiques et économiques: d'un côté, les nations membres de l'OTAN (1949) avec les États-Unis à leur tête, et de l'autre, l'Union des républiques socialistes soviétiques (URSS) et les États sous son influence. En 1949, les communistes chinois fondent la République populaire de Chine, avec Mao Zédong comme dirigeant. Jusqu'au début des années 1990, le monde est organisé en deux blocs (États-Unis et URSS), laissant peu de place aux pays émergents.

De la Nouvelle-France au Québec (1655-1927)

Depuis l'arrivée des premiers Français en Amérique du Nord, le territoire du Québec a évolué jusqu'à ses frontières actuelles.

Cette évolution s'est faite au gré des guerres européennes et nord-américaines, et des traités de paix.

En même temps que l'évolution du territoire, le nom du Québec a souvent changé.

4 En 1774

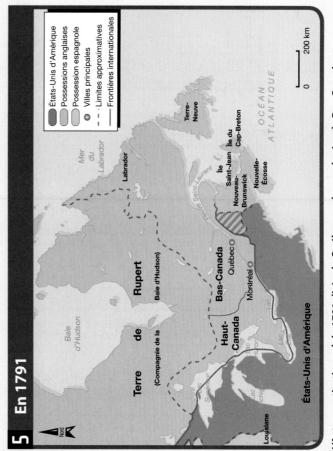

En 1774, l'Acte de Québec vise à protéger la *Province of Quebec* de la menace des Treize colonies. Les frontières du Québec sont repoussées jusqu'au Labrador et aux Grands Lacs.

5 En 1791

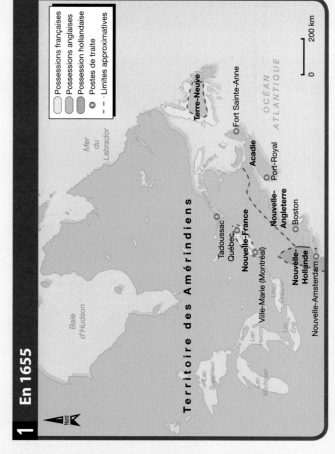
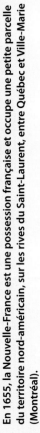

L'Acte constitutionnel de 1791 divise le Québec en deux colonies: le Bas-Canada et le Haut-Canada.

1 En 1655

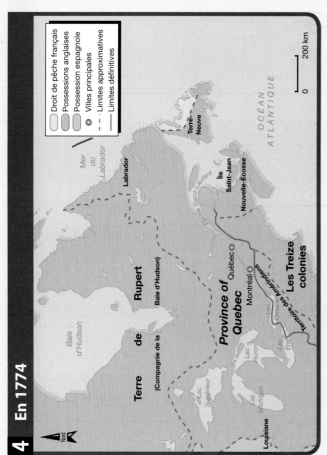

En 1655, la Nouvelle-France est une possession française et occupe une petite parcelle du territoire nord-américain, sur les rives du Saint-Laurent, entre Québec et Ville-Marie (Montréal).

2 En 1713

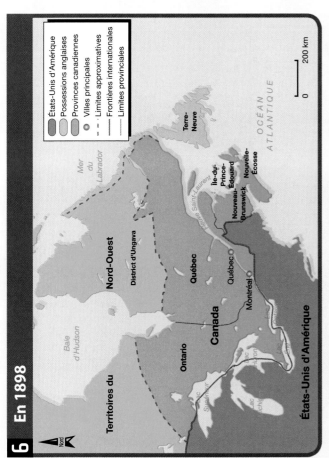

Terre de Rupert
(Compagnie de la Baie d'Hudson)

Mer du Labrador

Baie d'Hudson

Nouvelle-France

Québec
Ville-Marie (Montréal)

Saint-Laurent

Île Saint-Jean Isle Royale
Nouvelle-Écosse

Terre-Neuve

Lac Supérieur
Lac Michigan
Lac Huron
Lac Érié
Lac Ontario

Colonies Britanniques

OCÉAN ATLANTIQUE

	Possessions françaises
	Possessions anglaises
	Territoires contestés
◉	Villes principales
– · –	Limites approximatives

0   200 km

En 1713, le traité d'Utrecht met fin à la guerre franco-anglaise pour la succession d'Espagne. Dans les négociations, la France perd l'Acadie, Terre-Neuve et la Terre de Rupert.

6 En 1898

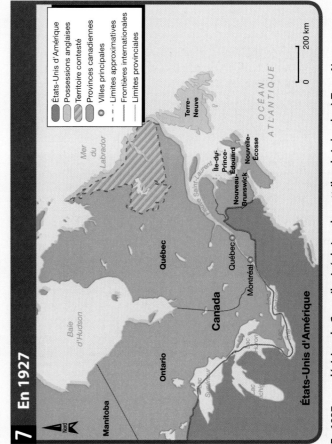

Mer du Labrador

Baie d'Hudson

Territoires du Nord-Ouest

District d'Ungava

Canada

Ontario

Québec

Montréal
Québec

Saint-Laurent

Île-du-Prince-Édouard
Nouveau-Brunswick
Nouvelle-Écosse

Terre-Neuve

Lac Supérieur
Lac Huron
Lac Érié
Lac Michigan

États-Unis d'Amérique

OCÉAN ATLANTIQUE

	États-Unis d'Amérique
	Possessions anglaises
	Provinces canadiennes
◉	Villes principales
– · –	Limites approximatives
—	Frontières internationales
—	Limites provinciales

0   200 km

En 1867, le Québec devient une des provinces fondatrices de la Confédération canadienne. En 1898, son territoire s'agrandit officiellement vers le nord.

3 En 1763

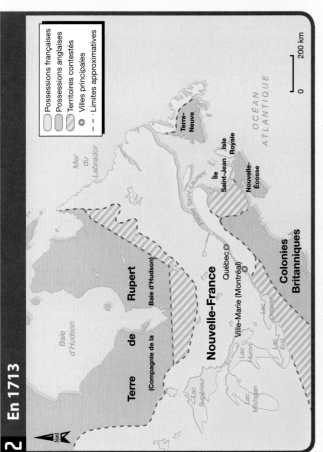

Terre de Rupert
(Compagnie de la Baie d'Hudson)

Mer du Labrador

Baie d'Hudson

Territoire des Amérindiens

Province of Québec

Québec
Montréal

Saint-Laurent

Île Saint-Jean
Nouvelle-Écosse

Terre-Neuve

Lac Supérieur
Lac Michigan
Lac Huron
Lac Érié
Lac Ontario

Les Treize colonies

Louisiane

OCÉAN ATLANTIQUE

	Droit de pêche français
	Possessions anglaises
	Possession espagnole
◉	Villes principales
– · –	Limites approximatives
—	Limites définitives

0   200 km

Par le Traité de Paris de 1763, la Nouvelle-France devient possession britannique. La *Province of Quebec* est créée par la Proclamation royale. Ses frontières sont limitées aux terres peuplées de la vallée du Saint-Laurent. La Proclamation royale reconnaît des droits territoriaux aux Autochtones et désigne la couronne anglaise protectrice de ces droits.

7 En 1927

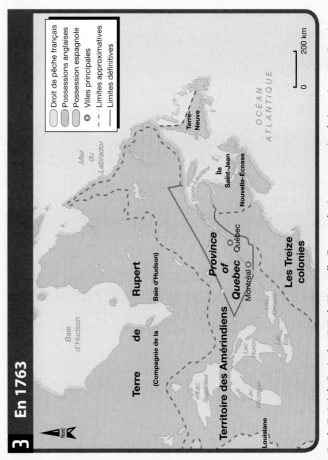

Mer du Labrador

Baie d'Hudson

Manitoba

Canada

Ontario

Québec

Montréal
Québec

Saint-Laurent

Île-du-Prince-Édouard
Nouveau-Brunswick
Nouvelle-Écosse

Terre-Neuve

Lac Supérieur
Lac Huron
Lac Érié

États-Unis d'Amérique

OCÉAN ATLANTIQUE

	États-Unis d'Amérique
	Possessions anglaises
	Territoire contesté
	Provinces canadiennes
◉	Villes principales
– · –	Limites approximatives
—	Frontières internationales
—	Limites provinciales

0   200 km

En 1927, une décision du Conseil privé de Londres attribue le Labrador à Terre-Neuve. Depuis, le Québec conteste les limites sud du Labrador et veut en intégrer la plus grande partie possible à son territoire.

L'évolution du territoire canadien de 1867 à 1999

Depuis sa création, le 1er juillet 1867, le Canada n'a cessé de s'agrandir jusqu'en 1999. Aux quatre provinces fondatrices de 1867 se sont ajoutés, au fil du temps et des événements politiques, les six autres provinces et les trois territoires qui forment aujourd'hui le Canada.

- 1er juillet 1867 : Nouveau-Brunswick, Nouvelle-Écosse, Québec et Ontario
- 15 juillet 1870 : Manitoba et Territoires du Nord-Ouest
- 20 juillet 1871 : Colombie-Britannique
- 1er juillet 1873 : Île-du-Prince-Édouard
- 13 juin 1898 : Territoire du Yukon
- 1er septembre 1905 : Alberta et Saskatchewan
- 31 mars 1949 : Terre-Neuve
- 1er avril 1999 : Territoire du Nunavut

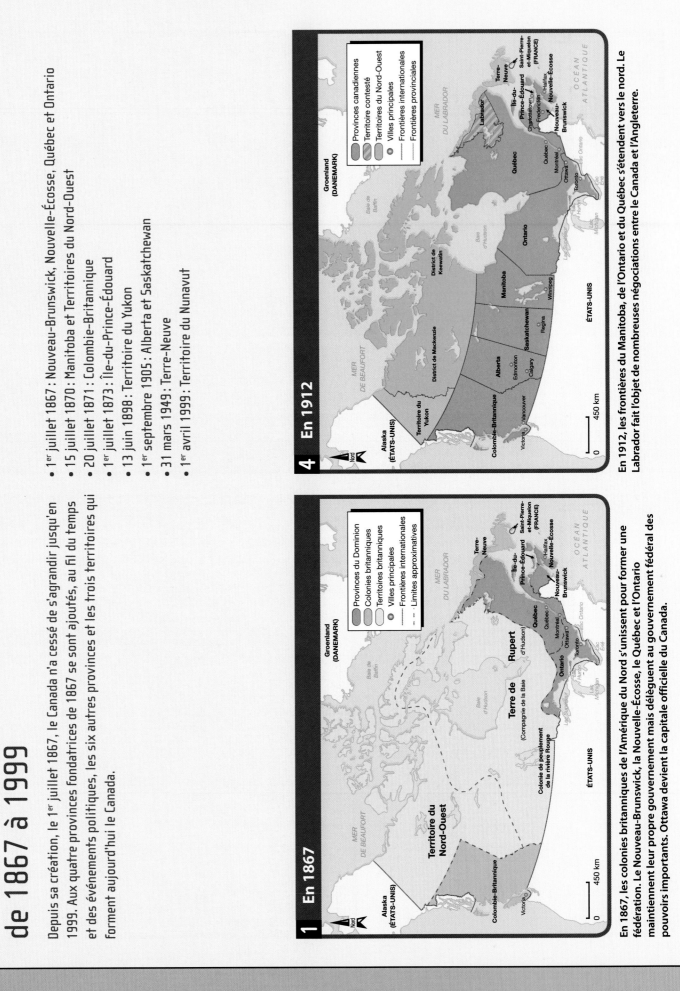

4 En 1912

En 1912, les frontières du Manitoba, de l'Ontario et du Québec s'étendent vers le nord. Le Labrador fait l'objet de nombreuses négociations entre le Canada et l'Angleterre.

1 En 1867

En 1867, les colonies britanniques de l'Amérique du Nord s'unissent pour former une fédération. Le Nouveau-Brunswick, la Nouvelle-Écosse, le Québec et l'Ontario maintiennent leur propre gouvernement mais délèguent au gouvernement fédéral des pouvoirs importants. Ottawa devient la capitale officielle du Canada.

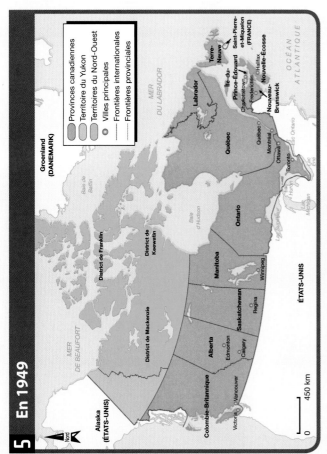

2 En 1873

En 1870, les Territoires du Nord-Ouest et la Terre de Rupert sont achetés à la Compagnie de la baie d'Hudson par le Canada. Trois nouvelles provinces s'ajoutent à la fédération canadienne : le Manitoba en 1870, la Colombie-Britannique en 1871 et l'Île-du-Prince-Édouard en 1873.

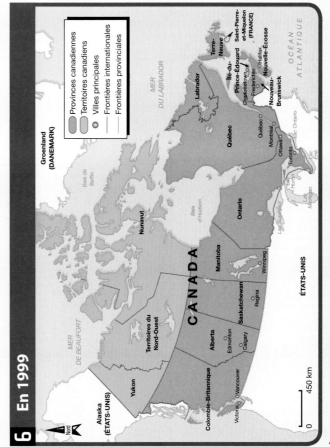

5 En 1949

À la suite de deux référendums en 1948, Terre-Neuve entre dans la fédération canadienne le 31 mars 1949.

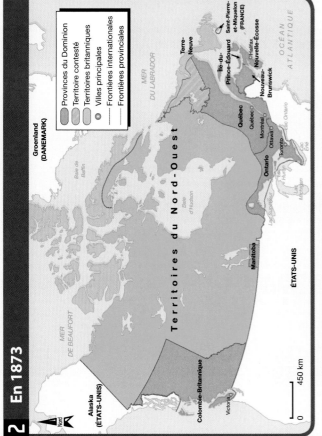

3 En 1905

En 1898, le Territoire du Yukon est séparé des Territoires du Nord-Ouest et entre dans la fédération canadienne comme territoire distinct. En 1905, l'Alberta et la Saskatchewan s'ajoutent à la fédération.

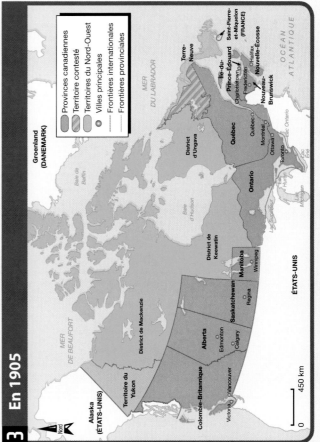

6 En 1999

À la suite des revendications territoriales et des demandes d'autonomie politique des Inuits, le territoire du Nunavut est créé le 1er avril 1999 et il est séparé des Territoires du Nord-Ouest.

Volet géographique

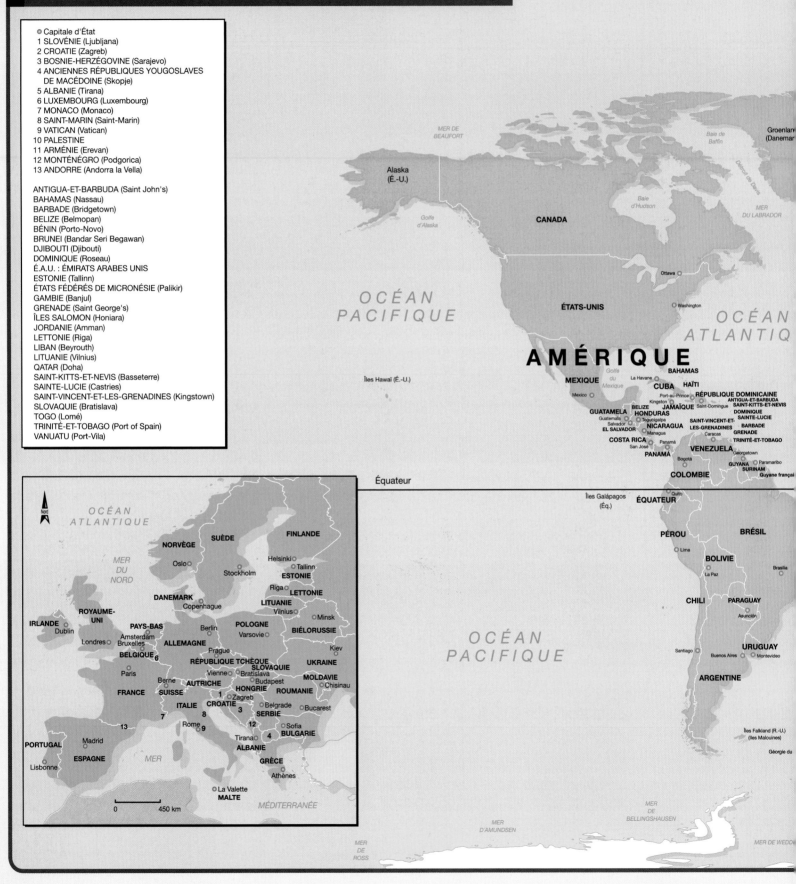

⦿ Capitale d'État
1 SLOVÉNIE (Ljubljana)
2 CROATIE (Zagreb)
3 BOSNIE-HERZÉGOVINE (Sarajevo)
4 ANCIENNES RÉPUBLIQUES YOUGOSLAVES
  DE MACÉDOINE (Skopje)
5 ALBANIE (Tirana)
6 LUXEMBOURG (Luxembourg)
7 MONACO (Monaco)
8 SAINT-MARIN (Saint-Marin)
9 VATICAN (Vatican)
10 PALESTINE
11 ARMÉNIE (Erevan)
12 MONTÉNÉGRO (Podgorica)
13 ANDORRE (Andorra la Vella)

ANTIGUA-ET-BARBUDA (Saint John's)
BAHAMAS (Nassau)
BARBADE (Bridgetown)
BELIZE (Belmopan)
BÉNIN (Porto-Novo)
BRUNEI (Bandar Seri Begawan)
DJIBOUTI (Djibouti)
DOMINIQUE (Roseau)
É.A.U. : ÉMIRATS ARABES UNIS
ESTONIE (Tallinn)
ÉTATS FÉDÉRÉS DE MICRONÉSIE (Palikir)
GAMBIE (Banjul)
GRENADE (Saint George's)
ÎLES SALOMON (Honiara)
JORDANIE (Amman)
LETTONIE (Riga)
LIBAN (Beyrouth)
LITUANIE (Vilnius)
QATAR (Doha)
SAINT-KITTS-ET-NEVIS (Basseterre)
SAINTE-LUCIE (Castries)
SAINT-VINCENT-ET-LES-GRENADINES (Kingstown)
SLOVAQUIE (Bratislava)
TOGO (Lomé)
TRINITÉ-ET-TOBAGO (Port of Spain)
VANUATU (Port-Vila)

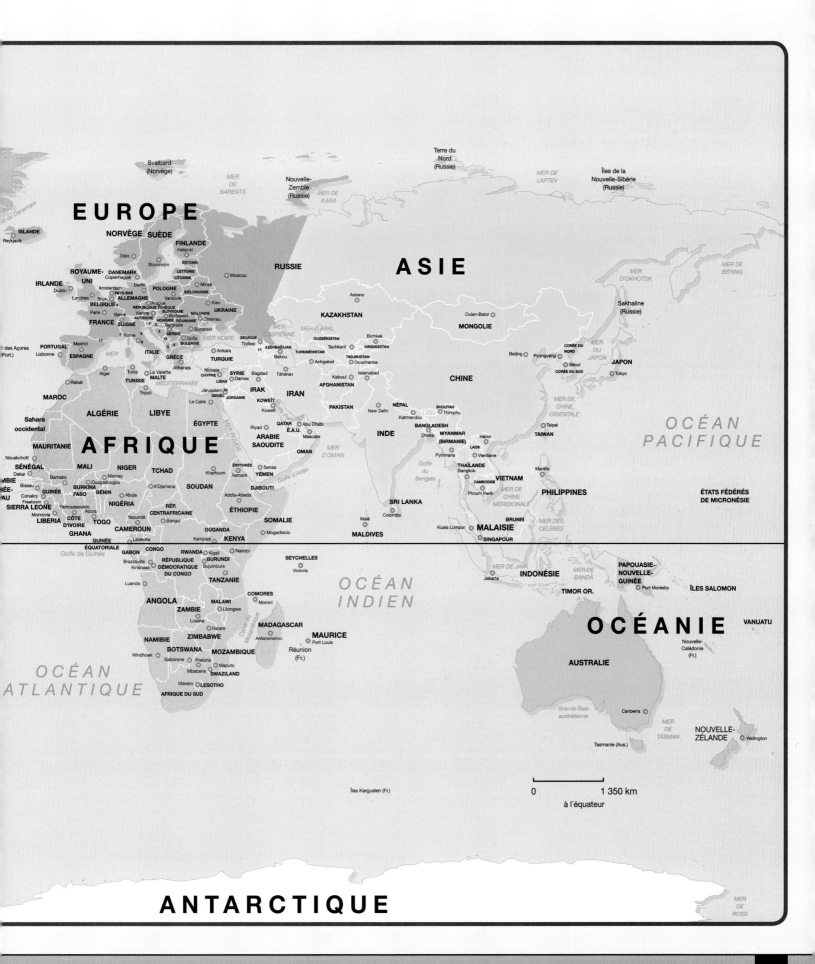

EUROPE

ISLANDE
Reykjavik

NORVÈGE SUÈDE
FINLANDE
Helsinki
Oslo Stockholm ESTONIE
LETTONIE
ROYAUME- DANEMARK LITUANIE
IRLANDE UNI Copenhague Berlin Minsk
Dublin Amsterdam BIÉLORUSSIE
PAYS-BAS POLOGNE
Londres Brux. ALLEMAGNE Varsovie Kiev
BELGIQUE Prague UKRAINE
Paris RÉPUBLIQUE TCHÈQUE Chisinau
FRANCE SUISSE SLOVAQUIE MOLDAVIE
Vienne Budapest
AUTRICHE HONGRIE ROUMANIE
7 Rome Belgrade Bucarest
PORTUGAL Madrid SERBIE Sofia
Lisbonne ESPAGNE ITALIE GRÈCE GÉORGIE
MER Athènes Tbilissi
Niccaïe CHYPRE SYRIE
Rabat Alger Tunis La Valette Damas
MAROC TUNISIE MALTE LIBAN
MÉDITERRANÉE Jérusalem Bagdad
ISRAËL JORDANIE IRAK
Le Caire KOWEÏT
Sahara ALGÉRIE LIBYE Koweït
occidental ÉGYPTE

AFRIQUE

Nouakchott MAURITANIE
SÉNÉGAL MALI NIGER TCHAD
Dakar Bamako Niamey N'Djamena
BIE Bissau BURKINA BÉNIN Abuja
IÉE- Conakry GUINÉE FASO NIGÉRIA
AU Freetown
SIERRA LEONE Yamoussoukro Accra RÉP.
Monrovia CÔTE TOGO CENTRAFRICAINE
LIBERIA D'IVOIRE Yaoundé Bangui
GHANA CAMEROUN
GUINÉE Libreville OUGANDA
ÉQUATORIALE GABON CONGO KENYA
Golfe de Guinée RWANDA Kigali Nairobi
RÉPUBLIQUE BURUNDI
Brazzaville DÉMOCRATIQUE Bujumbura
Kinshasa DU CONGO TANZANIE
Luanda
ANGOLA MALAWI
ZAMBIE Lilongwe
Lusaka
NAMIBIE ZIMBABWE
Windhoek BOTSWANA MOZAMBIQUE
Gaborone Pretoria Maputo
Mbabane SWAZILAND
Maseru LESOTHO
AFRIQUE DU SUD

RUSSIE

ASIE

Moscou Astana
KAZAKHSTAN
Oulan-Bator MONGOLIE
OUZBÉKISTAN Bichkek
AZERBAÏDJAN Tachkent KIRGHIZSTAN
Bakou TURKMÉNISTAN TADJIKISTAN
Ankara Achgabat Douchanbé
TURQUIE Kaboul Islamabad
AFGHANISTAN Beijing CORÉE DU
Téhéran NORD Pyongyang
IRAN PAKISTAN Séoul
New Delhi CORÉE DU SUD
QATAR Abu Dhabi NÉPAL BHOUTAN
É.A.U. Mascate Katmandou Thimphu
Riyad OMAN CHINE
ARABIE INDE Dhaka
SAOUDITE BANGLADESH MYANMAR
ÉRYTHRÉE Sanaa MER (BIRMANIE) Hanoi
Khartoum Asmara D'OMAN Pyinmana LAOS
SOUDAN YÉMEN Golfe THAÏLANDE Vientiane
Addis-Abeda Golfe d'Aden du Bangkok VIETNAM
DJIBOUTI Bengale CAMBODGE
ÉTHIOPIE SRI LANKA Phnom Penh
SOMALIE Malé Colombo
KENYA MALDIVES Kuala Lumpur
Mogadiscio SINGAPOUR

Beijing CORÉE DU MER
NORD DU
Pyongyang JAPON JAPON
Séoul Tokyo
Taipei
TAIWAN OCÉAN
MER DE PACIFIQUE
CHINE
ORIENTALE
Manille
PHILIPPINES ÉTATS FÉDÉRÉS
DE MICRONÉSIE
MER DE
CHINE
MÉRIDIONALE
BRUNEI
MER DES
MALAISIE CÉLÈBES

Svalbard Terre du Îles de la
(Norvège) Nord Nouvelle-Sibérie
(Russie) (Russie)
MER MER DE MER DE
DE LAPTEV BÉRING
BARENTS MER DE
Nouvelle- D'OKHOTSK
Zemble MER DE
(Russie) KARA Sakhaline
(Russie)

MER CASPIENNE
MER D'ARAL
MER NOIRE
MER ROUGE

SEYCHELLES
Victoria
COMORES OCÉAN
Moroni INDIEN
MADAGASCAR MAURICE
Antananarivo Port Louis
Réunion
(Fr.)

MER DE JAVA MER DE
BANDA
INDONÉSIE PAPOUASIE-
Jakarta NOUVELLE-
GUINÉE ÎLES SALOMON
TIMOR OR. Port Moresby

OCÉANIE VANUATU

Nouvelle-
Calédonie
(Fr.)
AUSTRALIE

OCÉAN
ATLANTIQUE

Grande Baie Canberra MER
australienne DE NOUVELLE-
TASMAN ZÉLANDE
Tasmanie (Aus.) Wellington

Îles Kerguelen (Fr.)

0 _____ 1 350 km
à l'équateur

ANTARCTIQUE

MER
DE
ROSS

Les grands reliefs
- Montagnes
- Hauts plateaux
- ▲ Sommets importants
- Plateaux ondulés
- Plaines et bassins

Les principales formes du relief sont les montagnes, les plateaux, les plaines et les grands bassins fluviaux.

Les montagnes ne sont pas toujours un milieu défavorable au peuplement. Par exemple, dans les Andes en Amérique du Sud, l'être humain a su s'adapter aux contraintes que constituent l'altitude, la pente du sol et le froid.

Les plateaux sont souvent compartimentés par des vallées profondes, parfois difficiles à traverser, même avec l'aide des technologies modernes.

La majorité de la population de la planète est concentrée dans les plaines. Leur vaste superficie favorise la mise en valeur agricole, et l'absence d'obstacles facilite la circulation.

Les vallées sont occupées par les êtres humains depuis des millénaires. Ce sont des couloirs naturels, propices à l'installation de voies de communication. La plupart des grandes villes se sont développées dans les vallées, profitant des fleuves qui s'y trouvent et des possibilités de circulation. Ces vallées ont aussi été des voies de pénétration et de peuplement, surtout celle du Saint-Laurent, en Amérique du Nord, et celle du Nil, en Afrique.

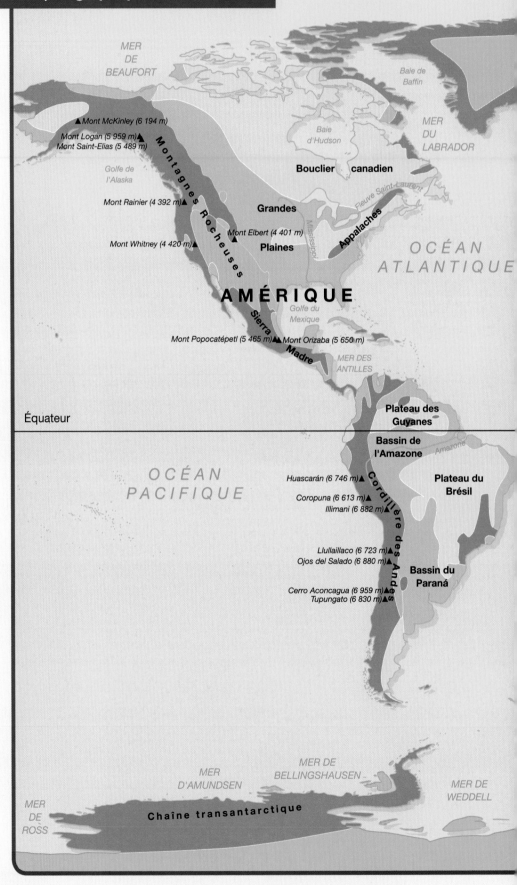

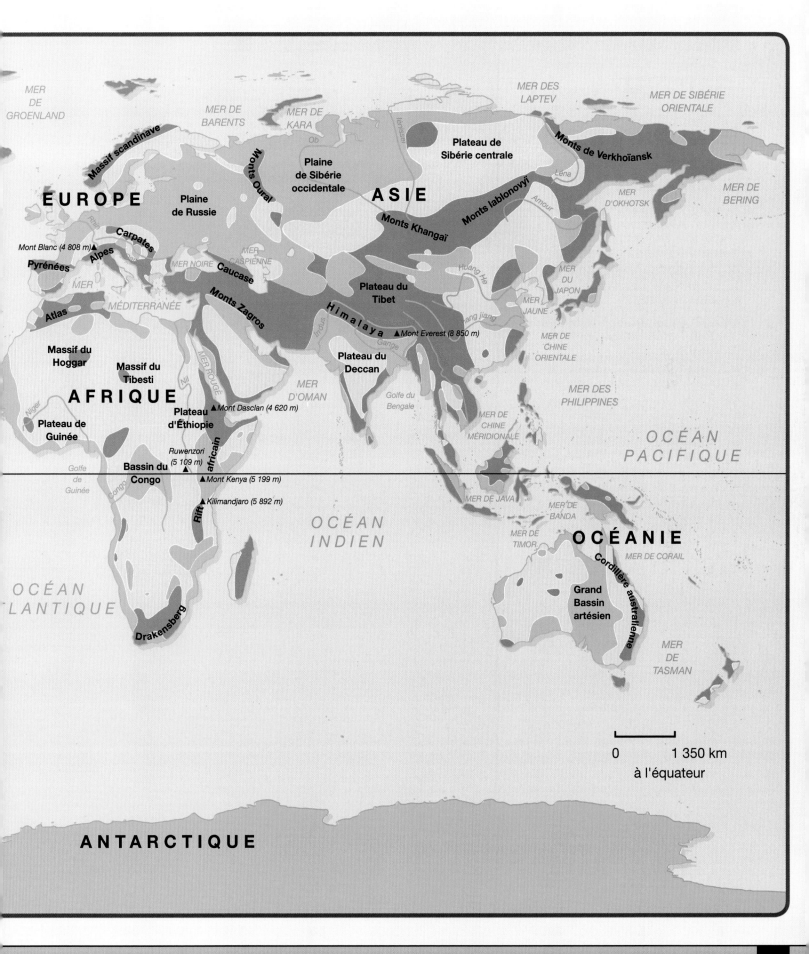

MER
DE
GROENLAND

MER DE
BARENTS

MER DE
KARA

MER DES
LAPTEV

MER DE SIBÉRIE
ORIENTALE

Massif scandinave

Ob

Ienisseï

Plateau de
Sibérie centrale

Monts de Verkhoïansk

Léna

MER DE
BERING

EUROPE

Plaine
de Russie

Monts Oural

Plaine
de Sibérie
occidentale

ASIE

Monts Iablonovyï

Amour

MER
D'OKHOTSK

Carpates

Monts Khangaï

Mont Blanc (4 808 m) ▲

Alpes

MER NOIRE

MER
CASPIENNE

Caucase

Huang He

MER
DU
JAPON

Pyrénées

MER

MÉDITERRANÉE

Monts Zagros

Plateau du
Tibet

MER
JAUNE

Atlas

Himalaya

▲ Mont Everest (8 850 m)

Chang Jiang

MER DE
CHINE
ORIENTALE

Massif du
Hoggar

Indus

Massif du
Tibesti

Nil

MER ROUGE

Ganges

Plateau du
Deccan

AFRIQUE

Niger

Plateau
d'Éthiopie

▲ Mont Dasclan (4 620 m)

MER
D'OMAN

Golfe du
Bengale

MER DES
PHILIPPINES

OCÉAN
PACIFIQUE

Plateau de
Guinée

Ruwenzori
(5 109 m)
▲

Rift africain

MER DE
CHINE
MÉRIDIONALE

Golfe
de
Guinée

Bassin du
Congo

▲ Mont Kenya (5 199 m)

Congo

▲ Kilimandjaro (5 892 m)

MER DE JAVA

MER DE
BANDA

MER
DE
CORAIL

OCÉAN
INDIEN

MER DE
TIMOR

OCÉANIE

OCÉAN
ATLANTIQUE

Cordillère australienne

Grand
Bassin
artésien

Drakensberg

MER
DE
TASMAN

0   1 350 km
à l'équateur

ANTARCTIQUE

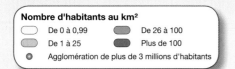

Nombre d'habitants au km²

De 0 à 0,99   De 26 à 100
De 1 à 25   Plus de 100
Agglomération de plus de 3 millions d'habitants

La population mondiale atteint aujourd'hui 6,7 milliards d'êtres humains. Elle est très inégalement répartie.

Des foyers de peuplement très denses, surtout en Asie, s'opposent à des zones presque vides d'activité humaine (déserts, hautes latitudes et hautes altitudes).

Deux pays asiatiques, la Chine et l'Inde, abritent à eux seuls près de 40 % de la population mondiale.

Depuis peu, plus de la moitié de la population de la planète vit dans des villes de plus en plus imposantes.

Dans l'hémisphère Nord, les métropoles concentrent pouvoirs et richesses et continuent à se développer. Dans l'hémisphère Sud, les métropoles croissent rapidement car elles connaissent un fort taux de natalité et profitent d'un exode rural massif.

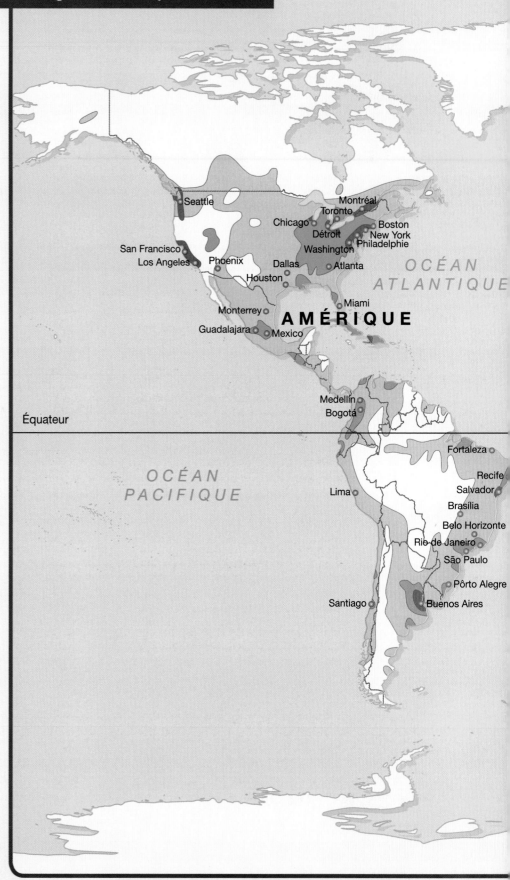

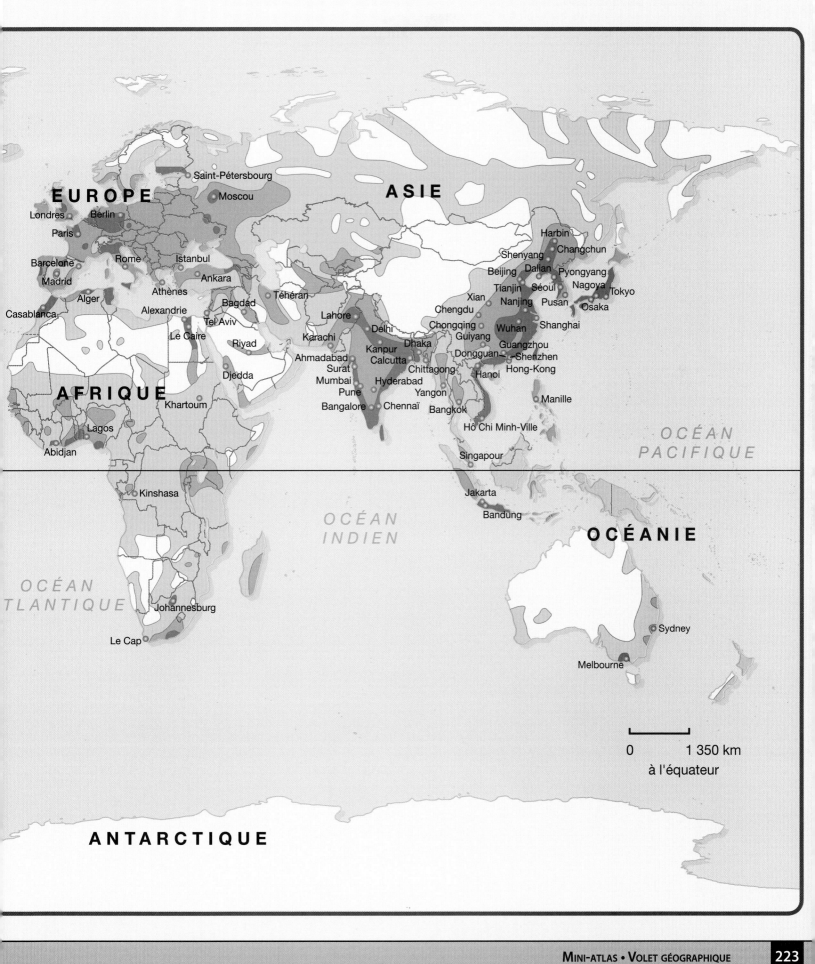

EUROPE

Saint-Pétersbourg

Moscou

Londres
Paris
Berlin

Barcelone
Madrid
Rome
Istanbul
Ankara
Alger
Athènes
Casablanca
Alexandrie
Tel Aviv
Le Caire
Riyad
Bagdad
Téhéran

AFRIQUE

Djedda

Khartoum

Lagos

Abidjan

Kinshasa

OCÉAN
ATLANTIQUE

Johannesburg

Le Cap

ASIE

Harbin
Changchun
Shenyang
Beijing
Dalian
Pyongyang
Tianjin
Séoul
Nagoya
Xian
Nanjing
Pusan
Tokyo
Chengdu
Osaka
Chongqing
Shanghai
Lahore
Delhi
Guiyang
Wuhan
Karachi
Dhaka
Guangzhou
Ahmadabad
Kanpur
Dongguan
Shenzhen
Surat
Calcutta
Chittagong
Hong-Kong
Mumbai
Hyderabad
Hanoi
Pune
Yangon
Bangalore
Chennaï
Bangkok
Manille

Hô Chi Minh-Ville

Singapour

OCÉAN
PACIFIQUE

OCÉAN
INDIEN

Jakarta
Bandung

OCÉANIE

Sydney

Melbourne

0   1 350 km
à l'équateur

ANTARCTIQUE

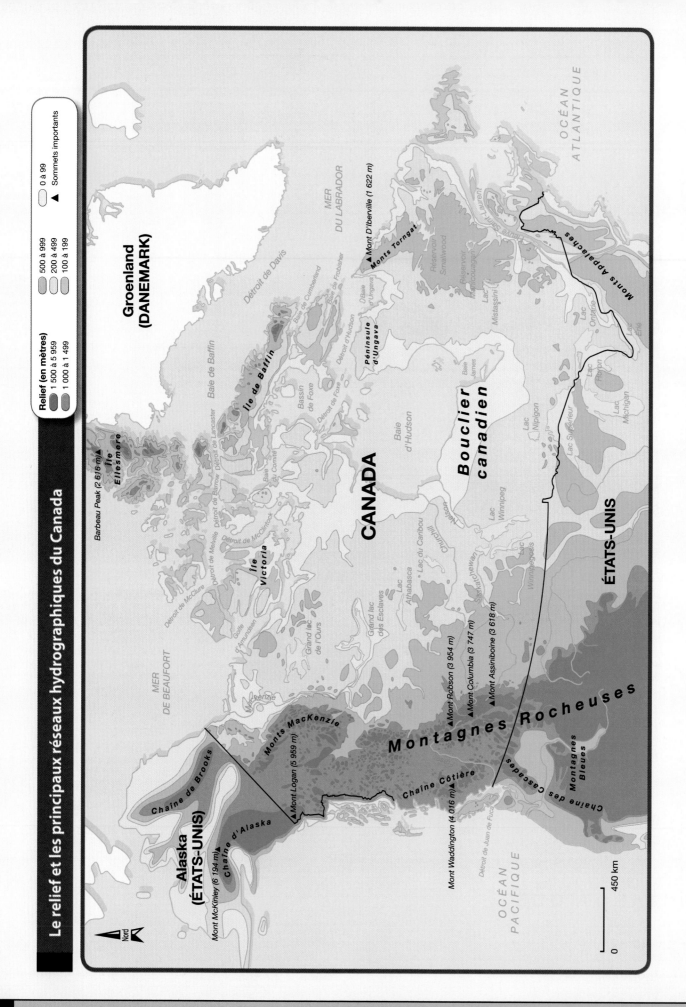

Le relief et les principaux réseaux hydrographiques du Canada

Relief (en mètres)

- 1 500 à 5 959
- 1 000 à 1 499
- 500 à 999
- 200 à 499
- 100 à 199
- 0 à 99
- ▲ Sommets importants

Nord

Groenland (DANEMARK)

CANADA

Bouclier canadien

ÉTATS-UNIS

Alaska (ÉTATS-UNIS)

OCÉAN ATLANTIQUE

MER DU LABRADOR

MER DE BEAUFORT

OCÉAN PACIFIQUE

Île Ellesmere

Île de Baffin

Île Victoria

Barbeau Peak (2 616 m) ▲

Mont D'Iberville (1 622 m) ▲

Monts Torngat ▲

Péninsule d'Ungava

Baie de Baffin

Baie de Cumberland

Baie de Frobisher

Détroit de Davis

Détroit de Cumberland

Détroit de Barrow

Détroit de Lancaster

Détroit de McClintock

Détroit de Melville

Détroit de McClure

Bassin de Foxe

Détroit de Foxe

Détroit d'Hudson

Baie du Comité

Golfe d'Amundsen

Baie d'Hudson

Baie James

Grand lac des Esclaves

Grand lac de l'Ours

Lac Athabasca

Lac du Caribou

Lac Winnipeg

Lac Winnipegosis

Lac Nipigon

Lac Supérieur

Lac Michigan

Lac Huron

Lac Ontario

Lac Érié

Lac Mistassini

Lac Manicouagan

Réservoir Smallwood

Fleuve Saint-Laurent

Mackenzie

Nelson

Churchill

Saskatchewan

Mont McKinley (6 194 m) ▲

Chaîne de Brooks

Chaîne d'Alaska

Monts MacKenzie

Mont Logan (5 959 m) ▲

Mont Robson (3 954 m) ▲

Mont Columbia (3 747 m) ▲

Mont Assiniboine (3 618 m) ▲

Mont Waddington (4 016 m) ▲

Chaîne Côtière

Montagnes Rocheuses

Chaîne des Cascades

Montagnes Bleues

Monts Appalaches

Détroit de Juan de Fuca

0   450 km

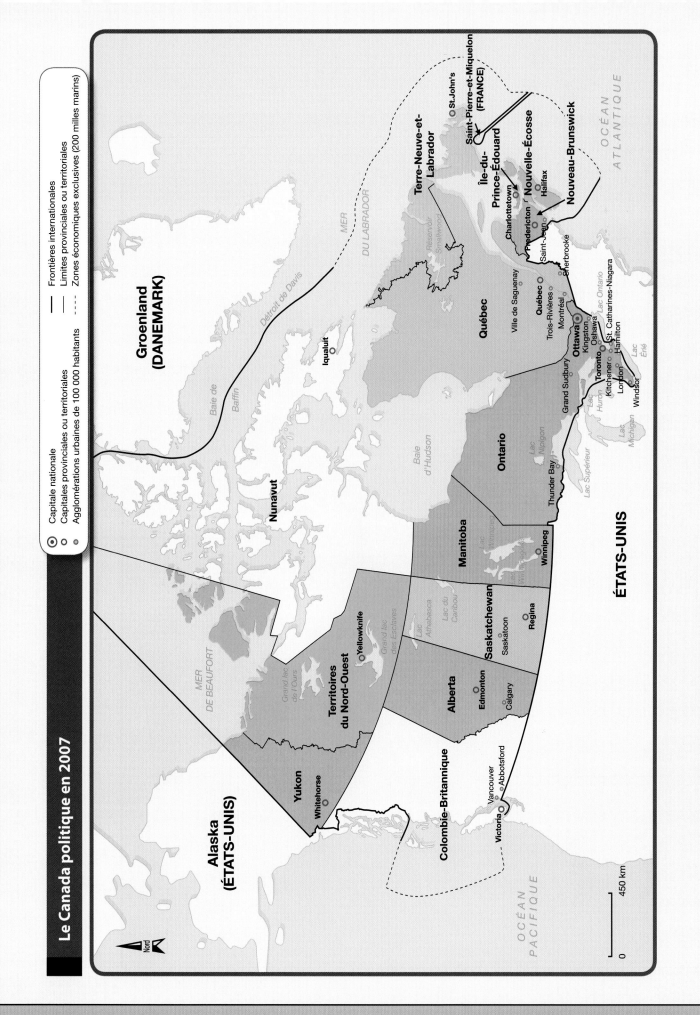

Le Canada politique en 2007

Nord

Capitale nationale
Capitales provinciales ou territoriales
Agglomérations urbaines de 100 000 habitants

Frontières internationales
Limites provinciales ou territoriales
Zones économiques exclusives (200 milles marins)

Groenland (DANEMARK)

MER DU LABRADOR

Détroit de Davis

Baie de Baffin

Iqaluit

Nunavut

Baie d'Hudson

Réservoir Smallwood

Terre-Neuve-et-Labrador

St. John's

Saint-Pierre-et-Miquelon (FRANCE)

Île-du-Prince-Édouard

Charlottetown

Nouvelle-Écosse

Halifax

Nouveau-Brunswick

Fredericton

Saint-Jean

Sherbrooke

OCÉAN ATLANTIQUE

Québec

Ville de Saguenay

Québec

Trois-Rivières

Montréal

Ottawa

Kingston

Oshawa

Lac Ontario

St. Catharines-Niagara

Hamilton

Toronto

Kitchener

London

Windsor

Lac Érié

Ontario

Lac Nipigon

Thunder Bay

Grand Sudbury

Lac Supérieur

Lac Huron

Lac Michigan

Manitoba

Winnipeg

Lac Winnipeg

Lac Winnipegosis

Saskatchewan

Regina

Saskatoon

Lac Athabasca

Lac du Caribou

Alberta

Edmonton

Calgary

Territoires du Nord-Ouest

Yellowknife

Grand lac des Esclaves

Grand lac de l'Ours

MER DE BEAUFORT

Yukon

Whitehorse

Alaska (ÉTATS-UNIS)

Colombie-Britannique

Vancouver

Abbotsford

Victoria

OCÉAN PACIFIQUE

ÉTATS-UNIS

0 — 450 km

MINI-ATLAS • VOLET GÉOGRAPHIQUE

225

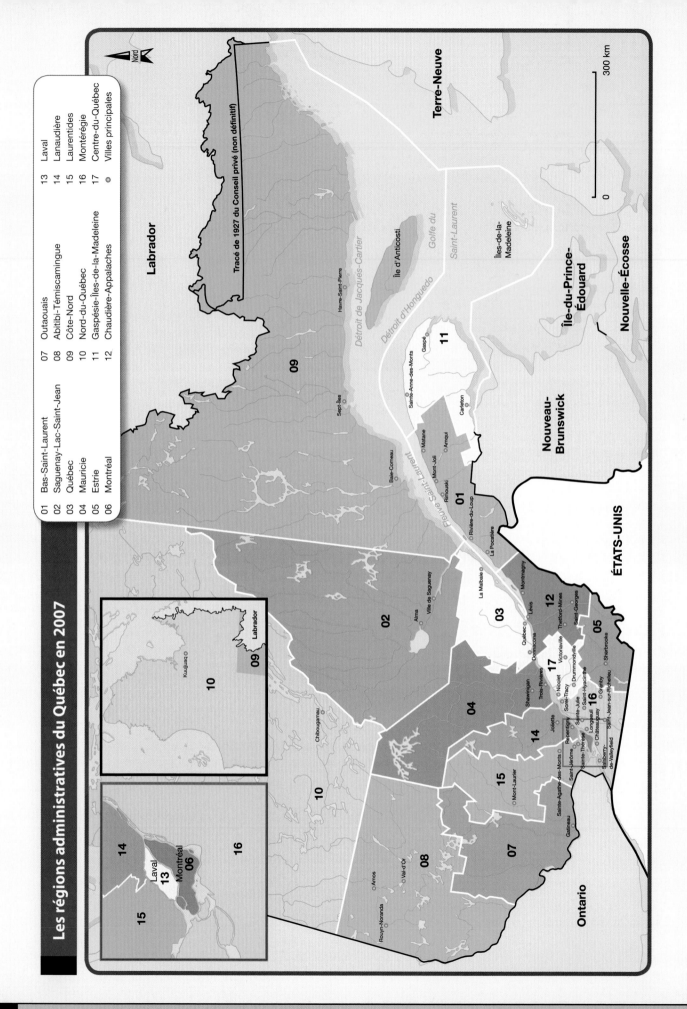

Les régions administratives du Québec en 2007

01	Bas-Saint-Laurent	07	Outaouais	13	Laval
02	Saguenay-Lac-Saint-Jean	08	Abitibi-Témiscamingue	14	Lanaudière
03	Québec	09	Côte-Nord	15	Laurentides
04	Mauricie	10	Nord-du-Québec	16	Montérégie
05	Estrie	11	Gaspésie–Îles-de-la-Madeleine	17	Centre-du-Québec
06	Montréal	12	Chaudière-Appalaches	○	Villes principales

Tracé de 1927 du Conseil privé (non définitif)

Nord

0   300 km

Terre-Neuve

Labrador

Golfe du Saint-Laurent

Détroit de Jacques-Cartier

Île d'Anticosti

Détroit d'Honguedo

Îles-de-la-Madeleine

Île-du-Prince-Édouard

Nouvelle-Écosse

Nouveau-Brunswick

ÉTATS-UNIS

Ontario

Fleuve Saint-Laurent

Havre-Saint-Pierre

Sept-Îles

Baie-Comeau

09

Gaspé

Sainte-Anne-des-Monts

Carleton

Matane

Amqui

Mont-Joli

Rimouski

11

Rivière-du-Loup

La Pocatière

01

La Malbaie

Ville de Saguenay

Alma

02

Chibougamau

10

Kuujjuaq

10

Labrador

09

Val-d'Or

Amos

Rouyn-Noranda

08

Gatineau

07

Mont-Laurier

Sainte-Agathe-des-Monts

Saint-Jérôme

15

Joliette

14

04

Shawinigan

Trois-Rivières

Nicolet

Sorel-Tracy

Repentigny

Sainte-Thérèse

Longueuil

Châteauguay

Salaberry-de-Valleyfield

16

Saint-Jean-sur-Richelieu

Granby

Saint-Hyacinthe

Sainte-Julie

Drummondville

Victoriaville

17

Donnacona

Québec

Lévis

03

Thetford-Mines

12

Saint-Georges

Sherbrooke

05

Montmagny

14

Laval
13

Montréal
06

15

16

226

Ouvrages de référence

Atlas historiques

BERTIN, Jacques. *Atlas historique de l'humanité*. Paris, La Martinière, 2004. 271 p.

BERTIN, Jacques. *Atlas historique universel : panorama de l'histoire du monde*. Genève, Minerva, 1997. 179 p.

DE KONINCK, Rodolphe. *Le grand atlas du Canada et du monde*. Saint-Laurent, ERPI, 2005. 185 p.

DUBY, Georges. *Atlas historique mondial*. Paris, Larousse, 2000. 349 p.

DUBY, Georges. *Grand atlas historique : l'histoire du monde en 520 cartes*. Paris, Larousse, 2004. 387 p.

HAYWOOD, John. *The Complete Atlas of World History, Volume 1 – Prehistory and the Ancient World*. Armonk, Sharpe Reference, 1997. 126 p.

HAYWOOD, John. *The Complete Atlas of World History, Volume 2 – The Medieval and Early Modern World*. Armonk, Sharpe Reference, 1997. 124 p.

HAYWOOD, John. *The Complete Atlas of World History, Volume 3 – The Modern World*. Armonk, Sharpe Reference. 1997. 140 p.

HAYWOOD, John. *Atlas historique du monde*. Cologne, Könemann, 1999. 240 p.

MATTHEWS, Geoffrey J., Louis GENTILCORE et Jean-Claude ROBERT. *Atlas historique du Canada, Volume 1 – Des origines à 1800*. Montréal, Presses de l'Université de Montréal, 1993. 198 p.

MATTHEWS, Geoffrey J., Louis GENTILCORE et Jean-Claude ROBERT. *Atlas historique du Canada, Volume 2 – La transformation du territoire, 1800-1891*. Montréal, Presses de l'Université de Montréal, 1993. 186 p.

MATTHEWS, Geoffrey J., Louis GENTILCORE et Jean-Claude ROBERT. *Atlas historique du Canada, Volume 3 – Jusqu'au cœur du XXe siècle : 1891-1961*. Montréal, Presses de l'Université de Montréal, 1993. 199 p.

PICARD, Jean-Luc. *L'Actuel*, Anjou, CEC, 1994. 160 p.

Pour en savoir plus...

CHAPITRE 1

LES PREMIERS OCCUPANTS

À LIRE

HAMELIN, Jean. *Québec 1626 : un comptoir au bord du Saint-Laurent*. Saint-Hyacinthe, Edisem, 1989. 62 p.

HAY, Nathalie et Olivier MATOUK. *La jeune fille qui épousa un ours : contes indiens*. Paris, L'école des loisirs, 1995. 183 p.

HAY, Nathalie et Olivier MATOUK. *L'oiseau qui faisait des tempêtes : contes indiens d'Amérique du Nord*. Paris, L'école des loisirs, 1995. 75 p.

À VOIR

DE BANVILLE, Jean-Yves, *et al. 1701 – La Grande Paix de Montréal*. Montréal, Télé-Québec, 2002. 52 minutes.

GAGNÉ, Pier *et al. Nitaskinan : au pays des Atikamekws*. Montréal, Télé-Québec, 1997. 56 minutes.

MELANÇON, André *et al. Le monde algonquien*. Montréal, Télé-Québec, 1996. 25 minutes.

MELANÇON, André *et al. Le monde iroquoien*. Montréal, Télé-Québec, 1996. 25 minutes.

CHAPITRE 2

L'ÉMERGENCE D'UNE SOCIÉTÉ EN NOUVELLE-FRANCE

À LIRE

RAYMOND, Marie-José et Claude FOURNIER. *Raconte-moi la Nouvelle-France, raconte-moi le Québec*. Saint-Paul-d'Abbotsford, Rose films, 2003. 45 p.

À VOIR

BOURASSA, Carmen *et al. La grande expédition*. Québec, Téléfiction productions, 2002. 260 minutes.

CARLE, Gilles *et al. Épopée en Amérique*. Montréal, Imavision, 1996-1997. 720 minutes.

CHAPITRE 3

LE CHANGEMENT D'EMPIRE

À LIRE

RAYMOND, Marie-José et Claude FOURNIER. *Raconte-moi la Nouvelle-France, raconte-moi le Québec*. Saint-Paul-d'Abbotsford, Rose films, 2003. 45 p.

À VOIR

BEAUDIN, Jean. *Nouvelle-France*. Montréal, Melenny Productions, 2004, 145 minutes.

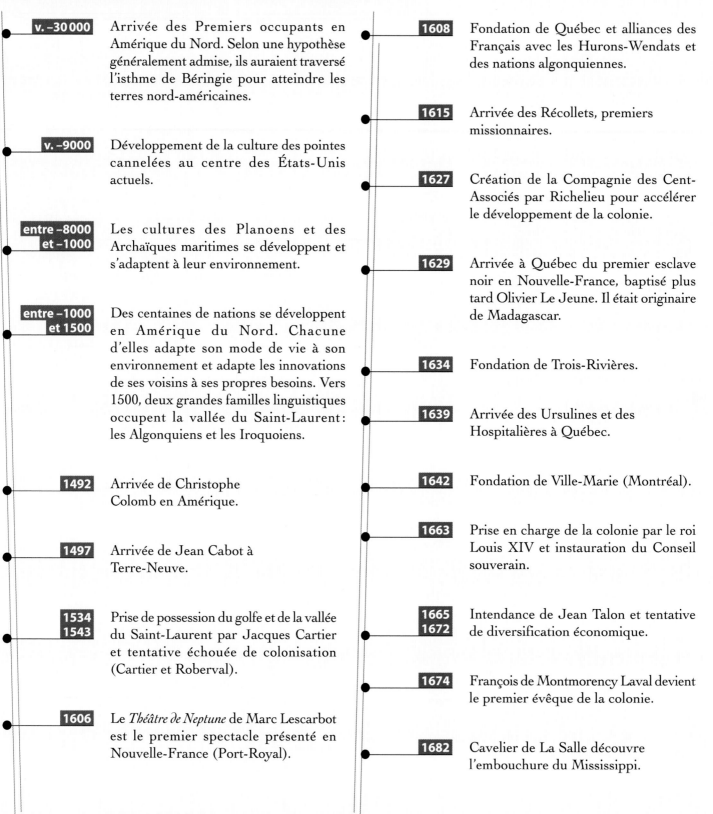

v. −30 000 Arrivée des Premiers occupants en Amérique du Nord. Selon une hypothèse généralement admise, ils auraient traversé l'isthme de Béringie pour atteindre les terres nord-américaines.

v. −9000 Développement de la culture des pointes cannelées au centre des États-Unis actuels.

entre −8000 et −1000 Les cultures des Planoens et des Archaïques maritimes se développent et s'adaptent à leur environnement.

entre −1000 et 1500 Des centaines de nations se développent en Amérique du Nord. Chacune d'elles adapte son mode de vie à son environnement et adapte les innovations de ses voisins à ses propres besoins. Vers 1500, deux grandes familles linguistiques occupent la vallée du Saint-Laurent : les Algonquiens et les Iroquoiens.

1492 Arrivée de Christophe Colomb en Amérique.

1497 Arrivée de Jean Cabot à Terre-Neuve.

1534 1543 Prise de possession du golfe et de la vallée du Saint-Laurent par Jacques Cartier et tentative échouée de colonisation (Cartier et Roberval).

1606 Le *Théâtre de Neptune* de Marc Lescarbot est le premier spectacle présenté en Nouvelle-France (Port-Royal).

1608 Fondation de Québec et alliances des Français avec les Hurons-Wendats et des nations algonquiennes.

1615 Arrivée des Récollets, premiers missionnaires.

1627 Création de la Compagnie des Cent-Associés par Richelieu pour accélérer le développement de la colonie.

1629 Arrivée à Québec du premier esclave noir en Nouvelle-France, baptisé plus tard Olivier Le Jeune. Il était originaire de Madagascar.

1634 Fondation de Trois-Rivières.

1639 Arrivée des Ursulines et des Hospitalières à Québec.

1642 Fondation de Ville-Marie (Montréal).

1663 Prise en charge de la colonie par le roi Louis XIV et instauration du Conseil souverain.

1665 1672 Intendance de Jean Talon et tentative de diversification économique.

1674 François de Montmorency Laval devient le premier évêque de la colonie.

1682 Cavelier de La Salle découvre l'embouchure du Mississippi.

1701	La Grande Paix de Montréal met un terme aux guerres franco-iroquoises.
1713	Par le traité d'Utrecht, la France cède l'Acadie, Terre-Neuve et la baie d'Hudson à l'Angleterre.
1729 1748	Intendance de Gilles Hocquart et soutien financier au développement de l'économie coloniale.
1759	Bataille des Plaines d'Abraham et prise de Québec par les Anglais.
1760	Capitulation de Montréal et conquête militaire de la Nouvelle-France par les Anglais.
1763	Soulèvement mené par Pontiac, chef des Outaouais. Traité de Paris et Proclamation royale.
1764	Instauration du gouvernement civil. Fondation de la *Gazette de Québec*, le premier journal bilingue de la colonie.
1766	James Murray est démis de ses fonctions de gouverneur général.
1768	Les territoires du sud de l'Ohio sont retirés aux Autochtones pour favoriser la colonisation vers l'Ouest. Guy Carleton, Lord Dorchester, devient gouverneur général.
1774	Acte de Québec.
1775	Les patriotes des Treize colonies envahissent la colonie britannique.
1775 1783	Révolution américaine.
1776	Déclaration d'Indépendance des États-Unis. Début de l'immigration des Loyalistes.
1778	Fleury Mesplet fonde la *Gazette littéraire*, le premier journal de langue française de la colonie.
1783	Fondation de la Compagnie du Nord-Ouest. Par le traité de Paris, Londres reconnaît l'indépendance des États-Unis.
1784	Pétition adressée à la couronne britannique pour la création d'une assemblée législative.
1786	Guy Carleton, Lord Dorchester, redevient gouverneur général du Canada.
1791	Acte constitutionnel.

Glossaire

Alcade Fonctionnaire qui administre les colonies espagnoles. **194, 195**

Aldeia Au Brésil, villages indigènes sous le contrôle des pères jésuites ⓖ. **122**

Anglican, anglicane Adepte de l'anglicanisme, religion protestante issue du catholicisme après que le roi d'Angleterre ait rompu avec le pape de Rome. **138**

Animal de pouvoir Animal mythique qui, pour les Autochtones d'Amérique, possède des pouvoirs surnaturels. **66, 69**

Are Surface de terre équivalente à 100 m². **136**

Assemblée législative Institution politique regroupant des représentants élus qui détiennent le pouvoir d'édicter des lois et de les adopter. **160, 162, 166, 182**

Autochtone Qui est originaire du lieu où il ou elle habite. **38, 132, 168**

Bandeira « Drapeau » en portugais. Au Brésil, expédition progressant vers l'intérieur du pays pouvant réunir des centaines de *bandeirantes* et durer plusieurs années. C'est ainsi que sera définie la frontière ouest, au-delà de la ligne établie par le traité de Tordesillas (1494). **122**

Bayou Bras marécageux du fleuve Mississippi en Louisiane. **192, 193**

Bois-brésil De *pau brasil*, « bois de braise » en portugais. Bois produisant une teinture brun-rouge, très estimé, que l'on trouvait en grande quantité au XVIᵉ siècle au Brésil (d'où le nom donné au pays). **118, 120**

Boycottage Refus d'entretenir des relations politiques et économiques avec un individu, un groupe ou un pays, et d'en acheter les biens. **140, 164**

Brahmanisme Système religieux et social devenu l'hindouisme, basé sur des castes ⓖ héréditaires. **126**

Canada Du mot iroquoien *kanata*, ce mot signifie « groupe de tentes, village ». **90**

Canadien, Canadienne Le Canada ⓖ est la région la plus peuplée de la Nouvelle-France. Son territoire se concentre dans la vallée du Saint-Laurent. Les colons français qui y sont nés se définissent eux-mêmes comme « Canadiens » ou « habitants ». **106**

Cannelé Qui a des cannelures (des stries, des rainures). Les « pointes cannelées » sont des pointes de lance en pierre taillée munies d'une rainure à l'aide de laquelle il est possible de fixer un manche. **38**

Capitulation Action de capituler, de reconnaître sa défaite et de se rendre à un ennemi. **108, 128**

Caste Groupe social hiérarchisé fermé. En Inde, chaque individu appartient à une caste par sa naissance, son métier ou son statut social. **126, 186, 190**

Catéchisme Enseignements de la foi et de la morale chrétiennes, consignés dans un livre. **106**

Censitaire Au XVIIIᵉ siècle, personne recevant une terre d'un seigneur auquel elle doit payer annuellement des redevances ⓖ, dont le cens. Le cens marque la dépendance du censitaire envers son seigneur. **102, 104, 148**

Censive Au XVIIIᵉ siècle, parcelle de terre qui est donnée à un censitaire ⓖ. **104, 105**

Chaman Prêtre-sorcier et guérisseur amérindien qui préside les cérémonies, interprète les signes des esprits et connaît les remèdes aux maladies. **48**

Chanvre Plante dont la tige fournit des fibres utilisées, entre autres choses, dans la fabrication de toiles et de cordages. **104**

Charia Ensemble de règles de conduite applicables aux musulmans ⓖ et musulmanes. **188**

Clan Famille ou groupe de familles, chez les Premiers occupants. **42, 46, 50**

Codex Livre ancien dans lequel des dessins décrivent l'histoire, les coutumes et la vie quotidienne d'un peuple. **62**

Commerce triangulaire Réseau commercial institué par certains royaumes européens avec leurs colonies. La France établit ce commerce entre ses ports métropolitains et ceux de la Nouvelle-France et des Antilles. **100, 104**

Compagnie anglaise des Indes orientales (1600-1874) Par sa charte royale, elle obtient le monopole ⓖ du commerce anglais en Asie. Elle s'impose en Inde ⓖ et devient un pilier de l'Empire britannique. **128, 188**

Compagnie française des Indes orientales (1664-1769) Elle détient le monopole ⓖ du commerce français à l'est de l'Afrique. Les puissantes compagnies anglaises et hollandaises la mèneront à sa perte. **124, 128**

Compagnie générale de commerce du Brésil (1649-1720) Chargée d'entretenir 39 navires de guerre (galions), elle joue au départ un rôle plus militaire que commercial. À compter de 1664, la compagnie est administrée par l'État portugais. **120**

Compagnie hollandaise des Indes occidentales (1621-1791) Fondée par des marchands hollandais, elle obtient le monopole ⓖ commercial de l'Afrique occidentale et de l'Amérique, où elle joue un rôle central dans la colonisation. **120**

Compagnie hollandaise des Indes orientales (1602-1799) Connue sous le sigle VOC (*Verenigde Oostindische Compagnie*), elle est fondée par des marchands hollandais et obtient le monopole ⓖ commercial à l'est de l'Afrique. Tel un État, elle exerce un pouvoir de police, de défense armée et de justice dans les colonies. **132**

Conciliation Fait d'amener des personnes à s'entendre sur des opinions ou des positions divergentes. **162**

Consensus Décision sur laquelle tous et toutes s'entendent. **44, 46**

Conversion Fait de changer de croyance ou de religion. 134, **160**

Cour d'appel Plus haut tribunal de justice en Nouvelle-France, au XVIIe siècle. **100**

Coureurs de bois Commerçants de fourrures itinérants nommés *wood-runners* par les Anglais de la baie d'Hudson. Ils servent souvent d'interprètes et, ne détenant pas de permis de traite officiels, sont considérés comme hors-la-loi par les autorités coloniales. **94**

Créole 1. Personne blanche née dans les colonies intertropicales.
2. Langue mixte issue du contact entre la langue des colons, celle des esclaves africains et celle des Autochtones[G]. On distingue trois principaux types de créole : le créole anglais, le créole français et le créole espagnol. 180, **192, 196**

Dîwan Mot arabe d'origine persane qui, en Inde, désigne un ministre auprès des souverains moghols et, plus rarement, un ministre des Armées sous les sultans de Delhi. **128**

Dualité Fait d'être double, coexistence de deux choses différentes. **154**

Élite Groupe social qui détient des pouvoirs politiques, économiques ou culturels et qui tente d'orienter les choix de société. **158**

Engagés Immigrants et immigrantes qui, au XVIIe siècle, s'engagent contractuellement à travailler pendant trois ans en Nouvelle-France. On les appelle « les trente-six mois » (la durée de leur contrat). Leurs services sont requis par les communautés religieuses, les marchands et les agents recruteurs. **102**

Engenho Mot portugais signifiant « engin ». Ensemble des installations nécessaires pour la mouture de la canne à sucre. 118, 119, **121, 122**

Flibustier Membre de l'une des associations de pirates, qui, du XVIe au XVIIIe siècle, pillent les navires marchands dans la mer des Caraïbes. **182**

Hégémonie Domination d'une puissance (pays, ville ou autre). **128**

Hindi En Inde, langue parlée par la majorité hindoue[G]. 188, **190**

Hindou, Hindoue Nom donné aux habitants de l'Inde[G] au XVIIe siècle. Aujourd'hui, on utilise le terme « Indien » ou « Indienne ». L'hindouisme est la religion de nombreux Indiens. 126, **186**

Hospitalières, Jésuites, Récollets, Ursulines Ordres religieux qui, à partir du XVIIe siècle, se consacrent à l'éducation, à l'évangélisation et aux soins hospitaliers. 96, **122**

Humanisme Philosophie européenne de la Renaissance (XVe et XVIe siècles) selon laquelle l'être humain doit être respecté sous toutes ses formes. 46, **47, 52**

Immuable Qui ne change pas. 44, **45**

Inde État actuel de l'Inde. À ne pas confondre avec les Indes orientales[G] et les Indes occidentales. 124, **186**

Indes orientales et Indes occidentales Depuis le début du XVIe siècle, les Indes orientales désignent l'Asie, à l'est de l'Afrique, et les Indes occidentales désignent essentiellement l'Amérique. **100**

Indigène Personne née dans le pays où elle habite. **180**

Individualité Originalité, particularités d'un être humain. 44, **45**

Insulaire Personne qui vit sur une île. **134**

Islam Religion monothéiste fondée au VIIe siècle en Arabie par Mahomet. **126, 134**

Isthme Langue de terre bordée d'eau qui relie deux territoires. 36, **37**

Jachère Terre cultivable qu'on laisse reposer. **48**

Jésuites, Hospitalières, Récollets, Ursulines Ordres religieux qui, à partir du XVIIe siècle, se consacrent à l'éducation, à l'évangélisation et aux soins hospitaliers. 96, **122**

Laïcité Système politique selon lequel il y a séparation de l'État et l'Église. L'État est non confessionnel et neutre en matière de religion. 202, **203**

Lin Plante dont la tige fournit des fibres utilisées, entre autres choses, dans la fabrication de toiles et de cordages. **104**

Manne Abondance inattendue. 32, **33**

Mastodonte Mammifère préhistorique voisin de l'éléphant, parfois muni de deux paires de défenses. **38**

Matrilinéaire Se dit d'une société qui reconnaît une filiation (un lien de descendance) maternelle, donc par la mère. 46, **48, 55**

Mercantilisme Théorie économique élaborée aux XVIe et XVIIe siècles visant l'enrichissement des États par l'accumulation de métaux précieux. Elle implique l'application de tarifs douaniers élevés pour limiter les importations des pays étrangers. 94, **100, 104, 124**

Métis 1. Personne née de parents appartenant à deux ethnies différentes. **180, 192**
2. Les Brésiliens distinguent différentes formes de métissage. Les *Mamelucos* sont des descendants de Blancs et d'Amérindiens, les *Cafusos*, d'Amérindiens et de Noirs et les *Mulatos*, de Blancs et de Noirs. **122**

Métropole État qui, à l'ère coloniale, possède des colonies. La métropole française détient notamment la Nouvelle-France. Aujourd'hui, principales villes d'un pays. 94, **98, 100, 156**

Mica Minéral brillant semblable à la pierre de diamant. **90**

Milice Troupe levée parmi la population pour appuyer l'armée régulière. **100**

Milicien, milicienne Membre d'une milice ⓖ. **108**

Mission Endroit où s'installent des missionnaires et où l'on tente de convertir les Amérindiens à la religion catholique et au mode de vie européen. **96**

Monopole Secteur de l'économie qui est contrôlé par une seule entreprise. En Nouvelle-France, par exemple, certaines compagnies avaient l'exclusivité du commerce des fourrures. Ce privilège était accordé par le gouvernement royal de France. **92, 101, 118, 128, 132, 165, 190**

Musulman, musulmane Personne qui croit en l'islam ⓖ. **134**

Mythe Histoire inventée pour répondre aux questions que se pose l'être humain sur ses origines et sur celles du monde. Le mythe fait intervenir des êtres divins et constitue une croyance pour une communauté, un peuple. **42**

Nation Traditionnellement, le terme « nation » fait référence à la notion d'« ethnie » ou de « peuple ». Ce n'est que récemment que ce terme représente aussi un pays. **32**

Nègre Du mot espagnol *negro*, « noir ». Ce mot, qui désignait autrefois un esclave noir, est aujourd'hui péjoratif. **180, 181**

Obsidienne Pierre volcanique noire qui peut être utilisée pour faire des outils très tranchants. **68**

OIF Organisation internationale de la Francophonie. Organisme voué à la promotion de la langue française, de la diversité culturelle et linguistique, de l'éducation, de la démocratie et des droits de la personne. **86**

Ourdou Langue de l'Empire moghol, un mélange du persan et de l'hindi ⓖ. **188, 190**

Paroisse Territoire sur lequel s'exerce le ministère d'un curé. **106**

Patrilinéaire Se dit d'une société qui reconnaît une filiation (un lien de descendance) paternelle, donc par le père. **46, 50, 55**

Patriote Personne qui sert son pays avec dévouement. Dans les Treize colonies britanniques d'Amérique, les patriotes s'opposent au pouvoir de Londres et réclament l'indépendance de leurs colonies. **164**

Persécution Traitement cruel infligé à un individu ou à une population. **186**

PIB Produit intérieur brut. Le PIB est la valeur totale des biens et des services produits dans un pays au cours d'une période donnée. **144, 145**

Pictogramme Dessin figuratif et stylisé exprimant un mot, une idée ou un concept. **64, 65**

Pyrite de fer Aussi appelée « l'or des fous », sulfure naturel de fer aux reflets dorés. **90**

Raid Expédition militaire menée en territoire ennemi. **98**

Récollets, Jésuites, Ursulines, Hospitalières Ordres religieux qui, à partir du XVIIᵉ siècle, se consacrent à l'éducation, à l'évangélisation et aux soins hospitaliers. **96, 122**

Redevances Au XVIIᵉ siècle, ensemble des sommes payées par le censitaire ⓖ au seigneur, en monnaie ou en produits naturels. Les redevances comprennent le cens, les rentes, le droit de mouture et le droit d'utilisation de la commune, terre réservée au bétail. **102**

Salpêtre Poudre à fusil et à canon faite de salpêtre (nitrate de potassium), de soufre et de charbon de bois. **124**

Serf Paysan attaché aux terres d'un noble. **64**

Silex Pierre dure constituée de silice et servant, chez les Premiers occupants, à la fabrication d'armes et d'outils. **40, 49**

Subordination Fait d'être soumis ou soumise à l'autorité de quelqu'un d'autre, d'être sous son contrôle. **162**

Sultan Titre donné aux souverains musulmans. Au XVIIᵉ siècle, les sultans de Ternate et de Tidore se disputent les îles Moluques. **130**

Traite négrière Au XVIIIᵉ siècle, commerce des esclaves africains entre l'Europe, les Amériques et les Antilles. **184**

Tribu Groupe amérindien formé de familles ou de clans ⓖ qui partagent un mode de vie et des croyances. **70**

Ursulines, Hospitalières, Jésuites, Récollets Ordres religieux qui, à partir du XVIIᵉ siècle, se consacrent à l'éducation, à l'évangélisation et aux soins hospitaliers. **96, 122**

Virginia Company of London Fondée en 1606, elle obtient, par une charte royale britannique, le droit de s'établir et de commercer en Amérique du Nord. Elle est dissoute en 1624. **136**

Vision Chez les Amérindiens, perception individuelle de la façon de réaliser ses rêves. **46**

VOC (1602-1799) *Verenigde Oostindische Compagnie*, en français : Compagnie hollandaise des Indes orientales. Fondée par des marchands hollandais, elle obtient le monopole ⓖ commercial à l'est de l'Afrique. Tel un État, elle exerce un pouvoir de police, de défense armée et de justice dans les colonies. **132**

Wampum Ceinture brodée de petites billes faites de coquillages, d'os, de pierre ou d'aiguilles de porc-épic. Les Amérindiens utilisent les wampums comme ornements et comme objets de cérémonie. Pour les Européens, ils servent de monnaie d'échange. **48, 49, 80**

Index des repères culturels

**CHAPITRE 1**

LES PREMIERS OCCUPANTS RC

Représentations de plantes et d'animaux **43**
Représentations de la mort **44, 45**
Représentations des saisons **44**
Représentations de la Terre **43, 57**

Aztèques du Mexique
Tenochtitlán **63, 64**
La Piedra del Sol **65**
Quetzalcóatl **62, 63**

Haïdas du Canada
Le potlatch **69**
Le mât totémique **60, 66, 67**
Les pirogues de mer **68, 69**

Maoris de Nouvelle-Zélande
Rangi et Papa **70**
Le *tapu* (tabou) **72, 73**
Les montagnes du parc national Tongariro **73**

**CHAPITRE 2**

L'ÉMERGENCE D'UNE SOCIÉTÉ EN NOUVELLE-FRANCE RC

Tadoussac **92**
Mémoire à Louis XIII et *Mémoire à la Chambre de Commerce*, de Champlain (1618) **89, 93**
La chapelle des Ursulines de Québec **83**
Relations des Jésuites **96, 99**
Colbert **100, 101**
La maison Saint-Gabriel **149**
La seigneurie **102, 103, 105**
La baie d'Hudson **94**
La Compagnie des Indes occidentales **100, 101**

Brésil
Le bois-brésil **118, 119, 120**
Pernambouc **118, 119, 120, 121**
Le système des capitaines donataires **118, 119, 123**
La Compagnie de Jésus **122, 123**

Indes françaises
Pondichéry **117, 124, 125, 126, 128, 129**
Colbert **124**
La Compagnie de Jésus **116, 126, 127**

Moluques
La muscade et le clou de girofle **117, 130**
La Compagnie hollandaise des Indes orientales (VOC) **132, 134**
Les îles Moluques, très exactement représentées selon les plus nouvelles observations des meilleurs géographes **133**

Virginie
La Virginia Company of London **136, 137, 138**
Jamestown **116, 136, 137**
Le tabac **136, 138**

**CHAPITRE 3**

LE CHANGEMENT D'EMPIRE RC

Lettre adressée aux Habitants de la province de Québec ci-devant le Canada **167**
La famille Baby **162, 163, 173**
La Gazette de Québec / The Quebec Gazette **167, 176, 177**
La chapelle des Cuthbert **205**

La Dominique
La mer des Caraïbes **181**
Les Indiens Caraïbes **180, 181, 182, 185**
Le sucre **180, 181, 184**

Inde
Warren Hastings **188, 189**
L'Empire marathe **186**
Les ghâts **191**

Louisiane
Le Mississippi **192**
Le duc de Choiseul **194, 195**
Les Créoles blancs **192, 194, 196**

Sources iconographiques

(h) haut (b) bas (g) gauche (d) droite (c) centre
(1) numéros de documents

COUVERTURE

1 (détail) © Airphoto-Jim Wark; **2** © Bowers Museum of Cultural Art / CORBIS; **3** © Bettmann / CORBIS; **4** (détail) © Tom Bean / CORBIS.

LIMINAIRES

III, IV-V (détail) © Air-photo-Jim Wark; **X** (détail) © Bibliothèque et Archives Canada -C-001078.

PHOTOGRAPHIES

18 © Bibliothèque et Archives Canada-C-001078;
19 © Bibliothèque et Archives Canada-C-000396;
28 (1) © Bowers Museum of Cultural Art / CORBIS;
(2) © Christie's Images / CORBIS; **(3)** © Layne Kennedy / CORBIS; **(4)** © Peter Harholdt / CORBIS;
29 (5) © Musée McCord d'histoire canadienne, Montréal, Canada-1-27 M977.90.1; **(6)** © The Granger Collection, New York; **33** © Reuters / CORBIS; **35** © Private Collection / Peter Newark American Pictures / The Bridgeman Art Library; **37** © *Camp d'hiver dans une grotte* par François Girard / Musée canadien des civilisations, I-A-40, photo Ross Taylor, numéro d'image S95-23503; **39 (2)** © *La chasse au mastodonte* par François Girard / Musée canadien des civilisations, I-A-41, photo Ross Taylor, numéro d'image S95-23504; **(3)** © Outils préhistoriques du site Debert / Musée canadien des civilisations, numéro d'image D2006-11061; **41 (2)** © Musée canadien des civilisations, BeFv-1:090098, photo Jean-Luc Pilon, numéro d'image S2000-5678; **(3)** © *Scène de campement automnal des Planussiens* par François Girard / Musée canadien des civilisations, I-A-44, photo Ross Taylor, numéro d'image S95-23507; **43 (1)** © The Granger Collection, New York; **(3)** © Galen Rowell / CORBIS; **45 (1)** © Bibliothèque et Archives Canada-C-100712; **(3)** © David Edwards / National Geographic / Getty Images; **47 (1)** © Bibliothèque et Archives Canada-C-150422; **(2)** © Musée McCord d'histoire canadienne, Montréal, Canada-M977.90.1; **49 (1)** © Illustration d'Ivan Kocsis / Museum of Ontario Archaeology, London; **(3)** © Bibliothèque et Archives Canada-C-092414; **51 (1)** © Art Gallery of Ontario, Toronto, Canada / The Bridgeman Art Library; **(2)** © Library of Congress Geography and Map Division, Washington, D.C., 3400-006100; **53 (g)** © akg-images; **(h)** © Musée national de la Marine / P. Dantec; **(d)** © Musée canadien des civilisations, 989.56.1, photo Harry Foster, numéro d'image S94-37602; **55 (hg)** © *Scène d'hiver à l'intérieur d'une longue habitation des Iroquoiens du Saint-Laurent* / Musée canadien des civilisations, numéro d'image D2004-18606; **(bg)** © Library of Congress, Prints and Photographs Division, Washington, D.C.; **(hd)** © Bibliothèque et Archives Canada-C-038951; **(cd)** © Bettmann / CORBIS; **(bd)** © Collection de l'Institut canadien de Québec; **57 (1)** © Robert Estall / CORBIS; **(3)** © Gusman / Leemage; **58 (h)** © Roger Viollet / Topfoto / Ponopresse; **(c)** © Bibliothèque et Archives Canada-C-019041; **(b)** © The British Museum / HIP / TopFoto / Ponopresse;

59 (hg) © Michael Maslan Historic Photographs / CORBIS ;
(hd) © Bibliothèque et Archives Canada-C-006288 ;
(b) © Bibliothèque et Archives Canada-C-016336 ;
60 (g) © Gary Braasch / CORBIS ; (d) © Danny Lehman /
CORBIS ; 61 © Frans Lanting / CORBIS ; 63 (1) © Bibliothèque
de l'Assemblée Nationale, Paris, France / Lauros / Giraudon /
The Bridgeman Art Library ; (2) © Newberry Library,
Chicago, Illinois, USA / The Bridgeman Art Library ;
(3) © Library of Congress, Prints and Photographs Division,
Washington, D.C. ; (4) © Museo Nacional de Antropología,
Mexico City, Mexico / Giraudon / The Bridgeman Art Library ;
65 © Werner Forman / CORBIS ; 67 (2) © Ryan Richter /
Shutterstock ; (3) © CORBIS ; 69 (1) *Ninstints vers 1850
par Gordon Miller* / Photo Musée canadien des civilisations,
LH997.30.16, numéro d'image S97-18027 ; (2) © Werner
Forman / CORBIS ; (4) © Musée canadien des civilisations /
CORBIS ; 71 (2) © Alexander Turnbull Library, Wellington,
N. Z. ; (3) © Gianni Dagli Orti / CORBIS ; 73 (1) © Jon Sparks /
CORBIS ; (2) © Alexander Turnbull Library, Wellington, N. Z. ;
(3) © Édith Paquet ; 76 © Mychele Daniau / AFP / Getty
Images ; 77 © Torsten Blackwood / AFP / Getty Images ;
79 © Christopher Morris / CORBIS ; 80 © Musée McCord
d'histoire canadienne, Montréal, Canada-M992.83.1 ;
81 (g) © Jean-Yves Pintal ; (d) © Musée McCord
d'histoire canadienne, Montréal, Canada-ACC1337 ;
82-83 © Bibliothèque et Archives Canada-C-010520 ;
83 (c) © Michel Élie / Centre de conservation du Québec ;
83 (hd) © Bettmann / CORBIS ; 86 © 2006 / Victor Diaz
Lamich ; 87 (4) © Carole Régimbald ; (5) © Earl & Nazima
Kowall / CORBIS ; 88 © Bibliothèque et Archives Canada- C-
011013 ; 89 © Bibliothèque et Archives Canada-C-016952 ;
91 © The Art Archive / Musée Carnavalet, Paris / Dagli Orti ;
93 (3) © The Trustees of The British Museum ; (4) © Francis
Back ; 95 (1) © Bibliothèque et Archives Canada-C-113193 ;
95 (3) © Bibliothèque et Archives Canada-C-014305 ;
97 (2) © Bibliothèque et Archives Canada-C-004462 ;
(3) © Musée McCord d'histoire canadienne, Montréal,
Canada-M976.180.3 ; (4) © Francis Back 1992 ;
99 (2) © Francis Back ; 99 (4) © Bibliothèque et Archives
Canada-C-073710 ; 101 (1) © Collection du Musée
des Augustines de l'Hôtel-Dieu de Québec ;
103 (1) © Bibliothèque et Archives Canada-C-020126 ;
103 (5) © Jacques Lamontagne ; 105 © Bibliothèque et
Archives Canada-C-002029 ; 107 © Bibliothèque et
Archives Canada-C-000251 ; 109 © Bibliothèque et
Archives Canada-C-001078 ; 111 (hg) © Bibliothèque
et Archives Canada-C-031298 ; (cg) © Collection des
Hospitalières de Saint-Joseph de l'Hôtel-Dieu de Montréal ;

(bg) © Musée régional de Vaudreuil-Soulanges, X973,1019 /
photo Yvon Latreille ; (cd) © Pierre Soulard, 1995.3480 /
Musée de la civilisation, collection du Séminaire de Québec ;
(bd) © Bibliothèque et Archives Canada-C-075208 ;
113 © Collection du Monastère des Ursulines de
Québec / Paul Dionne ; 114 (hg) © Bibliothèque et Archives
Canada-C-082972 ; (hd) © Bibliothèque et Archives Canada-
C-092418 ; (b) © Bibliothèque et Archives Canada-C-000040 ;
115 (h) © Jean Blanchet / Centre de conservation du
Québec ; (b) © Bibliothèque et Archives Canada-C-010687 ;
117 (g) © Collection privée / Giraudon / The Bridgeman
Art Library ; 119 (2) © Collection privée / The Bridgeman
Art Library ; (3) © The British Library ; 121 (4) © Library of
Congress, Prints and Photographs Division, Washington, D.C. ;
123 © Bibliothèque Nationale, Paris, France / Lauros /
Giraudon / The Bridgeman Art Library ; 125 © CORBIS ;
127 © akg-images ; 129 (1) © Collection privée / Giraudon /
The Bridgeman Art Library ; (2) © Collection privée /
The Stapleton Collection / The Bridgeman Art Library ;
(4) © Collection privée / The Stapleton Collection / The
Bridgeman Art Library ; 131 © CORBIS ; 133 (2) © National
Maritime Museum, London ; (4) © The Granger Collection,
New York ; 135 (2) © nla.pic-an8335485 National Library of
Australia ; (4) © Bibliothèque Nationale, Paris, France /
Giraudon / The Bridgeman Art Library ; 137 (3) © Jupiter
Images et ses représentants ; (4) © National Park Service,
Colonial National Historical Park ; 139 (1) © APVA-Preservation
Virginia ; (3) © Collection privée, The Stapleton Collection /
The Bridgeman Art Library International ; (4) © Architect of
the Capitol ; 141 (3) © Architect of the Capitol ; (4) © Library
of Congress, Prints and Photographs Division, Washington,
D.C. ; 144 © Photo Lawrence Labatt, fournie à titre gracieux
par Alliance Atlantis Vivafilm ; 145 © Lara Solt / *Dallas
Morning News* / CORBIS ; 147 (4) © Ethan Miller / *Las
Vegas Sun* / Reuters / CORBIS ; (6) © Greenpeace / Patrick
Doyle ; 148 © Collection de l'Assemblée nationale ;
149 (g) © Pierre Guzzo / Maison Saint-Gabriel ; (d) © Musée
McCord d'histoire canadienne, Montréal, Canada-3020 ;
150-151 © Bibliothèque et Archives Canada-C-000352 ;
151 © Tom Bean / CORBIS ; 154 (1 et 2) © Daniel Marleau
2007 ; (3) © Gouvernement du Québec ; 155 (4) © Paul G.
Adam / PUBLIPHOTO ; (5) © Megapress.ca ; (6) © Tessier /
Megapress.ca ; 156 (g) © Bibliothèque et Archives Canada-
e002140069 ; (d) © Bibliothèque et Archives Canada-C-
002834 ; 157 © Bibliothèque et Archives Canada-C-012076 ;
159 (1) © Bettmann / CORBIS ; (4) © Bibliothèque et Archives
Canada-C-073700 ; 161 © Bibliothèque et Archives Canada-
C-117373 ; 163 (1) © Bibliothèque et Archives Canada-